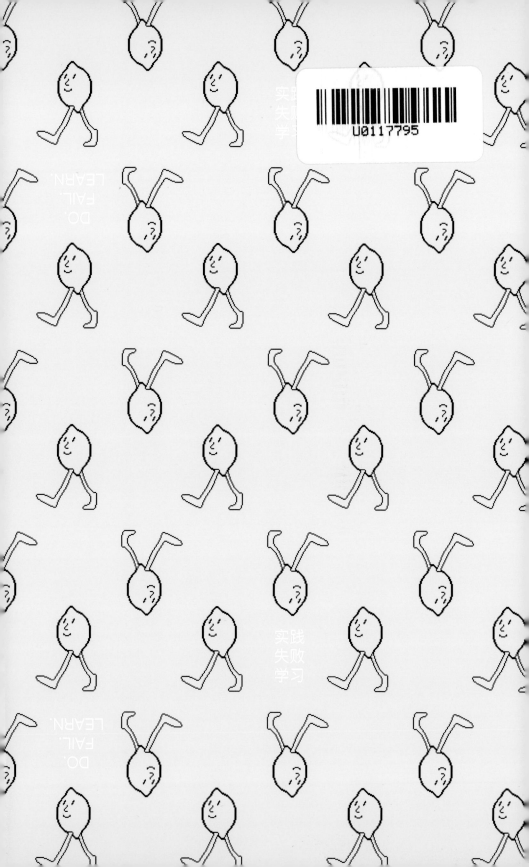

实践
失败
学习

DO.
FAIL.
LEARN.

创造

用非传统方式做有价值的事

［美］托尼·法德尔（Tony Fadell）著

崔传刚 译

中信出版集团｜北京

图书在版编目（CIP）数据

创造：用非传统方式做有价值的事 /（美）托尼·法
德尔著；崔传刚译 . -- 北京：中信出版社，2022.9
书名原文：Build: An Unorthodox Guide to Making
Things Worth Making
ISBN 978-7-5217-4484-2

Ⅰ.①创… Ⅱ.①托… ②崔… Ⅲ.①企业管理－研
究 Ⅳ.① F272

中国版本图书馆 CIP 数据核字（2022）第 104181 号

创造：用非传统方式做有价值的事
著者： ［美］托尼·法德尔
译者： 崔传刚
出版发行：中信出版集团股份有限公司
（北京市朝阳区惠新东街甲 4 号富盛大厦 2 座 邮编 100029）
承印者： 鸿博昊天科技有限公司

开本：787mm×1092mm 1/16　　印张：26.25　字数：350 千字
版次：2022 年 9 月第 1 版　　印次：2022 年 9 月第 1 次印刷
京权图字：01-2022-3060　　书号：ISBN 978-7-5217-4484-2
定价：79.00 元

献给我一生中最早的导师

——奶奶、爷爷、妈妈和爸爸

托尼·法德尔的这本书以他来之不易的真实创业经验为基础，为任何想要创造卓越或让世界变得更好的年轻人提供了无价的建议。我真希望自己在 21 岁时就能读到这本书。

——本·霍洛维茨

著名投资基金 a16z（Andreessen Horowitz）创始合伙人、畅销书《创业维艰》作者

就创办企业和创造卓绝的产品而言，托尼·法德尔堪称世界级翘楚。这本书正是他的智慧的精练展现。他通过一系列极富可读性的故事，为我们提供了非常有价值的指导。

——沃尔特·艾萨克森

畅销书《史蒂夫·乔布斯传》《爱因斯坦传》《列奥纳多·达·芬奇传》作者

放眼硅谷历史，托尼·法德尔在创造炫酷产品方面的成绩可谓无人能出其右，而这本书所展示的正是他的成功秘诀。这是我读过的关于好奇心和发明的最有趣、最引人入胜的一本回忆录。

——马尔科姆·格拉德威尔

畅销书《引爆点》《异类》作者

托尼·法德尔将他史诗般的职业生涯浓缩为令人耳目一新的坦率建议，这些建议往往与主流观点背道而驰，但却具备马上付诸实践的可操作性。无论你想打造的是一款优秀的产品、一个富有创造力的团队、一

种强大的文化，还是一份有意义的职业，托尼的指导都会激发你不断思索。

——亚当·格兰特

《另一种选择》作者，TED 播客《工作生活》主持人

这本书深刻而生动，富于教益而行文质朴。在这本充满活力和激情的著作中，划时代产品的缔造者托尼·法德尔充分展示了其成败经验，可以指导你度过职业生涯的每个阶段。

——乔安娜·霍夫曼

通用魔术前营销副总裁、麦金塔电脑团队初始成员

对于任何渴望改变世界的创造者来说，托尼的洞察、直觉和智慧使得这本书成为一本必读作品和一份珍贵的礼物。

——托马斯·赫斯维克

著名设计师兼赫斯维克建筑事务所创始人

托尼利用自身的强大能力，把无穷的个人智慧和对领导力、导师文化、创新精神以及成功学的传承融为一体，然后又将其化为一份实用而严谨的说明书，以教导人们如何才能创造出有意义的永恒之物。

——丹尼尔·埃克

Spotify（声田）创始人兼 CEO（首席执行官）

除了托尼本人的奇妙旅程，他从史蒂夫·乔布斯和比尔·坎贝尔等知名导师那里得到的建议也会让你得到启发。这本书中的各种直言不讳会让你受益匪浅。

——比尔·格利

基准资本（Benchmark Capital）合伙人

法德尔在将想法变为现实的艺术和科学方面不遗余力。对于未来的产品领导者来说，这是一本充满干货的杰作，它为我们提供了可实操的策略。认真领会其精髓，然后开始你自己的工作。

——斯科特·贝尔斯基
创意项目服务平台彼罕思创始人、奥多比（Adobe）首席产品官

对于任何有志于创造成功产品和企业的人来说，这本书都是一部"新《圣经》"。法德尔对于硅谷史诗般历史的叙述坦率直白却又引人入胜，直到最后你才会意识到自己从中学到了如此多的东西。

——兰迪·科米萨
凯鹏华盈普通合伙人、《僧侣与谜语》作者

托尼·法德尔带领读者坐了一趟过山车，他揭示了在硅谷工作的真实感受，同时也为那些想追随其脚步的人提供了一本引人入胜的指导手册。

——约翰·马尔科夫
《与机器人共舞》作者

托尼的经验适用于世界任何地方的任何建造者或创造者。挑战总是反复出现，而托尼给我们带来了他如何应对挑战的洞见。

——米奇·马尔卡
瑞比特资本（Ribbit Capital）管理合伙人

真正的历史趣闻、背景故事和直言不讳的建议，这些皆来自一位见证并实现了这一切的名人堂企业家。我本以为自己太忙，没时间读这本书，结果我读了两遍。两遍！

——吉姆·兰佐内
雅虎 CEO

这不是一本典型的商业图书。这本关于创造的书，是一首来自有史以来最伟大产品设计师之一的嘹亮、激情澎湃、受使命驱动的赞歌。如果你想学习如何创办一家公司，如何成为一名 CEO，如何设计出改变世界的产品或者创造出任何伟大之物，那就应该阅读此书。一切尽在此书中。

——史蒂夫·瓦萨洛

基础资本（Foundation Capital）合伙人

人类最重大技术革命的交汇铸就了托尼的非凡人生，而这本书正是对此的一场深刻概述。这是一幅令人惊叹的蓝图，展示了富有创造性的思考者将创意变为现实的独特路径。

——大卫·阿贾耶爵士

大英帝国勋章获得者、建筑师

托尼·法德尔是工程师和企业家的稀有结合，而且是个天生会讲故事的好手。这本书会带你远离米色的电脑机箱外壳，转而进入 iPod、iPhone 和 Nest 创造者所缔造的闪亮白色世界。此外，这本书还在业务的规划、启动、规模化甚至销售等方面提供了很多可行的建议。

——本杰明·克莱默

奢侈手表和生活方式网站霍丁基（HODINKEE）创始人

目录

创造你的非凡人生

程浩

远望资本创始合伙人，迅雷创始人

这是一本商业建造手册，献给所有不甘平庸，想通过自己的想法或产品影响世界却不知如何破局，甚至已经麻烦缠身，但仍然挣扎在创业路上的人。

作者托尼·法德尔是苹果最伟大的产品之一 iPod 的缔造者，曾与史蒂夫·乔布斯共事，他甚至将乔布斯与使命驱动型"浑蛋"做了一番对比……当然，法德尔更是北美家喻户晓的恒温器产品 Nest 的创始人。他早年所在的通用魔术公司可谓人才辈出，如 eBay（亿贝）创始人皮埃尔·奥米迪亚、安卓创始人安迪·鲁宾……

伴随这些星光璀璨人物的逸事，让阅读这本书变得十分愉悦轻松。我只用了不到两天的时间，就完成了一场交织苹果、谷歌、Nest 等科技公司有趣过往的时光穿梭。法德尔一路从不谙世事的技术极客成长为领导上千人的管理者，再到成功的创业者，他所经历的艰难、痛苦、犹疑和选择跃然纸上。

法德尔历经了不同公司的理念分歧，比如苹果的家长式文化与谷歌的工程师文化：在苹果，乔布斯一手遮天，可以举全公司之力支持一个项目，但在谷歌，没人能强迫员工做其不情愿的事情。面对这种因企业文化不相容产生的冲击，法德尔的观察和思考更是引人入胜。

法德尔所讲述的一切，让我产生强烈的共鸣。我们当年创办迅雷，也经历了这本书中描绘的相似过程：从只有两三个人的小作坊到一下子扩张到上百人、上千人，管理上漏洞百出；一度只关注产品、技术却忽略了客户的真实需求；面对各种转型、创新机会却不能做出有效决策等。这些都是宝贵的教训和成长经验。

有共鸣就会有吸引力。这本书适合哪些人阅读呢？

我认为这本书适合两类人：一是那些雄心勃勃，正准备大干一番，开启一场轰轰烈烈事业的创业者，特别是技术极客人群；二是企业已初步验证了 PMF（Product-Market Fit，产品–市场匹配），但随着人员扩张，一下子被各种放大的管理问题困扰得焦头烂额的公司管理者。

对于前者，他们显然在创业初期有与法德尔一样的热忱，每周能在公司工作 100~120 个小时。但只有热情是不够的，还需要对产品或项目有很好的规划和统筹能力。

在创业初期，创业者一定要认真思考团队解决的是不是一个真正的痛点需求。如果不是，就不可能掀起一场变革。正如这本书中所说，只有真正的问题（需求）、正确的时机和创新技术的组合，才能创造爆发性的机会。所以我们希望每一个准备创业的人都要问自己五个问题：你要做的事是不是刚需，市场有多大，怎么赚钱，为什么是你做，护城河在哪里。思考清楚这五个问题，绝对不是浪费时间，而是磨刀不误砍柴工。

对于后者，很多技术创业者确实最终都成长为优秀的 CEO，如抖音的张一鸣。但是要做到这一点，技术人员创业要闯过三关，即技术关、业务关和组织关。不仅要能开发出产品（技术关），还要能够卖出去（业务关），而且必须规模性、可持续地卖出去，这就需要打造自己团队的组织能力（组织关）。组织能力到位，人多了，工作效率不会降低；组织能力不到位，人越多，工作效率越低。

当然一个残酷的事实是，并不是所有技术创业者，到最后都能成长为出色的企业管理者。所以能否认清自己的能力边界，能否及时调换角色和心态，就显得非常重要了。

除此之外，这本书中还穿插了很多企业经营常识，比如该怎么招聘，该拿什么样的投资，产品经理扮演的角色到底有多重要，什么时候该用数据做决策，什么时候必须硬着头皮依靠直觉，董事会该怎么开（你不会真的傻到把一个新问题拿到董事会上讨论吧），如何让销售团队与公司其他部门利益一致等。书中有大量企业管理的经验总结，虽然这些对很多创业老炮儿来说是常识，但是非常值得新手创业者学习和借鉴。

法德尔在书中展现的很多理念都与我的过往工作和投资经验不谋而合。例如，不要在大公司里搞内部创业。又如，管理咨询行业很时髦，但对创业帮助不大。一是因为管理咨询行业人员对具体行业理解得不够深刻，二是给别人出主意与自己撸起袖子下场干完全不是一回事——表面上是专家，但离执行细节比较远。

年轻人的第一份工作应该选什么？答案是两个关键词——朝阳产业和朝阳公司。

朝阳产业非常重要，这意味着一个很长的赛道，同时相对来说还是蓝海。在这种赛道上，你的积累会凸显最大的价值。

何为朝阳公司？首先，公司有几位有分量的明星创业者。与这些人共事，近距离观察他们思考和做事的方式，本身就是一笔无形的财富。其次，朝阳公司尚处于发展早期，这对年轻人也很有价值。你今天去腾讯能与马化腾一起共事交流吗？很难，你连见他一面都不容易。以我为例，2001年的百度公司只有几十个人，大家有很多机会直接和李彦宏交流。若干年后，那些同事可能成为各行各业的翘楚，他们就是你的人脉红利。

因此，对于年轻人来说，最好的职业选择是明星赛道的明星初创公司。

我也会推荐我们的被投企业的 CEO 们读读这本书，也希望大家在阅读后能有所收获。

一次奇妙的创造之旅

李笛

小冰公司 CEO，微软亚洲互联网工程院前副院长

托尼·法德尔的这本书与他创造的产品一样引人入胜。书中凝聚了他从过往职业生涯中所得到的真知灼见。通过 32 个章节，法德尔回顾并系统整理了自己的经验，且毫无保留地呈现给读者。这本书的行文方式以"你"为中心。我相信许多人会一口气读完它，就像探索一座精彩的主题乐园。读到最后一章，你将得到一次接近完整的职业生涯体验，犹如亲身经历了一般。然后，你也许会认同我的感受——这本书实在太有趣了。

我不想贸然透露这本书的内容，更不想让读者的愉悦有所减损。因此，我仅在此对它的有趣之处稍加介绍，仅供参考。

这本书之所以如此有趣，部分是因为法德尔非常直率。与大多数教授成功学的畅销书不同，这本书没有任何神秘色彩、理论公式或成功秘诀。事实上，由于秘诀往往对人们有难以抗拒的吸引力，为此，许多成功学读物常常会有意无意渲染其理念的进步性，并排斥其他方法。但正如法德尔所说，他在这本书中并不宣扬进步的现代理论，也提醒你，他的方法并不适用于所有人。

他在书中分享的是另一种经验：在每一个阶段，你可能遇到什么问题，应怎样看待它们，该如何解决它们。法德尔翔实地描述了他在

面对这些问题时的场景、对白、冲突，以及他和其他人的思考过程。最后，他所做出的那些成功或不成功的选择，都转化为珍贵的样本。他对这些经历的回顾是细致的，并且尽量做到描述问题全貌。因此，无论此刻的你正处于哪个阶段，跳到某一章，你多半会有一种"是啊，我正在面对这些挑战"的感受。

你的选择并不一定与作者相同。更重要的是，认识到这些挑战的存在，因为横亘在人们面前的障碍往往是人们不知道自己不知道什么。创造如同人生，是不断向前奔涌的过程，大部分问题都是第一次出现，因而人们常常会对其视而不见。这与我们阅读人物传记类似，略有不同的是，对于许多读者而言，历史并不一定会在自己身上发生，而这本书中描述的情形却是大部分人都可能遇到的。

因此，我希望读者将这本书分享给一起工作的同事。对于第 7 章和第 8 章，尤其推荐你巧妙地将它推荐给你的顶头上司，因为确立对未知问题的共同认知有助于加深人们的协同程度，为创造共同事业消除许多潜在障碍。

这本书的有趣之处，还源自法德尔对"创造"的定义。读完这本书之后，你将会发现，创造本身就是那件不凡之事。一个创造者的幸运之处在于，对他而言，真正的乐趣在于过程，而非追求"成功"这一结果。所谓成功的桂冠，只是跨过终点线的纪念品。我相信，无论是对于职场人士，还是创业者，这都具有现实的借鉴意义。

我遇到过许多痛苦的职场人士。对于创业者而言，上市是许多人给自己树立的奋斗目标，在成功之前，并不能收获快乐。而从法德尔的经历中，可以感到创造给人带来的持久愉悦，无论是成功，还是失败，这种快乐并没有发生变化，甚至在成功之后，快乐也没有丧失。与其说这是一种幸运，不如说它是一种价值观。

对法德尔和与他一同工作的人而言，创业并不是做一件事情的动机，它总是排在创造力之后。他并非没有辗转反侧，但在你了解他的创造之旅后，收获的不仅仅是解决问题的方法，还包括那种能够使他精力充沛的乐观精神。你将体会到，这种乐观精神是如何产生并持续下去的。通过他的描述，你还能看到相关人员的侧面，并发现同样的价值观也存在于这些创造者身上。人们往往会忽略一个事实——这种快乐往往能渗透进产品，成为产品的灵魂。一个痛苦的创造者手中很难诞生美好的产品。

我决定停在此处。你应该跟随法德尔的描述，进入他的这座主题乐园，体会一次奇妙的创造之旅。

把事情做成的方法

我那些有丰富经验且值得信赖的导师，有不少已经离开人世。

过去几年，我察觉到了周围的变化。那些睿智且大多数充满耐心的人，要么曾解答过我无数的疑问，要么曾在深夜接到过我的电话问询，要么曾帮我创办公司，开发产品，主持董事会议，或者仅仅是帮助我成为一个更好的人。但他们现在都走了，有的人甚至过早地离开了这个世界。

现在，我成了那个被频繁问询的人。而我所需要回答的，正是我曾经一遍又一遍寻求答案的问题。不用说，多数问题都与创业相关，除此之外，一些更基本的问题也经常摆到我的面前：该不该辞职？如何规划职业发展？如何知道自己想法的优劣？如何思考设计方面的问题？如何应对失败？该何时启动创业以及该如何创业？

而你说奇怪不，我还真给这些问题找到了答案。我给别人出了不少主意。这30多年间，我从我那些了不起的导师以及卓越团队身上学到的东西，我从众多小创业公司和为数亿人制造产品的大企业那里学到的东西，正是所有答案和建议的源泉。

所以现在，如果你还在深更半夜惊慌失措地给我打电话，问我该如何在公司发展的同时保持公司文化的完整性，或者如何才能不把市场营销搞砸，我肯定会给出我的见解、技巧和方法，我甚至还会给出一些普适性的原则。

但我不会这么做。请不要在深夜给我打电话，因为现在的我也知道了睡个好觉的重要性。

读这本书就行了。

我经常对应届毕业生、CEO、高管、实习生，以及每一个想要在商业世界中开山立业、有所作为者所提的建议，大都已包含在这本书里。

我的建议属于另类型，因为它们都非常老派。硅谷的信仰是再造和颠覆，即在思想方法上破旧立新。但有些事情你是不能随便改弦更张的。人的本性不会因为你在做什么、身在何处、年龄几许，以及财富多寡而改变。在过去30多年间，我认识到了人类发挥其潜力之所需，也明白了人类需要颠覆其必须颠覆的东西，铺就属于自己的另类前进路径。

所以，我在这本书里所写的，正是我目之所及的一种屡试不爽的领导力风格。我会讲述我的导师们和史蒂夫·乔布斯是怎么做的，我是怎么做的，以及该如何做一个捣蛋鬼、搅局者。

这不是做值得做的事情的唯一方法，但这是我的方法。这种方法并非适用于所有人。我不会在这里宣扬进步的现代组织理论，也不会鼓吹每周工作两天然后提前退休之类的事。

这个世界上充斥着各种生产平庸凡俗之物的平庸凡俗公司，但我毕生所向却是那些精益求精的产品和人。得以向最优秀的人学习，得以从一群敢于冒险、充满激情，并且在世上留下了精彩印记的人那里获得启迪，于我而言，这简直就是一种难得的福气。

我相信每个人都应该拥有这样的机遇。

这就是我写这本书的原因。任何有志于做出有益之事的人，都需要有也应该有一位导师和教练，而所谓导师和教练，指的是那些有见识、有经验，而且能够有效帮助你度过事业最艰难时刻的人。好的导师虽不会给你问题的答案，但他们会尽力帮你从一个崭新的角度去认识你的问题。他们提供给你的意见、建议皆源自他们自己的辛苦求索，而你则需要借此找到自己的解决方法。

应该得到帮助的也不只是硅谷的科技创业者。这本书适合于任何想要搞出点新名堂的人，任何追求更上一层楼的人，以及任何不想把宝贵时间浪费在这颗稀有星球上的人。

我会花较大篇幅讲述如何打造一款伟大的产品，但产品却不一定是一种技术的产物。它可以是你创造出来的任何东西，比如某种服务，或者是一家商店。它也可能是一个新型的废品回收厂。即使你现在还没想好要干什么，本书中的建议也同样有意义。有时候，你的第一步就是要弄明白自己想要做什么。你可以找一份自己觉得有干劲的工作，成为自己想成为的那种人，或者先打造一个团队，之后再考虑做什么事情。

我没想着把这本书当成自传来写，毕竟我还活得好好的。这本书只是一位纸上导师，是一本提供建议的百科全书。

如果你还能记起维基百科出现之前的日子，你或许能回忆起在自己书架、祖父母书房或者图书馆深处看到百科全书时的那种愉悦。你会为了某个具体问题去查百科全书，但偶尔也会随手翻开一页并开始读了起来。比如你在"土"字下面读到了"土豚"这个条目。你会一直读下去，最终也不知道会停在何处。无论是逐字逐句，还是一目十行，都会有关于这个世界的些许印象装进了你的大脑。

这也应该是你阅读本书的方式。

• 你可以从头读到尾。

- 你可以随意翻看，以找到你最感兴趣或者对你当下事业危机最有用的建议和故事。危机总是存在的，无论是个人的、组织的，还是竞争性的。
- 你也可以像浏览维基百科一样，关注遍布全书的"见第×章"，深入挖掘任意话题，看看它会将你带向何处。

多数商业著作都是先有一个基本论点，然后再花 300 页展开论证。若是想要找到关乎各种主题的一系列优质建议，你可能得读上 40 本书。你得把书翻个不停，才能偶尔发现些许有用的信息。所以在这本书里，我只会记录那些真正有用的东西。每一章里都有源于我以前工作、导师、教练、领导及同事的各种建议和故事，还有对我所犯无数错误的总结。

鉴于这是基于我本人经历而提出的意见、建议，所以本书的结构也基本遵循了我的职业脉络。我会从大学毕业后的第一份工作谈起，以我现在的事业为止。每一次前进，每一次失败，都让我学到了一些东西。我的人生并不是从 iPod 开始的。

但这本书不是写我自己的，因为我从未独自创造过什么。我只不过是创造出 iPod 音乐播放器、iPhone 手机、Nest 智能恒温器、Nest Protect 烟雾和一氧化碳警报器团队成员之一。我确实是参与者，但我从来不是唯一的参与者。这本书写的是我所学到的东西，尤其是那些通过吃苦头学到的东西。

而为了理解我所领悟到的东西，你们或许应该先对我有所了解。以下就是我的履历。

1969 年

一个老套的开场白：我在这一年降生到人世。等到幼儿园时，我们便开始不停搬家。我父亲是李维斯的推销员，我们一直在路上寻找牛仔裤的下一个大市场。我在 15 年里上了 12 所学校。

1978—1979 年

创业 #1：鸡蛋。我三年级时挨家挨户推销鸡蛋。我一直非常看好这项事业，因为这是一桩可靠的买卖。我们从一个农民那里低价买入鸡蛋，然后我和我的弟弟把这些鸡蛋堆放到我们的蓝色推车里，每天早晨推着车到社区的街边售卖。这让我有了可以自由支配的零用钱，也让我第一次品尝到真正的自由的味道。

如果我能坚持到底，谁知道我能把这个生意做多大。

1980 年

找到了我一生所爱的事业。那是五年级的夏天。这真是一个发现你人生使命的好时机。我报了一门编程课。那时，"编程"就是拿着 2 号铅笔在小卡片上填充泡泡，然后在纸上打印出结果，连显示器都没有。

那是我见过的最神奇的东西。

1981 年

我的初恋。一台 8 位的苹果 II 微电脑。它配有真正的 12 英寸 ① 显示器，外形亮丽，屏幕闪着绿光，还有一个漂亮的棕色键盘。

我坚决要买下这台性能惊人却也贵得惊人的机器。我和爷爷达成了一笔交易：我做高尔夫球童赚到多少钱，他就再补给我同样的数额。于是我拼命工作，最终凑够钱买下了电脑。

---

① 1 英寸 = 2.54 厘米。

我太爱那台电脑了。它是我永恒的激情、我的生命线。12 岁时，我放弃了维持传统友谊的努力。我知道明年又得搬家，所以和朋友保持联络的唯一方法就是通过我的苹果电脑。那时候还没有互联网，没有电子邮件，但已经有了 300 波特的调制解调器和电子布告栏——用当时的话说就是 BBS。无论在哪里上学，我都能找到极客伙伴，然后通过苹果电脑保持联络。我们自学了编程，而为了能打免费长途电话，省去每分钟一两美元的费用，我们还入侵了电话公司的系统。

1986 年

创业 #2：质胜电脑（Quality Computers）。我通过超 300 波特调制解调器结交的一个朋友在高中最后一年创办了"质胜电脑"。不久之后，我也加入了该公司。在他家的地下室里，我们以邮购方式转售第三方的苹果 II 硬件、DRAM（动态随机存取存储器）芯片和软件。我们也编写自己的软件——当时我们销售的升级件和扩展板安装复杂，使用也不方便，所以我们就为那些普通用户编写简化软件。

结果这变成了一门真正的生意。我们有了 800 个客户的电话号码，以及储物仓库。我们在杂志上登了广告，还招聘了几名员工。10 年后，我的朋友以几百万美元的价格卖掉了公司。但我早就离开了这家公司。买卖东西确实有赚头，但创造东西更能吸引我。

1989 年

创业 #3：ASIC。ASIC 是专用集成电路（Applications Specific Integrated Circuit）的缩写。当时我才 20 岁，还没有多少品牌推广经验，但我内心充满了爱。在 20 世纪 80 年代末，我心爱的苹果 II 正在苦苦挣扎，它需要具备更快的处理速度，于是我和一个朋友决定拯救苹果。我们制造了一个新的速度更快的处理器——65816 型号处理器。事实上，当时我根本不知道怎么设计处理器。在行动展开的一个学期之后，我才在大学里上了第一堂处理器设计课。但我们搞出了这些芯片，它们的速度比当时的处理器快出 8 倍，达到了惊人的 33 兆赫。苹果公司在停止发布新款苹果 II 之前，甚至还买过一批我们的处理器。

1990 年

创业 #4：建设仪器（Constructive Instruments）。我同我所在密歇根大学的教授合作，为孩子开发了一款多媒体编辑器。我全情投入其中，夜以继日，随叫随到。我买了寻呼机，在那个时候，只有医生或者毒贩等才会配这个东西。其他的大学同学经常问："法德尔这是怎么了，天天闷在地下室里与电脑为伴，为什么从不见他出去饮酒作乐？"

到我毕业的时候，建设仪器公司已经有了数名员工。我们置办了一间办公室，开发了一款产品，还找到了销售合作伙伴。当时我 21岁，是 CEO。我也算是拼尽全力，兵来将挡，水来土掩，但后来事情还是没做成，我为此耿耿于怀了很长时间。

1991 年

通用魔术公司（General Magic）的诊断软件工程师。我需要学会如何经营一家真正的初创企业，于是我决定向那些伟大的公司学习。我加入了硅谷最神秘、最令人兴奋的公司之一。那里天才云集，充满了改变人生的机遇。

我们会在这里开发出史上最为惊艳的个人通信和娱乐设备。我干了一碗又一碗的创业鸡汤，并把我的人生全情奉献给了这家企业。我们要改变世界。我们只许成功，不许失败。

1994 年

通用魔术首席软件和硬件工程师。我们还是失败了。

1995 年

飞利浦首席技术官。我和通用魔术的合作伙伴之一飞利浦讨论我们的失败原因。我道出了自己的想法："我们应该换个思路，还是使用现有的软件和硬件，但是要简化，简化，再简化。"

于是飞利浦聘用了我，让我负责为频繁出差的商务人士开发掌上电脑。25 岁时，我成了首席技术官。这是我大学毕业后的第二份工作。

1997—1998 年

推出飞利浦 Velo 和 Nino。两款产品都取得了关键性的成功。

1997—1998 年

产品的销量不尽如人意。

1998 年

飞利浦战略与风险投资集团。我转到了飞利浦的风险投资部门，开始学习风险投资。但掌上电脑的问题一直萦绕在我的脑子里，挥之不去。可能还是没有找对产品用户，或许我们就不应该给商务人士制造个人电脑，或许我们应该做一款面向所有人的音乐播放器。

1999 年

瑞尔视科技（Real Networks）。有了靠谱的团队、成熟的技术和清晰的愿景，我开始着手开发一款数字音乐播放器。

1999 年，6 周后

我辞职了。刚跨进门口的刹那我就意识到自己犯了错误。真是糟透了。

1999 年

创业 #5：熔接系统（Fuse Systems）。不管了，我自己搞。

2000 年

互联网泡沫破灭，资金一夜间枯竭。我向风投做了 80 次融资推介，都以失败告终。我竭尽全力想保住我的公司。

2001 年

苹果打来电话。一开始我只是希望能赚到足够的钱以保住我的公司，但后来我带着我的团队一起加入了苹果。

2001 年，10 个月后

我们推出了第一款 iPod。一次关键性的成功！

2001—2006 年

iPod 部门副总裁。在经历了 18 代 iPod 的研发之后，我们终于可以说把这个东西研究明白了。

2007—2010 年

iPod 部门和 iPhone 高级副总裁。然后我们研发出了 iPhone。我的团队构建了运行和制造手机的硬件与基础软件。我们又推出了之后的两个版本，然后我辞职了。

2010 年

休息。专注于家庭、出国旅行，随心所欲地远离工作和硅谷。

2010 年

创业 #6：巢实验室（Nest Labs，简称 Nest）。马特·罗杰斯和我在帕洛阿尔托的一间车库里创建了 Nest 公司。我们要彻底改变史上最不性感的产品：恒温器。你真该看看，当我们告诉人们我们超级神秘的新公司要做什么时，人们脸上的表情。

2011 年

推出 Nest 智能恒温器。一次关键性的成功！

天哪！人们竟然真的会购买这款产品。

2013 年

发布 Nest Protect 烟雾和一氧化碳警报器。我们致力于打造一个生态系统——一个既看护房子本身，又能照顾家人的体贴之家。

2014 年

谷歌以 32 亿美元收购了 Nest。我们的硬件搭配上谷歌的软件和基础设施：这注定是一场奇妙的联姻。

2015—2016 年

谷歌成立字母控股（Alphabet）。我辞职了。Nest 被从谷歌剥离，然后并入 Alphabet，之后公司要求我们彻底改变产品方向。最后他们决定卖掉 Nest。再也不是我们联姻时的海誓山盟，我异常沮丧地离开了公司。

2010 年至今

Build Fund。离开谷歌 Nest 后，我开始专注从事于 2010 年开启的咨询和投资业务。现在，我们全职指导和支持的初创公司已经有约 200 家。

我的人生一直在成功和失败之间不断摇摆，令人激动的职业巅峰背后，痛苦和失望总是如影相随。每一次失败后，我都会从头再来。我会吸取所有的教训，去做从未做过的事情，去成为一个从未成为的人。

最新版本的我是一名创业导师、教练、投资者，而通过写这本书，我也摇身一变成了作家。 而我之所以能成为一名作家，则全仰仗迪娜·洛文斯基的协助。迪娜是一位才华横溢的作家，她与我共事 10 年（也争吵了 10 年），但从不吝惜给予我帮助，并且总是随时随地为我出谋划策。作为一位年轻、无畏、大胆的女性，迪娜自 Nest 创立之初就参与其中，目睹了周遭一切，并且了解了我的写作风格，如果我的文稿也能算是写作。

你现在应该知道了，我是个糟糕的作家。我会编写软件，但写书这事儿？真是有点勉为其难。我只是把一些过往的经验随手总结了一下，大概只有一张电子表格那么点东西，等到真正要动笔时才发现文章开个头有多难。但话又说回来，当初我也不知道怎么设计计算机处理器、音乐播放器、智能手机和恒温器，但现在这些东西看起来不也还不错吗？

本书所提供的建议绝非完备，它只是一个开始。我仍然在学习，每天都在修正自己的认知，其他人也是如此。这本书所包含的，是到目前为止我的所学所想。

第一部分
个人成长

我曾经两度参与研发 iPhone。

第二次研发现在尽人皆知，因为那次我们成功了。但很少有人知道我的第一次尝试。

1989 年，苹果的一个员工——充满远见的智者马克·波拉特在笔记本上画了这样一幅图（见下页）。

Pocket Crystal（掌上水晶）是一款拥有优雅触摸屏的移动电脑，它集手机和传真机于一体，还可以让你随时随地玩游戏、看电影，以及购买飞机票。

我再说一次，这可是在 1989 年，能在那个时候就有这样的疯狂构想，这本身就够不可思议的。那个年月没有互联网，而所谓移动游戏，就是你把任天堂游戏机带到朋友家。没有人使用手机，甚至没有人真正觉得有必要使用这玩意。到处都是付费电话，每个人都有寻呼机，为什么还要随身带一块巨大的塑料砖？

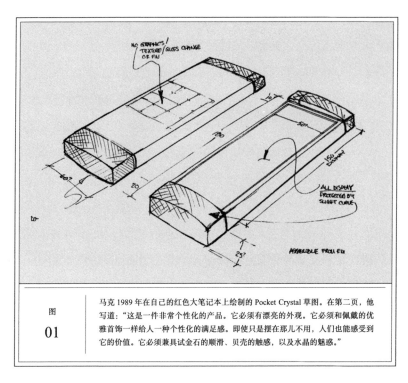

图 01	马克 1989 年在自己的红色大笔记本上绘制的 Pocket Crystal 草图。在第二页，他写道："这是一件非常个性化的产品。它必须有漂亮的外观。它必须和佩戴的优雅首饰一样给人一种个性化的满足感。即使只是摆在那儿不用，人们也能感受到它的价值。它必须兼具试金石的顺滑、贝壳的触感，以及水晶的魅惑。"

为了把想法变成现实，马克和另外两位天才、苹果公司的前传奇员工比尔·阿特金森和安迪·赫茨菲尔德合伙创立了一家企业。他们把公司定名为通用魔术[①]。我是从停刊很久的《Mac 电脑周刊》"Mac 刀客"[②] 传言版块读到这一消息的，当时的我对如何运营一家初创企业毫无概念。

我在高中和大学期间相继创立了几家和电脑相关的公司，但从在密歇根大学的第三年起，我把精力都放在了建设仪器这家公司身上。

---

① 如果你想更深入了解这家公司，见证最为沉痛的失败，并且领悟到这并非世界末日，那么我建议你看看《通用魔术大电影》（www.generalmagicthemovie.com）。你可能在里面认出我来，只是咱别提头发的事。

② "Mac 刀客"是《Mac 电脑周刊》上传言版块作者使用的笔名。这个笔名来源是一首著名英语歌曲的同音歌名——Mack the Knife。这首歌来源于更古老的欧洲戏剧，讲述的是一个叫 Mack 的男子持刀犯罪的故事。——译者注

我和我的教授艾略特·索洛维一同创办了这家企业。艾略特天真可爱，总是一副不太开心的表情，但他热爱技术教育行业，我们合作开发了一款适用于儿童的多媒体编辑器。我们这次创业走得挺远，不但有了产品、员工，还有了一间办公室。但那时候我为了弄清楚 S 公司和 C 公司的区别，还得去图书馆查资料。我那时十分无知，也没有人可问——那时候还没有创业者聚会，也没有创业孵化器，谷歌搜索要到 7 年后才会上线。

通用魔术让我可以学习我想了解的一切。那帮创造出苹果 II、丽萨，以及麦金塔电脑的天才都是我的偶像，而我现在可以和他们并肩作战。这是我第一份真正的工作，也是我第一次真正有机会像安迪·赫茨菲尔德和比尔·阿特金森那样改变世界。

当我和大学刚毕业或刚开始工作的人交谈时，我发现他们正寻求的也是这些。他们想要的是一个产生影响的机会，一个让自己走上伟大之路的机会。

但是很多东西大学里既没有，也不会教给你。如何在职场中快速成长，如何创造出令人赞叹的东西，如何与领导相处并最终成为一名管理者——在你走出校园的那一刻，这些马上都会变成你必须面对的现实难题。你或许在学校里学了不少东西，但在现实世界中，你仍需要付出拿博士学位一般的努力，唯有如此，你才能驾驭自己，做一些有意义的事情。你必须尝试、失败，并且在实践中学习。

这也意味着几乎每一个年轻的毕业生、创业者和追梦人都会问我以下三个问题：

"我应该寻找什么样的工作？"

"我应该为什么样的企业工作？"

"我应该如何建立自己的人脉？"

人们通常会觉得，如果能在年轻时找到合适的工作，成功就有了一定程度的保证。你毕业后的第一份工作直接关系着你的第二份工作，第二份工作又关系着第三份工作。你必须在职业生涯的每个阶段取胜，唯有如此，你才能一步步走向巅峰。

我当年也是这么想的。我百分之百地相信通用魔术会研发出世界上最具影响力的设备之一。我把自己的一切投入其中。我们都是如此。在那几年中，整个团队都在无休止地加班，我们甚至还颁发过"连续在办公室过夜奖"。

然而通用魔术还是垮掉了。多年的奋斗，数千万美元的投资，连报纸都在鼓吹我们是一家注定要打败微软的公司，结果我们只卖出三四千部设备，最多有 5000 部吧，而且基本上都卖给了家人和朋友。

公司失败了，我也同样如此。

在接下来的十年里，我在硅谷里尝尽苦头，之后我才做出了人们真正想要的东西。

在这个过程中，我学到了很多艰难、痛苦、美妙、愚蠢以及有用的经验教训。所以对于任何正欲开启职业生涯或是开启新事业的人来说，下面我所讲的正是你所需要了解的。

第 1 章　学会失败

成年通常被认为是学习的结束和生活的开始。欧耶！我毕业了！终于解脱了！然而学习永无止境。学校并没有为你余生的成就铺好红地毯。成年不过是意味着你在学习到如何少把事情搞砸之前，会不断把事情搞砸。

传统的学校教育导致人们错误地理解了失败。你上了一门课，然后参加考试，如果没及格，这就是学校里的失败，然后再没别的了。一旦你走出学校，就不会再有书本、考试和分数了，但如果你失败了，你就会有所收获。事实上，在多数情况下，这是学习的唯一方法，尤其是当你正在创造一些世界上前所未有的东西时。

所以，当面对一系列潜在的事业，你的正确起点应该是先问自己："我想学习什么？"

不是先问："我想赚多少钱？"

不是先问："我想要什么样的头衔？"

不是先问："哪家公司的名头更大，以至于当其他妈妈吹嘘自己的孩子时，我的妈妈可以轻松把她们秒杀？"

想要找到一份自己热爱的工作，一项最终能让自己功成名就的事业，最好的办法就是追随自己的兴趣，在选择工作时要敢于冒险。要遵从好奇心的引导，而不是盲从商学院的发财指南。你要有个思想准备：在你 20 多岁的大部分时间里，你的选择都行不通，你加入或创办的公司也很有可能以失败告终。在步入成年的早期阶段，你要习惯于看着自己的梦想灰飞烟灭，然后你要从中收获尽可能多的经验和教训。实践，失败，学习，其他的自然会跟着到来。

我穿着一套不合身的廉价中西部风西装去通用魔术面试。所有人都坐在地上，他们抬头盯着我，一脸茫然。每个人的脸上都写着疑问："这孩子是谁啊？"他们让我坐下，说："看在老天爷的分上，你把领带摘了，把外套脱了吧。"

这是我犯的第一个错误。

好在这只是一桩小事。我在1991年成了这家公司的第29号员工。当时我还是一个21岁的毛头小子，我心怀感激地接受了这份名为诊断软件工程师的工作。我的职责是开发出用来测试他人设计的软件和硬件的工具，同时我也是整个公司里职级最低的人。但我不在乎这个。我很清楚，踏进这家公司的门之后，我唯一需要做的就是证明自己，不断精进。

在这之前的一个月，我还是自己公司的CEO。公司规模极小，通常只有三个人，有时候也可能有四个人。工作推进得非常迟缓，甚至有点在原地踩水的感觉，而踩水感觉起来又像是溺水。要么成长，要么死亡，停在原地没有任何出路。

所以我就去了能获得成长的地方。头衔和钱不重要，重要的是和什么人在一起，做什么事。机会才是最关键的东西。

我仍然记得，当我收拾行李从密歇根开车去加州的时候，我的心还是七上八下的。当时我名下还有400美元，而我的父母仍然没搞明白我到底要干什么。

他们希望我获得成功，希望我过得快乐。但这么多年了，我简直把一切都搞砸了。我热爱计算机，但在七年级的第一门计算机课上，我几乎每天都会被老师赶出教室。我总是指出老师的错误，坚持认为我比他更懂计算机，而且总是摆出一副不依不饶的样子。我把那个可怜的人给惹哭了，后来学校不让我学这门课了，让我去学法语。

在密歇根大学的第一个学期，我第一周没有去学校上课，而是跑到旧金山参加"苹果节"，给我的初创公司搭建展台。回到底特律后，我才把此事告知父母。他们都很抓狂，但我早就掌握了对付他们的办法，那就是事后求得宽恕，而不会事前请求允许。我记得当时我坐在宿舍里，一边消化着我在旧金山码头吃的晚餐，一边意识到自己完全可以同时横跨两个世界。这事儿根本没那么难。

那是我亲手创立的公司，我夜以继日为之奋斗的企业，它固然一直险象环生，但正在给我带来回馈。我现在要弃它而去了。我要去哪里？通用魔术？通用魔术到底是个什么鬼？如果我非要找一份正式的工作，我为什么不去 IBM（国际商业机器公司）呢？为什么不去苹果公司？为什么不找一个铁饭碗？为什么我就不能选择一条让他们能理解的人生道路？

我真希望当时自己就知道下面这句话，兴许它还真能有点帮助。

20 来岁时唯一的失败就是无所作为，其余的都叫试错。——佚名

我需要学习。学习的最好方法，就是让自己身边有一群真正知道造物维艰的人。这些可都是亲身体验过切肤之痛的人。如果这一步最后被证明是错误的，那么犯错就是避免再次犯同样错误的最好方法。实践，失败，学习。

关键是要有一个目标，去追逐一些看起来遥不可及，但对你又特别重要的东西。然后一步步向这个目标前进，即便步履蹒跚，你也要持续向前。

你不能想着抄近道——你不可能只是收获答案，却绕过所有的困难。人类是通过富有成效的努力来学习的，我们必须亲自去试验，亲自去失败，然后下次再尝试一种不同的方式。在成年的早期，你必须学着接受这一点——风险并不意味着一定有回报，但无论如何，都要承担风险。你可以遵循别人的指导和建议，也可以追随别人的足迹前行，但只有你自己迈出脚步，亲自了解这条路会把你引向哪里，你才能真正学到东西。

有时候我会在高中生的毕业典礼上做演讲。一群才 18 岁的孩子在这场典礼之后，将第一次独自走向这个世界。

我告诉他们，他们所有的人生决定中，大概只有 25% 源于自己。这还是多说了。

从你出生的那一刻开始，直到你搬出父母的房子，你几乎所有的决定，要么是由他们直接做出的，要么是由他们帮着规划的，要么是受他们影响而做出的。

我说的不仅仅是那些显而易见的决定，比如选哪门课和参加哪项运动。我所指的是当你离开家门开始独立生存时才会发现的各种之前被忽视的决定：

你用什么样的牙膏？

你用什么样的厕纸？

你把银器放在哪里？

你怎么放自己的衣服？

你信奉什么宗教？

所有这些关乎成长的琐碎事情，尽管从来都不需要你自己决定，但同样植入了你的大脑。

多数的孩子不会有意识地审视这些选择，只是模仿自己的父母。当你还是个孩子的时候，这通常不会有什么问题，此时模仿是有必要的。

但你已经不再是个孩子了。

等你搬出父母的房子，你就有了一个可以独自做决定的机会窗口，一个短暂、闪亮、无与伦比的窗口期。你可以不受任何人支配，配偶、孩子、父母都不会左右你。你是自由的，自由到可以选择任何你想要的东西。

这就是你应该放胆去做的时候。

你打算住在哪里？

你想去哪里工作？

你想成为什么样的人？

你的父母总会给你一些建议，你可以接受，也可以忽略。他们的判断源自他们对你的要求（当然是要求你成为最好的自己）。你则需要找其他的人生导师给你点有用的建议，比如老师、表亲、阿姨或者好朋友家的一个比你大的孩子。你现在是独立了，但这不意味着你只能自己做决定。

因为这就是你要做的事情。这就是你的窗口。这就是你该冒险的时候。

到了三四十岁，对大多数人来说，这个窗口就开始关闭了。你不能再任由自己做决定了。这也不是问题，甚至是件好事，但这也是另外一回事。此时那些倚靠你的人会塑造和影响你的选择。即使不需要养家，你也会逐步有了一些不希望冒险的理由，比如朋友、资产或者社会地位等。

但在你事业的早期，当你的人生刚刚起步的时候，你大胆冒进的最糟糕结果，也无非是搬回来和你的父母同住。这不丢人。把你自己扔出去，在所有的事上栽跟头，这是世界上最快捷的学习方法，你也可以借此弄清楚下一步该做什么。

你可能真的会搞砸。你的公司可能会倒闭。你可能心里忐忑不安，担心自己是不是食物中毒了。但没关系，这就是事情应该有的样子。如果你感觉不到紧张，那说明你没做对。你必须把自己推到山巅，即便这意味着你可能会掉下悬崖。

我从第一次惨痛的失败中学到的东西比我从第一次成功中学到的要多得多。

通用魔术是一个实验。这不仅指我们在做的东西——我们在做的确实是彻头彻尾、惊世骇俗且几乎让人难以置信的新东西——也包括我们运营这家公司的方式。这个团队因为天才成群而如此受人瞩目，而所谓的"企业管理"则因此完全被丢在一旁。没有任何的固定流程，我们只是在那里……造东西——任何我们的领导者觉得酷的东西。

每件作品都必须从头开始手工制作。这就像给 100 个工匠一堆金属板、塑料和玻璃，让他们造一辆汽车。我的一个项目是研究如何将各种小玩意连接到我们的设备上，所以我打造了一个 USB（通用串行总线）端口的前身。然后我被分配去设计一个可用于设备之间的红外网络（比如如何把遥控器和电视连接），所以我重新设计了一个协议栈的所有 7 个层次。让人惊喜的是，我成功了。其他工程师很兴奋，于是在上面创建了一个文字游戏。这款游戏在办公室里大受欢迎。我欣喜若狂，感觉要上天了。但后来一位更有经验的工程师开始检查我编写的代码，并困惑地问我为什么要这样构建网络协议。我回答说我不知道自己正在构建网络协议。

这是我犯的第二个错误。

虽说我本可以先去看看书，然后就能节省好几天的时间，但这种自己鼓捣出来的感觉真的很爽。我创造了这个世界上从未有过且有用的东西，还是以自创的方式。

这非常疯狂，但也很有乐趣。特别是刚开始的时候，所有人都在专注于有趣，没有着装要求，没有办公室法则。这里和我以前待过的中西部完全不同。通用魔术可能是硅谷第一批真正实践"玩就是工作"这一理念的公司之一。它相信一个快乐的工作场所可以创造出让人快乐的产品。

但我们可能有点快乐过头了。有一次我们照例在办公室加班到深夜，我抓起一把弹弓玩了起来（不是每个人都会在办公室里放一把弹弓吗）。两个同伴和我在弹弓皮兜里装上泥丸，开弓射出，把3楼的一扇大窗户打出一个大洞。我真害怕自己会因此被开除。

结果每个人都乐了。

这是我犯的第三个错误。

在那四年中，我把全部精力都投入到了通用魔术。我学习，失败，工作，再工作，不断工作。我一周工作90~100小时，有时甚至工作120小时。我从来不喝咖啡，因此我主要靠健怡可乐续命，每天喝一打（郑重声明，从那以后我再也没碰过这种"毒药"）。

顺便说一下，我不推荐这么干。你不应该为了工作而牺牲健康。任何公司也不应该指望你这么做。但如果你想证明自己，就一定要尽可能多学习，多做事情，而这就需要你在时间上投入。你得来得早、走得晚。有时候也得在周末和节假日加班。不要指望每隔几个月就能休假。让你工作和生活的天平稍微往一边倾斜一点点，让你对事业的满腔激情转化成你前进的动力。

在那几年里，我是指哪儿打哪儿，全速向前，而且我们会同时向多个方向冲刺。只有公司的大佬说，拿下那座山，那我就会把它当成我的珠穆朗玛，然后拼尽全力，以让他们能够对我另眼相看。我百分之百相信我们会制造出史上最具改变世界能力的设备。我们都坚信这一点。

然而产品发布却接连推迟，一次，两次，三次……我们不缺钱，也不缺媒体曝光，更有着别人对我们的极高期望。但也正是因此，我们的产品总是在改进，从来都不够好，永远都在不断增加功能。我们的竞争对手却突然杀了出来。就在互联网开始成为主流并且向所有人开放的时候，我们却在做一个由类似于 AT&T（美国电话电报公司）等大型电信公司运营的私人网络系统。我们的处理器不足以支持安迪和比尔理想中的用户体验，也无法展现苏珊·卡雷设计的图形和图标。苏珊是一位才华横溢的艺术家，她为 Mac 创造了最初的视觉语言，为 Magic Link（魔链）打造了一个美丽的世界。但是每次当你点击屏幕时，这该死的东西就会卡住。用户测试人员对时间拖延和各种漏洞极为沮丧，他们一直搞不清楚到底是自己操作有问题，还是设备本身有问题。问题清单一天比一天长。

这就是我犯的第四个错误到第 4000 个错误。

1994 年，当最终推出产品时，我们还没能做出 Pocket Crystal。我们做出来的是索尼的 Magic Link。

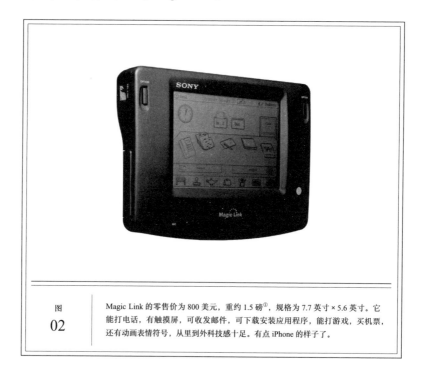

图
02

Magic Link 的零售价为 800 美元，重约 1.5 磅①，规格为 7.7 英寸 × 5.6 英寸。它能打电话，有触摸屏，可收发邮件，可下载安装应用程序，能打游戏，买机票，还有动画表情符号，从里到外科技感十足。有点 iPhone 的样子了。

---

① 1 磅 ≈ 0.5 千克。

这是一款存在严重缺陷的产品，是一个徘徊在过去和未来之间的怪胎，比如它既有动画表情符号，又是一个有传真功能的小型打印机。但它又绝对彻底超前和令人惊艳。未来，人们无论身在何处，都会有一台计算机相伴，而这款产品正是进入这个不同世界的第一步。因为它，所有的付出，睡眠不足，对我身体的伤害，对父母的亏欠，都是值得的。我对此感到无比自豪。我对我们团队的创造力感到兴奋。到今天我仍然如此觉得。

但结果是没有人愿意购买这个东西。

在办公室度过了那么多的日日夜夜之后，我幡然醒悟，但却没了下床的力气。我的心情无比沉重。我所做的一切都以失败告终，所有的一切！

我最终知道了原因。

当通用魔术在我面前轰然倒塌时，我已经不再是一个初级的诊断软件工程师。我有了硅芯片，硬件及软件的架构和设计经验。当事情开始偏离轨道时，我也开始了自己的冒险。我开始和销售及市场营销人员交流，开始学习消费者心理和品牌宣传。而这最终让我认识到了领导者、流程以及控制的重要性。在这四年的经历之后，我意识到，在写任何一行代码之前，我都需要进行充分的思考。这种思考让我非常着迷。这种思考也正是我想要做的事情。

我们的失败，我个人的失败，以及我所做一切的失败所带来的巨大打击，让我的未来之路变得异常清晰：通用魔术创造了令人难以置信的技术，但却没能创造能够解决现实问题的产品。我觉得我能。

当你年轻的时候，当你自以为无所不知，有一天却突然意识到自己根本不知道在做什么的时候，你就需要找到一个你可以拼尽全力努力工作的地方。在这里，你可以遇到那些取得伟大成就的人，并且能从他们身上学到很多东西。所以，即使你被人生的过往撞了一下腰，这种撞击也会推动你进入人生的新阶段。你会想明白下一步该怎么做。

第 2 章　找到一份好工作

如果你打算把自己的时间、精力以及青春献给一家企业，那就尽量不要去一家仅仅致力于轻微改良产品的公司，而要去一家正在启动一场变革的公司。有可能改变世界的企业，往往具有以下 5 个特征。

1. 它正在打造一种全新的，或是将现有技术以竞争对手无法复制或理解的新方式组合起来的产品或服务。

2. 这种产品能够解决实际问题，针对的是众多用户日常生活中的切实痛点。如此，该产品的市场前景就会非常广阔。

3. 其所应用的崭新技术可以承载公司的愿景——不仅通过产品，还包括支持产品的基础设施、平台以及系统。

4. 领导者不拘泥于已有的解决方案，愿意顺应用户需求做出改变。

5. 它正在用一种你从未听说的方式思考问题和用户需求，你在了解之后，会觉得那种方式非常合理。

..

只有炫酷的技术是不够的，只有伟大的团队也不行，只有钱也不行。太多的人盲目投身于热门风口，本想来个一飞冲天，却坠入了深渊。看看虚拟现实（VR）就知道了——目之所及，过去 30 年中，死在这上面的初创企业和为此烧掉的钱不计其数。

"付出就有回报"并不是真理。如果技术还不够成熟，付出显然不见得有回报。即便技术已经完备，你也要把握时机，这个世界必须已经做好接受它的准备。用户需要看到你的产品所解决的是他们当下面临的真正问题，而不是在遥远的未来可能出现的某个困扰。

我觉得这就是通用魔术的问题所在。早在 iPhone 成为史蒂夫·乔布斯眼中的未来之前十多年，我们就在研发类似的产品了。

你知道是谁彻底打败了我们吗？奔迈（Palm）。因为奔迈的个人数字助理（PDA）能让你把保存在纸片或者台式机里的电话号码放到一个可以随身携带的设备中。就是这么回事，就是这么简单。你不能把名片盒装进口袋或者钱包，所以在当时奔迈是个正确的解决方案。这是说得通的，它有存在的理由。

通用魔术却走上歧路。我们以技术为根本，专注于创造的极限以及内部的炫技，但却忘了那些真实的不懂技术的人才应该是我们的出发点。所以，Magic Link 解决的是普通人 10 年之内都不会想到的一个需求。因为没有人会为不存在的需求开发技术，所以我们产品所依赖的网络、处理器和输入机制都无法匹配。我们只能自己动手去解决所有问题。Magic CAP，一款革命性的面向对象操作系统。TeleScript，一种新的客户端服务器编程语言。我们还创建了带有在线应用程序和商店的服务器。结果是，尽管没能实现我们的愿景，但我们还是打造了一批不可思议的产品。这只是针对我们这帮极客来说的。

在其他人看来，这些产品还是挺不错的。或许真的如此，真希望他们知道这些产品到底有什么用。可它们只是为有钱人、书呆子或者非常有钱的书呆子搞出来的奢侈品玩具，一些玩物罢了。

如果你解决的不是一个真正的问题，你就不可能掀起一场革命。

谷歌眼镜和 Magic Leap（魔术飞跃）都是显著的例子。所有的投资和公关宣传都无法改变一个事实——各种各样的增强现实（AR）眼镜仍然在探究它们到底能解决什么问题。公众根本没找出购买这些产品的理由，起码目前还没有。戴着这样一副怪异丑陋的眼镜去参加聚会或者办公，然后鬼鬼祟祟地拍摄别人，这简直不可想象。而且，即便增强现实眼镜有光辉的前景，目前的技术也无力实现其愿景。此外，它也需要很长时间才能消除自己在社会上的恶名。我相信这一天总会到来，但肯定是在很多年之后。

优步则是另外一种类型。该公司的创始人从用户在日常生活中所遇到的问题入手，然后考虑用技术解决这个问题。问题很容易发现：在巴黎，几乎打不到出租车，而雇私人司机又贵又费时。在前智能手机时代，解决这个问题的方法可能是推出一种新的出租车或者豪华轿车业务。但这家公司生逢其时——智能手机的普及为优步提供了平台，同时也让用户轻易接受了这种解决问题的办法。如果我能通过手机买到一台烤面包机，我为什么不可以叫一辆车呢？真正的问题、正确的时机以及创新技术的结合，让优步得以转换行业范式——它根本不用去和传统的出租车公司竞争，而是创造出一种它们做梦都想不到的东西。

这种现象并非硅谷所独有。革命性的企业正如雨后春笋般在世界各地崛起，在农业、药物研创、金融和保险等各个行业中涌现。10年前一些看似花费数十亿美元、即便有大公司巨额投入也解决不了的问题，现在只需要一个手机应用程序、一个小型传感器和互联网就能迎刃而解。这也意味着全世界有成千上万人在寻找能够改变人们工作、生活以及思考方式的机会。

一定要加入这样的公司，无论你去干什么。不要太在意自己的职位，而是要专注于工作。如果你迈入了一家正在快速成长的公司的大门，你也会找到成长的机遇。

做什么都行，就是千万不要去麦肯锡、贝恩或者另外八家咨询公司中的任何一家当一个"管理顾问"。这些咨询行业的翘楚有成千上万的雇员，而且几乎只和《财富》世界500强公司合作。在优柔寡断且厌恶风险的CEO领导下，这些公司组织管理顾问进行大规模的审计，找出各种问题，然后再给客户管理层提出一个能神奇"修复"一切的新计划。这简直就是一个童话故事！算了，一言难尽。

但很多毕业生会觉得这是份完美的工作：你既可以拿高薪，又可以周游世界，与大公司和大老板共事，还能学习如何成功地开展业务。这听起来非常诱人。

这个故事的部分内容的确属实。没错，你的薪资会很不错。是的，你有大量机会争取重要客户，但你不会学到如何创立或运营一家公司。你学的那些都不算什么。

史蒂夫·乔布斯在谈到管理咨询时曾经说过："你确实接触了不少东西，但所有的认识都很浅薄。这就像是一张香蕉图片，你可能会得到一张非常精确的图片，但它只是二维的。如果没有实际的操作经验，你永远都不会得到一个三维的认识。所以你的墙上可能挂满了图片，你也能拿着它们跟朋友显摆说，'你看我做过香蕉业务，做过桃子业务，做过葡萄业务'，然而你从来没有真正品尝过它们的滋味。"

如果你确实想走这条路，并且加入了那些顶级咨询公司，这当然也是你的自由。但你要清楚自己要从这段经历中学到什么，以及你想要为人生的下一步积累何种经验，不要困在其中。管理咨询不应该是你的终点，它应该是一个中转站，是你真正的实践之旅和创造之旅的短暂停留。

要想做出伟大的事业，真正地有所收获，你就不能只在屋顶上支着儿，不能在别人做事的时候转身走开。你得亲自下场。你得关注每一个步骤，精心处理每一个细节。你也必须亲身经历失败的过程，唯有如此，你才能重整旗鼓。

你必须是亲身参与者。你必须爱自己的这份工作。

但如果你爱上了一个错误，结果会怎样？如果你发现一款产品或一家公司诞生得太早，配套的基础设施尚不健全，潜在客户无处寻觅，领导心高气傲又独断专行，你该怎么办？

如果你对量子计算、合成生物学、核聚变能源或太空探索充满激情，但现在没有迹象表明这些行业会很快结出硕果，你又该怎么办？

别想这么多，放手去干。如果你热爱你的工作，不要在乎我的建议，不要担心所谓的时机。

在整个互联网泡沫期间，我一直专注于研发手持设备。通用魔术陷入困境后，跳槽去雅虎或者 eBay，加入互联网淘金热潮，是当时的一个显而易见的选择。每个人都让我这么做。"你疯了吗，怎么去了飞利浦？！所有的钱都去了互联网！没有人再需要消费型的计算设备了。"

但我还是选择了飞利浦。我知道台式机和手机之间还有非常巨大的创新空间。在通用魔术的时候我就看到并感知到了这一点。于是我在飞利浦组建了一支设备研发团队，然后创办了自己的公司，研发数字音乐播放器。我之所以如此坚持，是因为我喜欢自己做的事情——我喜欢从头到尾构建整个系统，喜欢原子和电子、硬件和软件、网络和设计。所以当苹果公司找我去研发 iPod 的时候，我胸有成竹。

如果你对某件事情充满热情，而且这件事注定能在未来解决某个大问题，你一定要坚持到底。

留意周围，找到和你有着同样志趣的人。如果除了你之外，地球上再没有其他人在思考你所思考的问题，那你可能真的是走得太远了，甚至是选错了前进方向。但哪怕你能找到一小群志同道合者，哪怕你们只是几个只知道开发技术却还不知道如何把它变成生意的极客，你们也应该继续前进。从基础做起，结交朋友，寻找导师，建立人脉，当世界运转到足以使你的想法变得有说服力的时刻，这些努力就会结出硕果。其间你也许会进入另外一家企业，愿景可能会改变，产品可能不再一样，技术也可能发生变革。你可能要承受失败，再失败，学习，再学习，以及进化、理解和成长的过程。

但总有一天，如果你真的解决了一个真实问题，当世界做好了接纳的准备，你也就离成功不远了。

你做什么很重要，你在哪里工作也很重要，但最重要的是你和谁一起工作，你能从谁身上学习。太多人把工作看成达到目的的一种手段，工作的目的是赚足够的钱，然后不工作。但找到一份工作是你在世界上有所作为的机会。把你的注意力、精力和宝贵的时间投入到有意义的事情上。你不需要马上成为高管，你不需要一毕业就进入世界上最了不起、能改变世界的公司，但你必须有一个目标。你应该知道自己想去哪里，想和谁一起工作，想学到什么，想成为谁。以此为基础，你就会知道如何创造你想创造的东西。

第 3 章　偶像的力量

当学生攻读硕士或者博士学位时，他们希望能够跟随最优秀研究项目中的最优秀教授。但当他们找工作时，关注的却是金钱、待遇以及头衔。然而，唯一决定一份工作是真正有价值还是纯粹浪费时间的因素是人。专注于了解你所在的领域，并利用相关知识去同最优秀的人建立关系。这些人应该是你真正尊敬的人，是你心目中的偶像。这些（通常很谦逊）像摇滚巨星一样的人物会引领你走向你想要的事业。

..

如果这个世界上真有软件设计和编程之神，那非比尔·阿特金森和安迪·赫茨菲尔德莫属。小学时，我就经常在杂志上见到他们的脸庞，那些杂志我可是向来从头读到尾，就像是我的《圣经》一样。我使用过他们开发出来的一切东西，包括划时代的 Mac 电脑、MacPaint 软件、Hypercard 程序以及丽萨电脑。

他们是我的偶像。我见到他们的感觉，就像是见到了美国总统、披头士乐队或者齐柏林飞艇乐队一样。当我和他们握手时，我不仅掌心出汗，而且几乎喘不上气来。但随着时间的流逝以及我不再过分关注他们的明星光环，我发现他们都平易近人，乐于交谈。对于天才而言，这颇为罕见。我可以和他们聊上好几个小时。我们聊编程，聊设计和用户体验，以及其他无数我感到好奇的事情。我甚至和他们展示了我在创办"建设仪器"期间开发的产品。

我想这就是我能在通用魔术得到一个职位的原因，毕竟当时有人会为了得到一个面试机会而睡在这家公司的台阶上，而我只是一个来自密歇根的无名极客。这不是因为我会奉承创始人，也不是因为我在面试前后一直缠着他们的人力资源总监——极有耐心又乐于助人的迪·加德蒂女士（在那个没有电子邮件的年代，我确实在面试前后的一个月时间里，每天都给她打电话），而是因为我通过纯粹的蛮力获得了大量实用有效的信息。

我的大部分时间都用在了开发芯片、软件、设备，以及创办公司上，其余时间则会阅读所有我能得到的关于这个行业的资料。这就是我与众不同的地方。比尔·格利——一位极其聪明又爱讽刺人的逆向风险投资人，出生于得克萨斯州的交易并购大师，曾经这样说过：
"你无法靠外力变成最聪明或者最鲜亮的那一类人，但你可以成为最有见识的人，你可以在收集信息方面超越其他所有人。"

如果你打算花费大力气收集信息，那就要研究一些你感兴趣的东西，即便你没打算找一份与此相关的工作。跟随好奇心的驱使，一旦掌握了这些知识，你就可以开始寻找最优秀的人，并尽力去成为他们的同事。我的意思不是说，如果你对电动车感兴趣，你就要去跟踪埃隆·马斯克。看看谁向马斯克直接汇报，谁又向这些向马斯克直接汇报的人汇报，那些竞争对手会不惜一切代价地挖这些人。去搞清楚各条线，然后找出谁是你最感兴趣的那个方向的领导者。你去推特或者YouTube上找到这些专家，然后给他们发信息、评论或者你领英简历的链接。你们有共同的志趣，你们有同样的激情，所以你要跟他们分享你的观点，问他们一些有质量的问题，或者你也可以只是告诉他们一些有关你的家人、朋友觉得极度枯燥无聊但你却觉得有趣的事。

建立人脉关系是在任何地方找到工作的最好方法。

如果你觉得这不可能，如果你在推特上关注了你的偶像却不相信他们会留意你，那么我会很生气地告诉你，你这种想法是错误的。我不觉得自己是什么人的偶像，但我是一个经验丰富并且有广泛人脉的产品设计师，而且很有幸地研发出了一系列享有盛名的技术。大多数人会觉得，我不可能会留意那些在推特上随意给我发私信或者突然给我发来不明邮件的人，但有时候我确实会留意他们。

这不仅仅是在有人想要找工作或者找投资资金的时候，我也会关注那些和我分享趣事或聪明想法的人，尤其是他们持续不断给我发送邮件的时候。如果他们上周给我发来了一些很酷的东西，这周又发来一些很酷的东西，他们不停地给我带来有趣的消息、技术或者想法，非常坚持，那么我也会了解他们，记住他们，并且回复他们。这有可能让他们获得一次自我引荐的机会，和我建立友谊，也可能让他们从我这儿得到一份推荐信，甚至是我们所投资企业中的一个工作岗位。

关键是坚持和乐于助人。不能只索取，也要有所贡献。如果你有好奇心和兴趣，你会有很多可以贡献的东西。你可以随时和别人交流优秀的想法和创意，你也可以保持良善，想方设法为别人提供帮助。

看看哈里·斯特宾斯的例子。他是一个聪明、真诚、有着极好人缘的人。他在 2015 年创办了一个叫作《20 分钟风投》（20 Minute VC）的播客栏目。然后他开始邀请人们上他的节目做访谈。他坚持不懈地用做节目来展现自己。他乐于助人，热情洋溢。之后他开始得到关注，一位 CEO 上了他的节目，然后是另一位，接着是更多的创始人、投资人以及高级管理者。我也接受过他的采访，那是我最认可的播客访谈之一。

每次播客录完后，他都会在私下里问被采访者："你认识且尊重的人中，你觉得有哪三位是我接下来最应该访谈的对象？你能尽快把我引荐给他们吗？"

2020 年，他终于修成正果，凭借自己的成功和人脉成立了一只小型风投基金。2021 年，该基金又获得了 1.4 亿美元的资金。

在我写这本书的时候，哈里·斯特宾斯只有 24 岁。

我不是说你发给你偶像的每一条推特或者领英信息都会变成一只 1.4 亿美元的风投基金，但它确实可能帮你找到一份工作，它也可能让你有机会和自己的偶像一起工作。

而任何能够和自己偶像共事的工作都是好工作。

如果能如愿以偿，那你可以试着加入一家小公司——一家致力于创造值得创造之物的公司。如果规模在 30~100 人，而且里面还有几位明星级人物，这样的企业就是你的最佳之选。在这样的公司里，即便你不能每天和你的偶像共事，也可以向他们学习请教。

你也可以加入谷歌、苹果、脸书或其他巨头公司，但在这些企业里你很难有机会和明星级的人物密切合作。而且你也应该知道自己很难在这样的公司里真正有所作为。即便你待到人老珠黄，也未必能在这些地方发出一点声响。在这些地方，你就是一颗扔向一头大象的小石头。但你会是一颗领着高薪、吃着免费羽衣甘蓝叶子的小石头，所以，如果你真的选择了这条路，那就在为一个巨大无底洞项目扮演无关紧要角色的同时享受这份高薪吧。然后把你的大量空闲时间花在公司的组织结构，各种烦琐的制度、流程、研究，以及长期项目和长期思考上。只有不用操心明天是否发货这种问题的大公司，才会有这些东西。了解这些东西也不是坏事（见第 16 章）。但千万不要卡在大象的脚趾缝里，那样你就永远看不到整个大象的样子。人们很容易将对流程、繁文缛节、职能评定，以及办公室政治这些东西的熟稔和真正的个人成长混为一谈。

小公司资源少、设备少、预算少，它可能不会成功，也可能永远赚不到钱。它也可能没有很多的员工福利（尽管这可能是件好事）。那些把所有资金都花在乒乓球教练和免费啤酒上的初创公司并没有专注于正确的事情（见第 31 章）。但是在小公司，你有机会和更多有才华的人成为同事，包括销售、营销、产品、运营、法律，甚至可能是质控或客户支持部门的人。小公司同样有分工，却通常不会有各自为政的问题。它们有一种迥然不同的能量。在小公司，整个团队都会精诚合作，以使某个珍贵的想法变成现实。这里没有任何不必要的东西，繁文缛节和办公室政治通常也不会出现。更重要的是你所做的事情，因为这事关公司的生死存亡，所有人都在一条船上。

能和自己极为尊重的人在一条船上，这也是一种乐趣。这是你工作中的最美好时刻。这或许也是你人生中最为美好的一段时光，而且即便后来你们上了岸，这种快乐也可以延续下去。

我在通用魔术遇到了很多了不起的同事，其中就包括温德尔·桑德和布莱恩·桑德。他们是一对天赋异禀的父子，绝对的精英，工程师中的工程师。布莱恩是我在通用魔术的领导，而在我研发 MagicBus 的过程中，这两位桑德先生都曾给予我帮助。MagicBus 是一种用于 Magic Link 的数字外围总线。我们共同想到了这个主意，并且研制出了专利技术，如今它们已经成了世界各地 USB 设备的基础。这是一个梦想成真的故事。

通用魔术垮掉之后，我们各奔东西，但我们从未失去联系。十年后，我聘请布莱恩和我一起开发 iPod。然后布莱恩又把他父亲聘了过来。

有一次，温德尔和我一同走进苹果公司的主楼——无限循环 1 号楼，撞见了史蒂夫·乔布斯。史蒂夫非常激动。温德尔是苹果公司的第 16 号员工，但史蒂夫已经好久没见过他了。"温德尔！你现在在哪儿工作呢？"

温德尔说："我就在这儿开发 iPod，和法德尔一起。"

当你有机会与传奇人物、英雄人物打交道时，你会意识到他们根本不像你脑子里虚构的那样。他们可能在一个领域是天才，但在另一个领域却一无所知。

他们对你的表扬能够鼓舞你，你也可以帮助他们，抓住他们可能错过的东西。你们之间的关系是基于互相尊重，而不是出自你不切实际的英雄崇拜。

而且我要告诉你，世界上最能让你开心的事情，就是你能以一种有意义的方式助力你的偶像，并赢得他们的信任。你会亲眼看到他们认可你的专业能力，意识到你是一个可以倚仗的人，一个值得被记住的人。然后你也会发现，这种尊重会随着你工作的不断变动而不断延展。

这就是偶像的伟大之处。你可以把他们的启迪变成你的驱动力。如果你正确做事，并且认真倾听，他们就会把几十年的经验分享给你。终有一天，你也会回报这种善意。

第 4 章　跳出惯性思维

个体贡献者（individual contributor，IC）就是一个不负责管理他人的人，通常只负责一些需要在当天或未来一两周完成的工作。他们的责任是为细节殚精竭虑，因此多数的个体贡献者都依赖管理者和高管团队来为他们设定目标，为他们铺好道路，这样他们就能专注于手头工作。

然而，如果一个个体贡献者总是往下看，他们的眼睛只盯着自己紧迫的截止日期和工作细节，他们可能会撞到南墙。

作为一个个体贡献者，你需要偶尔做两件事。

第一，向前看。不要只盯着当下的截止日期或项目，而是要关注到接下来几个月内的所有里程碑。然后要关注到你的最终目标：整个项目的使命。理想情况下，这应该是你当初加入一个项目的原因。随着项目的进展，你要确保这一使命对你来说仍是有意义的，完成这一使命的路径也仍旧是行得通的。

第二，向周围看。走出你的舒适区，远离你所在的团队。与公司的其他职能部门人员交谈，了解他们的观点、需求和顾虑。这种内部联络总是很有用的，如果你的项目没有朝着正确的方向发展，它可以给你提供预警。

..

我当年只有在天要塌下来的时候才知道抬头。那次天真的塌了。在那之前，我偶尔注意到有"小行星"从我在通用魔术公司的小隔间前面飞过，比如有人告诉我触摸屏的部件还没有发明出来，或者是我刚开发的软件"破坏了架构",又或者是我们需要的移动网络根本没起作用,但我只是擦擦键盘,继续埋头干活。

我信任比尔、安迪和马克的领导能力。我所要做的只是证明自己。这是和你的偶像一起工作的一个缺点。你只顾着拜师学艺了,误认为他们能着眼大局。你以为他们会注意到正前方的墙。

把一个项目看成一条直的时间线,它有起点,也有终点(希望如此)。每个人每天都以同样的速度走在平行线上,工程、营销、销售、公关、客户支持、制造、法务等在各自的线上迈步向前。

CEO 和高管团队会盯着远方的地平线。他们把 50% 的时间花在规划几个月甚至几年后的未来上,把 25% 的时间用来关注未来一两个月的重要里程碑,剩下 25% 的时间则用来扑灭脚底下正在发生的火灾。他们还会盯着所有的平行线,以确保每个人都能跟上,并朝着同一个方向前进。

各部门管理者通常关注 2~6 周的事项。这些项目非常充实而详细,只是在边边角角会有一些模糊的地方。经理们的脑袋应该保持转动,他们要经常向下看,有时候也要往远处看,同时也要花时间环顾四周,了解其他团队的动向,以确保所有事项都在齐头并进地迈向下一个里程碑。

初级个体贡献者会把 80% 的时间用来向下看,他们需要关注未来一两周的事项,看到日常工作的各个细节。在你职业生涯的早期,你就应该是这样。你应该专注于把每个项目的特定部分完成且要完成得漂亮,然后再转向下一个事项。

你的高管团队和经理团队应该注意到前进路上的障碍。他们应该提醒你调整航向,或者至少提醒你把头盔戴好。

但有时候他们做不到。

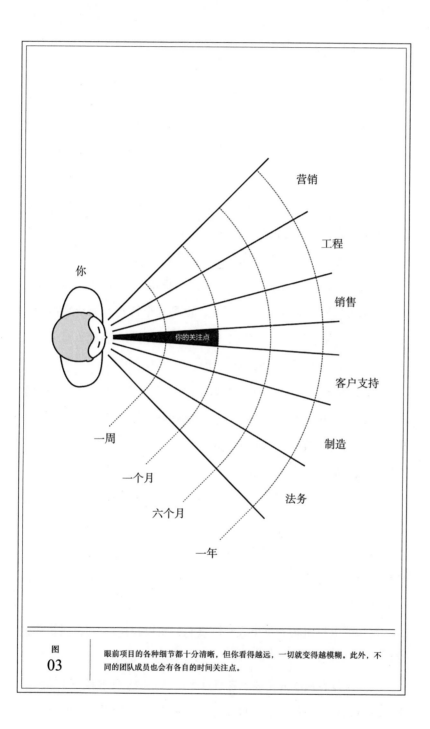

营销

工程

销售

你

你的关注点

客户支持

制造

一周

法务

一个月

六个月

一年

图
03

眼前项目的各种细节都十分清晰，但你看得越远，一切就变得越模糊。此外，不同的团队成员也会有各自的时间关注点。

所以个体贡献者要用 20% 的时间向上看。他们也需要向周围看。他们这么做得越早，就会在职业生涯中进步得越快，上升得越高。

你的工作不只是做你手头的工作，你也要像你的经理或者 CEO 那样思考。你需要理解终极目标，即便它如此遥远，你都不知道等你到达那里时它会变成什么样。这对你的日常工作非常有帮助——知道了你的目的地，你就可以自我安排优先事项，并决定你应该更改什么以及应该怎么做。它的意义也不仅于此，你还要确保自己仍然在正确的方向上前进，而且你仍然对此深信不疑。

你也不能忽视与你并肩作战的其他团队。

我第一次被"小行星"直接击中是在我和特蕾西·贝尔斯一起吃午饭的时候。特蕾西是一个真顽主，也是一个特别有创新精神的人。作为一名来自微软的产品经理和一名经验丰富的市场营销人员，她在开发 Windows 1.0 时就见识过这一切。

"我不知道为什么会有人需要这个柠檬。"她说。她说的是我们刚刚添加的一个小动画表情符号。它会在你的电子邮件里走动，做出一些连现在的表情符号都意想不到的事情。呃，这当然只是我的想法。但她不是工程师，根本不知道这个东西的意义在哪里。于是我赶紧解释："这多有创新精神啊！就是这么完美！这多酷啊，对吧？难道你不这么认为吗？"

"是啊，这很可爱，大概是吧。"她说着耸了耸肩，"但我想要的只是一个好用的电子邮件。我要个柠檬干吗？没人在乎一个该死的、会走路的柠檬。"

啊！可工程团队的每个人都喜欢它，所以我说："再多讲讲你的看法。"

我从来没有从她的角度思考过这个产品。她迫使我摘下工程和技术人的有色眼镜，从一个普通人的角度来看待我们正在打造的东西。

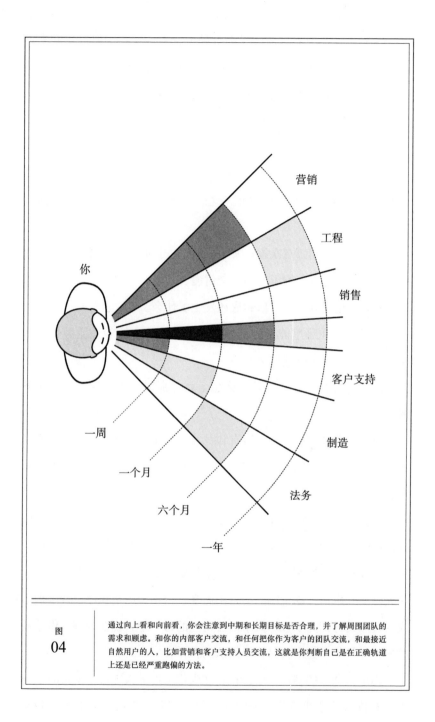

营销

工程

销售

你

客户支持

制造

一周

一个月

法务

六个月

一年

图

04

通过向上看和向前看,你会注意到中期和长期目标是否合理,并了解周围团队的需求和顾虑。和你的内部客户交流,和任何把你作为客户的团队交流,和最接近自然用户的人,比如营销和客户支持人员交流,这就是你判断自己是在正确轨道上还是已经严重跑偏的方法。

这是一场艰难的对话，我都听呆了，被说傻了。但对我俩来说，这种交流的好处非常大。我想了解她的想法，她想了解我这边的情况。最重要的是，她想知道我到底在做什么。

她不仅担心我们正在搞的这些功能都是毫无用处的花架子，还担心我们根本搞不出来。

"我们刚刚与索尼营销部门合作搞了一个推广活动，说 Magic Link 能够实现你说的所有功能。这是不是真的？我们真能实现这些功能吗？"

这大概是我们第五次推迟发布日期了。我们向投资者和合作伙伴承诺的许多功能都落空了，不仅交付慢，还漏洞百出。她想知道除了她从领导那里听到的，背后到底还发生了什么。

无线通信在哪里能用，在哪里用不了？客户体验究竟会是什么样？产品功能做了哪些取舍？

我就回答她，然后问她怎么想。就在那时，我发现天真要塌下来了。

我之前根本没意识到，所有和我并行工作的人都能看到我看不到的东西。他们对我们的世界有着完全不同的看法，而这正是一种我必须了解的看法。

新视角无处不在。你不需要非得从街上找一群人，让他们睁大眼盯着你的产品，并说出他们的想法。从你的内部客户开始，公司里的每个人都有自己的客户，即使他们不是做产品研发的。你总需要为某些人做某些事情：创意团队为营销做事，营销为应用程序设计师做事，应用程序设计师为工程师做事。公司里的每一个人都在为别人做着某些事，即使他只是来自另一个团队的合作者。

你也是别人的客户，所以也要和为你工作的人交流，交流时记得带上有价值的东西或相关的问题。你要试着去理解他们遇到的障碍，以及什么会让他们感到兴奋。

与那些距离客户最近的人交流，比如市场部和客服团队，找到日复一日与客户沟通并直接听取他们反馈的团队。

交流时要带上好奇心，要真正地投入其中。当你向上看和向四周看时，你不是为了自己的利益，不是要知道你所在的公司何时会倒闭，以及你应该以多快的速度撤出。你要了解的是如何更好地完成工作。你要知道的是如何才能更顺利地完成项目，达成公司使命。你正在学着像你的经理或者更高级领导那样思考，而这正是你成为经理或更高级领导的第一步。

当你这么做时，你或许已经开始拨开迷雾见真章。

你会发现你面临很多挑战和障碍。

当我终于抬起头向上和四周看时，我意识到我们的头已经撞上一堵永远无法移开的墙。我们的使命仍旧鼓舞人心，但我们的道路已经堵塞。所以我选择坚持使命，但转向了一个新目标。我离开了当前道路，来了一个左转弯。我就这样开始了下一份工作。

与团队共同参与创造的最美好之处是你可以与他人并肩同行。你们都在看着脚下的路，同时眺望地平线。有些人会看到你视野之外的东西，而你会看到其他人看不到的东西。所以不要以为做一份工作就是把自己关起来闭门造车，其实大量的工作都是你和团队共同完成的。工作就是一起到达你们的目的地。工作也是带上你的团队一起寻找新的目的地。

第二部分
职业发展

我想拯救通用魔术。

当发现除了我们亲密的极客朋友之外没人会购买 Magic Link 这个残酷事实后，我紧张地向我的偶像们提出了我的一个想法："我们转变产品方向吧。与其为大众制造通信和娱乐设备，我们不如专注于商务人士。"

通用魔术的目标客户是"普通蓝领"。这不是搞笑，是真的。这是一幅带有贬损意味的用户画像：一个普通美国人瘫坐在沙发上，只顾喝酒看球，此外什么都不想。这种对用户的想象实在是糟糕至极。尽管我们一遍遍说我们所做的都是为了他，但这毫无意义。因为即便这种普通蓝领客观存在，他也永远不会买 Magic Link。那是一个互联网还无法远程访问的年代，大多数人还没有台式电脑，没有电子邮件，更不知道什么是手机游戏和在线电影。

那是 1992 年——一个普通蓝领绝不会把电脑装在口袋里的年代。

但商务人士或许有这个需求。他们已经开始使用电子邮件、电子笔记本和数字日历。他们需要把所有人的联系方式存在移动设备上，而不是一台近 5 公斤重的笔记本里。他们都是像我父亲这样的人，总是在不同的城市穿梭。在一个还没有手机的时代，为了做成买卖，赶上会议，他们得经常一下飞机和汽车就冲向投币电话亭去接听自己的语音信箱。他们有一个我们可以解决的问题。

这个用户需求太清晰、太明显不过了。我们应该为这些已经看到需求并且每天还在感受到问题之痛的人开发产品。只要在 Magic Link 上装个键盘，去掉各种古怪功能，去掉各类异想天开，也不需要一个会来回走的柠檬，只要让产品关注工作本身就好。我们只需要打造一款面向商务人士的设备、用户界面以及应用程序套件，在里面加入文字处理和电子表格应用。我开始和通用魔术的人交流，并试图说服他们。我先是争取同事的支持，之后又去找领导团队。

"很好的想法，不过……"这是他们的反应。我们反复谈了好一会儿，每个人都想尽量表现得友好一些，尽量达成最好的结果，但最后对方的回答还是"不"。转型的工作量太大了，我们要改变的东西太多。我们现在做不了这个，并且还有其他优先事项。

但飞利浦却准备参与其中。作为通用魔术的主要合作伙伴和投资方，它正在为我们制造部分半导体和处理器组件，所以很容易联系到它。它喜欢这个想法：使用通用魔术的硬件和软件，在飞利浦内部研发一款商用掌上电脑。这样我就可以继续我的梦想，而飞利浦可以借此在一个软件驱动的新兴世界站稳脚跟。

所以在 1995 年，我正式告别了自己在通用魔术的办公室。曾几何时，我们开着遥控车在办公室走廊里比赛，把热狗藏在天花板里搞恶作剧，而如今我走向了一个完全不同的世界。我知道飞利浦和通用魔术不一样，但等我到了那里，我还是被震惊了。

深色的木隔板上带着 20 世纪 70 年代的烟渍，没有小隔间，不停地开会，经理们对一切持否定态度。一群老荷兰人则在抱怨没有帝怡咖啡和荷兰油炸热狗（即便你不知道这是什么东西，也别细究了）。我目光所及之处，都是我在通用魔术面试时就扔进垃圾桶的那种毫无品位的西服套装。

我只有 25 岁，此前从未有任何领导他人的经验，从来没组建过团队。但现在我成了一家有近 30 万人的大公司的首席技术官。我经历过很多失败，但这一次的挫折感却异常强烈，且和此前完全不同。一种冒名顶替者综合征 ① 的感觉一下涌上并占据了我的心头。

然后他们告诉我，任何加入团队的人都必须进行药检。

这种愚蠢到难以置信的事情足够让人顿时头脑清醒。在硅谷没人能容忍这样的事情——为了一份工作，你还得往杯子里尿尿？那我恐怕连个鬼影也雇不到。于是我跟飞利浦的人说："绝对不行。"当然，脏字儿没从我的嘴里吐出来，只是挂在了我的脸上。最后我们达成协议："我去进行药检，但如果我的结果为阴性，我们团队的其他人就不用接受这个检测了。"结果如我所愿，我的检测报告是阴性，我们也因此请到了不少牛人。

然后我们开始和通用魔术谈判，以期得到它某个版本的操作系统。这个系统正是我们所需要的，我了解它的代码，知道能让它在我们的硬件上成功运行。但此时的通用魔术正在快速衰落——没有收入，没有用户，人人恐慌。马克·波拉特曾向很多人许下美好的承诺，但都已化为泡影。在几个月的努力争取后，我却接到通用魔术的拒绝电话："托尼，我们不能这么做。对不住了！"

我空有一个头衔、一个刚起步的团队、一份预算和一个坚定的使命，却没有操作系统，半年的时间更是付诸东流。最后我们只得放弃拯救通用魔术的幻梦，不情愿地选择微软的 Windows CE 作为操作系统，开始启动研发。

如果说通用魔术是一块可以让 100 个工匠随心所欲涂抹的白板，

---

① 即 imposter syndrome，人的一种自我能力否定倾向，感觉周围人都比自己强，觉得自己的成就完全靠运气。——译者注

飞利浦就是一套乐高积木。我们眼前有一堆组件，然后开始制造过程。

我们确实取得了成功。1997 年，我们推出了飞利浦 Velo。

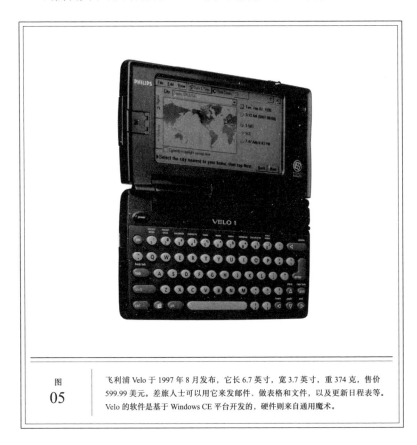

图
05

飞利浦 Velo 于 1997 年 8 月发布，它长 6.7 英寸，宽 3.7 英寸，重 374 克，售价 599.99 美元。差旅人士可以用它来发邮件、做表格和文件，以及更新日程表等。Velo 的软件是基于 Windows CE 平台开发的，硬件则来自通用魔术。

Velo 看上去非常像我在通用魔术极力争取的那种产品：它有触摸屏和键盘，有更简洁的界面，更明确专注于商务领域的应用。

第二年，Velo 的姊妹产品、更加袖珍的飞利浦 Nino 推出。

Velo 和 Nino 都获得了奖项，得到了业界好评。它们是当时所有 Windows CE 设备中速度最快、用户体验最好，以及电池续航时间最长的产品。我可以拍着胸脯说，我们为使用 Windows 系统的商务人士打造了最好的掌上办公工具。

图
06

飞利浦 Nino 发布于 1998 年。它长 5.5 英寸，宽 3.3 英寸，重 220 克，售价 300 美元。Nino 使用 Windows CE 操作系统，配备了初级的语音控制软件，并且是最早可以从 Audible①上下载有声读物的设备之一。

我们启动了一系列完整的营销活动，推出了电视和平面广告，然后期待用户纷至沓来。

但当时电子产品只能在线下实体店销售，且只能分为两类：电视 / 音频，或者是计算机设备。没有一个专门放"新科技"的货架通道。打印机放在一边，音响放在另一边，但谁知道一个个人数字助理应该放在什么位置？

所以百思买把 Velo 放在了计算器销售区。

---

① Audible 为亚马逊听书应用。——编者注

电路城则把 Nino 放在了笔记本专区。

顾客根本不知道该到哪里去找这些产品。当他们询问销售代表时，得到的只有茫然的眼神。

没有人知道应该如何销售以及在哪里销售我们的产品，也不知道把我们的产品卖给谁。零售商不清楚，飞利浦也不清楚。我们的销售团队只能从销售 DVD（数字通用光盘）机和电视中获得奖金。营销团队则只关心电动剃须刀。因此，Velo 和 Nino 最终被堆放到了 TI-89 计算器和东芝笔记本电脑的后面。

这两款产品的销量固然不算很糟，但也不够好。虽说这可以理解，但也非常让人沮丧——我们几乎把所有事情都做到位了，但还是差了临门那一脚：我们没能建立一个真正的销售和零售合作渠道。这是通过挨揍才领悟的一个深刻教训。

所以是时候做点不同的事情了，但还没到我必须从飞利浦跳槽的地步。

我加入了另外一个团队：飞利浦战略和风险投资集团。这项工作的职责是帮助飞利浦建立其数字战略，并投资热门的初创公司。此时正是一个初创公司层出不穷的年代，我就像一个站在糖果店的孩子。我们投资了 TiVo 和 Audible，前者是最早的数字录像机，一项可以让你暂停和保存电视直播的革命性技术，后者则是世界上第一家在线有声读物服务商。

我第一次接触 Audible 是在开发 Nino 的时候。他们本打算推出自己的硬件设备，但缺乏这方面的热情。他们其实不想做硬件，但是又觉得只有通过硬件，才能让大众了解他们想要构建的内容市场。他们非常乐意通过别的硬件来展现内容市场，但别人也没有开发出可以播放音频的设备。当时连能播放小型单声道音频文件的设备都没有。

于是 Nino 就成了世界上最早能使用 Audible 的设备之一，它就这样横空出世了。人们非常喜欢这款设备。

如果我们可以播放有声读物，为什么不能播放音乐呢？我们所需的只是一个更大的内存、立体声，以及更好的声音输出质量。

我在这个问题上思考了很久，并且钻研了相关技术。1999 年，我给自己的 30 岁生日聚会派发了一份请柬——一张自己刻录的混合 CD（激光唱片）。这张 CD 里既有完整的红皮书 [1] 音频，也有几首 MP3 音乐——《给我一点爱》《因果报应》《我的爱达荷》。尽管那时候还没有人拥有 MP3 播放器。

但我看到了推出一种新型设备的可能性：一种纯粹为音频而设计的设备。

后来有一天，我和瑞尔视的 CEO 就这个话题聊了整整三个小时。瑞尔视当时盛极一时，也是世界上最早研究互联网流媒体音频和视频技术的公司。我曾打算安排飞利浦和瑞尔视两家公司的 CEO 会面，以促成将瑞尔视的软件安装在飞利浦的硬件上。但飞利浦的 CEO 却迟迟不肯露面，后来他想见面也来不及了。

因为等他露面的时候，我已经离开飞利浦。

我加入了瑞尔视，负责为它开发一款新型的音乐播放器。它告诉我，我可以在硅谷组建团队，然后用它的技术去打造一个新的未来。它的招聘人员非常有感染力，而且实话实说，这是我在这家公司发现的最大的亮点。当我和该公司内部各式各样的团队领导打交道时，我发现有些人搞政治的本领真是到了极致。真的，其中有一个人现在都变成参议员了。它让我签署了一份冗长的竞业禁止协议。在我来的第一天，它就食言了，告诉我必须搬去西雅图。我走进狭小隐蔽的新办公室，在一根巨大的承重立柱后面躲藏了两个星期，然后就辞职了。

---

① 红皮书，英文为 Red Book，是当时音频 CD 的一种标准格式。——译者注

这不是一个容易的决定。是走是留，是为钱卖命还是保持理智，是坚持在大公司打工还是走一条创业之路，对任何人来说，这些都是困难的选择。

这就是管理的幽灵。没有任何管理经验的你该如何管理团队？当大家对做什么有意见分歧时，你如何做决策？你如何设定程序才能保证团队朝着统一的目标前行？你怎么知道前进方向正确与否？你自己是走还是留？

你越早意识到这些问题的存在，你就越能争取主动。每个处于职业上升期的人，都会在某个时点遇到这些问题。

我得实话实说：当你第一次遇到这些问题时，你很可能搞砸。每个人都是如此，这没什么大不了。你会学习、成长，然后变得更好。但为了让你在初次转向领导岗位时不至于受到太多惊吓，我还是写了一些可能会对你有所帮助的东西。

第 5 章　放手去管理

如果你想成为一名管理者，你应该知道以下六件事情。

1. **要想获得成功，你不一定要当一名管理者。** 许多人认为，获取更多金钱和地位的唯一方式就是变成一个团队的管理者，其实不然。你还可以通过很多种方式得到类似的物质回报和影响力，也可以更加快乐。当然，如果你打心底热衷于成为一名管理者，那就要放手去拼搏。但即便如此，你也要记住，当管理者永远不是你唯一的选择。我见过很多人，他们经常在个体贡献者和管理者之间自由切换角色。

2. **记住，一旦你成了管理者，就不要再做那些让你在最初获得成功的事情。** 你不能继续去做你擅长的事情，相反，你要深入研究如何让别人去做以及如何帮他们提升。你的工作是沟通，沟通，沟通，招聘，聘用和解雇，制定预算，项目审查，一对一会议，团队内部会议，和其他团队及上司的会议，在这些会议上展现你的团队，设定目标并保持前进方向，化解冲突，帮忙为棘手问题找到创造性解决方案，阻止和处理各种办公室政治，指导你的团队，并且要一直问他们："我应如何帮你？"

3. **管理者是训练出来的。** 管理是一种习得的技能，不是天赋。你不是生来就懂管理。你需要学习一整套新的沟通技巧，并通过网站、播客、书籍、课程或导师和其他经验丰富管理者的帮忙来展开自我教育。

4. **严格追求结果，不要过度管理。** 你的职责是确保团队产出高质量的成果。如果你把重心放在他们具体的工作流程上，却不关注他们的成果，就是在搞过度管理。

5. **诚实重于风格。** 每个人都有自己的风格——有人大嗓门，有人轻声细语，有人情绪化，有人善于分析，有人激昂，有人内敛。甭管你的风格是什么，只要你带着善意且敢于毫不避讳地向团队指出那些令人不安的残酷事实，你就能够成为一名成功的管理者。

6. **不要担心团队里有人会超越你。** 事实上，这应该是你追求的目标。培养团队成员以使其能胜任工作，这应该是你作为管理者始终如一的职责。他们表现得越好，你就越容易晋升，甚至可以借此成为高级管理者。

..

你或许在专业领域颇有建树。比如你是一个出色的会计，而你的团队需要的是一位能充分理解他们的工作，能够提供帮助，并且能够向上通达的管理者。你通过努力工作获得晋升，然后担负起管理职责。恭喜你，你现在成了一个会计部门的领导者。

看起来这一点儿也不难。你是一个会计，你会指导其他会计工作，对吧？你确实有这种能力。你觉得这个团队肯定会非常棒。

所以你开始深入每个人的工作细节。你发现他们工作的方法千奇百怪，完全不是你做事的那种方式。为什么效率如此低？你之所以能晋升，就是因为你能非常好地完成他们的工作，所以你现在就要告诉所有人正确做事的方法。你会一步一步详细地给他们讲解如何才能走向成功。

但事情并不顺利，团队觉得你不信任他们，而且由于你管得太紧，关注其他人工作过程中的所有细节，结果大家都不知道该怎么做了，也不知道哪些事情该干，哪些事情不该干。大家开始向你抱怨，也抱怨你，所有人都一肚子火。

出的乱子越多，你就越会退缩到你原来所熟知的领域。你的专业领域是会计，所以你会更专注于成为团队里最好的会计，却忘了你的职责是成为一个出色的会计团队的管理者。你开始承担更多本应该由团队成员完成的任务。你不给反馈，也不敢表达顾虑，因为你害怕这样会进一步打击团队士气。你现在只会通过叫喊来激励团队："我们会渡过难关！我来告诉你该怎么做！看好了，跟我学！"

事情就是这么一步步演变的。一个原本正常通达的人就是这样沦为令人难以忍受的过度管理者的。项目正是因真正领导者的缺失而变得进展缓慢，并最终走向瓦解。很多人在带领团队时经常会掉进这样的陷阱，有些人掉下去就再也爬不上来了。

记住，一旦你成了管理者，你就不再是会计、设计师、渔夫、艺术家或者其他任何你所中意的职业身份。我经常提醒人们：作为管理者，如果你还在做你以前做的那些你喜欢的事情，那你十有八九会出错。你现在要带着一个团队，让他们做你擅长做的事情，所以你至少应将85%的时间花在管理上。如果不是如此，那说明你做得不对。管理就是你的职责。管理是很难的。

当我还是飞利浦的首席技术官的时候，我的团队在办公室里安装了一个红色闪光灯——以前警车上的那种。他们会在遇到问题或者觉得我心情不好的时候打开它。他们好像有种魔力，总能知道我什么时候会把某个人或者团队叫到办公室谈话，有时候还是那种情绪特别激昂的谈话。

那个警灯，从某种意义上来说就是关于我的一个笑话。

我手底下大概有80个人。我是副总裁兼首席技术官，那时我25岁，第一次从事管理工作。

我从未接受过任何管理方面的培训，我从来没有真正做过管理，也没有觉得有哪个人是我应该效仿的管理者。

我的初创公司有员工，但没有一个真正的组织结构，没有自上而下的流程，没有绩效评估，没有各种确立角色和职责的会议。我是创始人，但不是一个真正的CEO。大多数时候，我只是一个带领一支5~10人团队的个体贡献者。我们不过是在一起工作而已，没有谁管理谁的问题（见第22章的图24）。

在通用魔术时也是如此。我们的文化很明确：我们不需要管理者。每个人都很聪明，都能够自我管理。所以在那时候，即便你想成为一名真正的管理者，你也不可能有这个机遇。

这种文化非常棒。但等到员工队伍不断扩大，等到我们需要推出产品，并且想把所有聪明头脑转到同一个方向时，等到我们必须就应该保留什么和砍掉什么达成共识时，事情就变了。

这也是为什么当我离开通用魔术加入飞利浦之后，我就特别重视团队的结构问题。我明白了必须有明确的截止日期，必须做好规划，还必须有清晰的领导力。我知道我必须做一个真正的管理者。

这有什么难的？我当时就是这么觉得。我是一个工程师，我会指导其他工程师工作。不就是这点事吗？

结果就是那盏警灯安装起来了，压力也来了。随之而来的还有我和团队的沮丧情绪，以及各种各样的麻烦和问题。最后终于搞得到处都是过度管理。

当你成为一名管理者时，你不再只是对工作负责，你是在对人负责。没错，这就是这项职责的全部意义。这虽然显而易见，但当突然有80个人盯着你并期待你能掌握领导之道时，这仍然不是一件容易的事情。

所以，在你决定成为一名管理者之前，你应该认真考虑这条路是否真的适合你，因为这不是你唯一的选择。尤其是当你并非真正喜欢管理，而只是觉得这是让自己事业向上走的唯一途径时。如果你不是一个善于交际的人，或者你只想把精力放在工作上，抑或你更注重日常的成功和成就，那么管理这种"你的团队终有一天能成功"的不确定性风格，可能对你也不会起到太大的激励作用。

一个明星级别的个体贡献者也同样非常有价值。很多公司会为这种人提供同管理者同样水平的薪资。一个真正伟大的个体贡献者应该是他所在专业领域的领袖，同时也会成为非正式的文化领袖，公司里的人都会向他寻求指导和建议。苹果公司有一个"杰出工程师、科学家以及技术专家项目"，它通过这个项目给予明星个体贡献者正式的认可和奖励。在谷歌，八级工程师也有着相似的影响力。对杰出的个体贡献者予以认定，这在工程领域最为常见，现在，这种做法在其他领域也越来越普遍。

如果你选择走个体贡献者这条路，你就必须搞清楚，随着时间的推移，你能够在这家公司里上升到什么位置。大型组织通常有明确的等级划定，所以你要搞明白这个晋升的路线图，明确这家公司是否会重视你的工作价值。

很多公司还会提供一个叫作团队负责人的职位——它们确实也应该有这样的岗位。这是个体贡献者和管理者之间的一个职位。在这个职位上，你有批评、影响和驱动团队产出的权力，但没有人向你汇报，你也不用处理预算、组织架构图以及管理层会议等问题。

这本可能是我的人生之路。我本来可以继续当工程师，也许是个团队负责人。这肯定会是一条更简单、清静的道路。

但当我在通用魔术开始学着向周围观望时，我意识到，对我来说，相比于编程和硬件设计，我更感兴趣的是如何让整个产品及整个业务组合在一起（见第 4 章）。事实已经摆在那里，我永远不能仅靠精妙的工程设计来保证获得成功。最好的技术并不能保证获得最后的胜利，Windows 95 和 Mac OS 就是典型的例子。

任何项目想要获得哪怕一点点成功，都需要其他软性因素配合。销售、市场营销、产品管理、公关、合作伙伴关系、财务——这些东西看上去都陌生而神秘，但又是非常必要的，有时甚至事关生死。当我拿着 500 万美元的预算在那里埋头苦干时，市场营销却轻松拿到了1000 万~1500 万美元的预算。我得知道这是为什么，所以我就去追问。

而这改变了一切。当我开始和不同的团队交流时，我发现了自己的超能力。

很多工程师只信任其他工程师，就像干财务的只信任财务人员一样，人们喜欢和自己思考方式相同的人。也正是因此，工程师们通常会与销售、营销、创意等这些软性职能部门的人保持距离。

这就像许多市场营销、销售和创意团队通常不与工程师交流一样：太多的数字，太多的非黑即白，一个房间里有太多的极客在发呆。

但我想同时理解这种软性的东西和极客文化。我喜欢这一切。我也可以做两者之间的使者，把软性的东西介绍给工程师，把 1 和 0 的东西介绍给创意人员。我可以把所有碎片合为一体，在头脑里构建一个完整的公司形象。

这让我兴奋、激动，且倍受鼓舞，这就是我想做的事情。这意味着我要成为一名管理者。我被这项职责吸引，但更重要的是，我们的使命需要我这样做，我们的团队需要我这样做。

所以我学会了退让，哪怕只是一点点。

管理中最难的部分之一就是放手。不要亲自下场工作，你不能总担心一旦自己放手不管，产品或项目就会失败。你必须信任你的团队，你要给他们创新的空间和出彩的机会。

但你也不能过于放手：你不能因为给予他们太多的自由度而失去对研发进程的把控，更不能让产品变得面目全非；你不能因为担心显得霸道而滑向平庸。你的手即便不放在产品上，也应该放在方向盘上。

详细检查产品并密切关注团队产出的质量，这并不是过度管理，而是你应该做的。我记得史蒂夫·乔布斯曾经拿着珠宝店的那种放大镜检查屏幕质量，就是为了确保用户界面图形的准确性。他对每一个硬件和包装上的每一个字都表现出同样的关注。我们就是这样理解了苹果公司对细节的关注程度，这也变成我们对自己的要求。

作为一名管理者，你的重点在于确保团队能制造出最好的产品。你负责的是结果，如何实现这个结果则是团队的职责。如果你对团队工作流程的关注度超过实际结果，那你就是一头扎进了过度管理的陷阱（当然有时候流程也可能有缺陷，会导致不良结果。在这种情况下，管理者应随时审查和修改流程，这也是管理者的职责）。

这也有助于尽早就流程达成共识。要首先对其有明确定义——什么是产品开发流程、设计流程、营销流程和销售流程。还要确定工作进度表、工作方式，以及在工作上如何互相配合。包括管理者和团队在内的所有人都要签字确认，然后管理者就可以放手了，团队只需要按流程展开工作。

然后他们要定期召开团队会议，以确保一切都在朝着正确的方向发展。

会议内容设置一定要尽可能清晰，无论是对你，还是对团队成员。你应该有一个每周清单，以确保处理优先事项和各种重要问题（见第 19 章）。把你对每个项目和每个人的关切点都记录下来，如此一来，当清单变得过长时，哪些问题应该深入研究，哪些可以忽略，就会一目了然。

另一个获得有用数据的方式是同团队成员进行一对一对话。一对一对话很容易变成漫无目的的闲聊，因此就像需要为团队会议制定流程一样，你和员工的每周单独会谈也需要一个议程和一个明确的目标，而且应该让双方都能从中受益。你可以从交流中得知产品开发的进展，而你的团队成员则可以更清楚地知道该如何开展工作。要试着从他们的视角去看问题——开诚布公地讨论他们的恐惧和你自己的担忧，并调整你的思维。如此一来，他们就能得到反馈，理解目标，消除不确定性或者担忧。

不要羞于承认自己也有不明白的地方。你可以对团队成员说："给我点建议。"不管你是个管理新人，还是刚刚加入公司或组织，你都可以告诉大家实情。

"我也是第一次做管理工作，还在学习。我怎么做效果才能更好？请大家不吝赐教。"

就这么简单。但这是一个巨大的心态转变。很多人都会选择默不作声，害怕大家发现自己什么都不懂，这种人我见得太多了。但你真的是什么都不懂啊——假模假样的把式骗不了别人，只会让自己在坑里越陷越深。如果你是第一次被晋升至管理岗位，你手下可能有很多人都是之前的同事——那些了解你并且信任你的同事，所以不要辜负那份信任。你要告诉他们："我知道我现在是你们的头儿，但我们还是可以像以前那样交流。"

所以要和他们坦诚相待。即便工作进展不顺利，也不要遮遮掩掩，要告诉他们残酷的事实，撕掉伪装。如果你们中有任何一方感到紧张，那么在交流开始时先说点积极的，然后慢慢深入聊。但不要忽视严肃正题，不要忘了你们为什么要进行谈话。千万要记住，即使你不得不批评别人的工作或者行为，你也不是为了伤害他们，你是来提供帮助的。你说的每一个字都应该充满关爱之意，你应告诉他们是什么在阻碍他们，然后制订计划，共同努力改进。

大多数企业的管理者每六个月都要给下属进行正式的书面绩效评估。如果你是在谷歌或者脸书这样的公司工作，那么绩效评估可能会更频繁，因为在这些企业里，你一直处于某种评估的循环。但这些书面评估应该只是对每周关注点的一种回顾记录。无论是正面意见，还是负面意见，团队都应该在当下就得到你的反馈，你不能等上几个月才让他们知道发生了什么惊人的事。

我也希望能告诉你某个神奇的公式，让你解决所有问题。但实际上，我的进步主要还是靠工作积累和不断试错得来的。我不是靠打了个响指，找了一份工作就变成工程师的，而是干出来的。我去学校学习管理课程，然后又亲身实践了多年，想做好管理同样需要这些过程。[①]

我先是从学习管理课程开始的。没有哪门课能给你全部答案，但上课总比不上好。而我走得更远，远远超出了你在一家大公司能学到的基本课程——我掉进了兔子洞。我开始阅读管理方面的书籍，并且认识到管理的很大一部分内容是如何管理你自己的恐惧和焦虑。这又把我引向了心理学书籍。心理学又让我接受了心理治疗和瑜伽。我是从 1995 年开始学习这两者的，那时候它们都还没有被广泛接受。这不是因为我是个有精神问题的人，也不是因为做管理者把我逼成了疯子。我接触心理治疗和瑜伽都是出于同样的目的：找到平衡，改变我对世界的反应，更好地理解我自己和我的情绪以及别人对我的情绪的感受。

对我来说，关键就是要把公司的问题和我个人的问题一分为二，认清是我自己的行为给团队带来了挫折，还是一些我全然不可控的因素。这是一个很难靠自己弄清楚的问题——你很难在自己的头脑中四处寻找线索，就像你一开始没有教练就很难练瑜伽一样。我的治疗师是我的教练、我的老师，他让我明白了自己会变成一个过度管理者。他让我知道了为了有效地领导团队，我需要控制自己的哪部分性格。

---

① 想了解更多这方面的内容，可以收听播客栏目《蒂姆·菲利斯秀》，我在那里深入谈论了管理以及我在这方面的亲身经历。

我需要在自己的感受和在工作中应有的表达之间创造些许距离，然而在我明白这个道理之前，我却让过多的担忧和恐惧渗入我的声音和日常交流。团队会放大你的情绪，所以当我感到沮丧时，这些情绪会迅速在办公室蔓延开来，并在放大 10 倍之后回到我这里。我越是对缺乏进展感到沮丧，这种沮丧就越会影响团队其他成员，所以我必须学会调整自己。为了建立一种有效的管理风格，我需要把个人风格降低几个档次。

但我并没有试图改变自己。你就是你，如果你只有完全重新规划你的个性才能成为一名管理者，那么这将永远是一种表演，你不会对这个角色感到舒适。

我是一个说话大声、情绪易激动的人。我永远不会成为谷歌和其母公司 Alphabet CEO 桑达尔·皮查伊那样的人。桑达尔平静、温和、聪明，而且极度善于分析——他总是先慢慢思考，然后给出慎重的回答。我几乎只有一个音量设置：只要声音一起，就快速上升到异常兴奋的状态。我儿子曾经送给我一个分贝计，作为礼物。这当然是和我开玩笑，但结果证明我的声音经常在 70~80 分贝。我就像是一间嘈杂的餐厅、一只闹钟、一台吸尘器。尽管世界上近乎所有的商业图书建议与团队沟通时声音要平静随和，但我却经常做不到。

因此，我的领导风格是大嗓门、有激情、使命高于一切。只要选择了一个目标，我就会全速前进，不让任何事情阻止我，我也期望每个人都与我一起往前冲。

但我也意识到，那些激励我的东西不一定能激励我的团队。这个世界并不完全是由托尼·法德尔这样的人组成的（谢天谢地）。也有正常、理智的人，他们有自己的生活和家庭，有很多可以做也需要做的事情，他们都有自己的节奏。

因此，作为一名管理者，你必须找到与你的团队能产生共鸣的东西。你该如何用你的激情去感染他们，激励他们？

答案很简单，那就是沟通，你必须向团队做出解释。为什么我这么有激情？为什么这个任务有意义？为什么这个细节很重要，以至于我在别人都觉得无关紧要的时候却抓狂了？没有人愿意追随一个无缘无故扑向风车的人[①]。想要让别人跟着你干，打造一个真正的团队，让他们和你一样充满能量和动力，你就需要告诉他们原因。

但有时候你也要补充点别的东西。我的薪水是多少？如果我把事情做成了，会有什么奖励？就算你的团队充满了使命感，你也不要忽略外部动机。员工都是人，他们需要加薪、升职甚至聚会派对，需要好言暖语。因此，要弄明白他们看重什么，理解什么能让他们感受到工作的乐趣。

作为管理者，你的工作是帮助他人成功，你的职责是确保他们成为最好的自己。你需要创造环境让他们给你制造惊喜，你需要打造一个让他们超越你的场所。

很多人有一种执念——不想让别人来顶替他们的工作，更害怕有人比他们做得更好。我经常听到一些初创公司的 CEO 在那里说："好吧，如果我招一个人来做这个……那我做什么？"

答案当然是，你要招人来做的那份工作，早已不再是你的工作。如果你现在是一名管理者、领导者或者 CEO，那么你的工作就是当好管理者、领导者或者 CEO。你需要放下对个人日常成就的骄傲，转向为团队的每一次胜利而骄傲。

三星半导体的前 CEO 权五铉是一位了不起的合作伙伴，也是我的一位老大哥，在我们并肩合作参与 iPod 的研发时，他经常给予我导师般的教诲。他曾经这样说："大多数管理者都担心自己手下的员

---

① 此处借用堂吉诃德与风车搏斗的故事。——编者注

工会比自己更优秀，但你更需要把做管理看作一位导师或家长的角色。有哪位慈爱的父母不希望自己的孩子成功？你也希望你的孩子比你更成功，对吧？"

当然，担心被超越这种焦虑也可以理解。人们通常都会有这样的想法："等等，如果他真的比我强，那我还怎么管理他？如果他在这方面真的很优秀，我却不行，那么所有人都会觉得他应该领导我啊。"

我在这里告诉你，这种事情确实可能发生，但这是一件好事。

因为如果你手下有人做出了一些出色的业绩，那正说明你组建了一个了不起的团队，你应该因此得到奖励。你的团队中至少应该有一两个人是你的自然继任者。他们是你经常与之一对一交流的人，是你拉进领导层会议的人，是会引起所有人瞩目的人。

大家越关注这些人越好。这会让你更容易获得晋升，因为当你转换到另外的岗位时，高层清楚地知道谁可以接替你管理团队。

孩子做得好，父母也会得到祝贺，这不是无缘无故的，因为孩子的成绩就是父母的，这也反映了父母的影响力。父母之所以会为孩子的成就感到骄傲，是因为他们知道这背后到底有多少付出、拼搏、指导、艰难的对话和辛苦的努力。

如果你是一名管理者，那就要恭喜你，你现在是一名家长了。这不是说你应当像对待孩子一般对待你的员工，而是说你现在的职责就是帮助他们战胜失败，实现梦想。等那一天到来时，你也会激动万分。

马特·罗杰斯是我在苹果公司时的一名下属。他是 iPod 工程团队的第一个实习生，当时还在上大学。五年后，他成为 iPod 和 iPhone 软件的高级经理。他是令人瞩目的超级明星，一个了不起的人，一个了不起的天才。当我离开苹果并开始考虑创办另一家公司时，我和马特认真聊了聊。后来我们成为合伙人，共同创建了 Nest。

在 Nest，我们雇用了一个名叫哈里·坦南鲍姆的实习生。哈里

善于分析，精力充沛，并且非常有战略眼光。五年后，他成为谷歌
Nest 的商业分析和电子商务主管。又过了一年，他成为谷歌的硬件
主管。马特离开 Nest 后给哈里打了电话，他们在 2020 年创立了自己
的公司。我真心为他俩感到骄傲。

我迫不及待地想看到他们找到并培养出能和他们一起打天下的新
一代人才。

如果你是一个优秀的管理者，并且组建了一个优秀的团队，这个
团队肯定前程似锦。你要全心投入，当他们升迁时要鼓掌祝贺。当他
们在董事会上大放异彩或者在整个公司面前有出众表现时，你也要为
之自豪。只有这样，你才能称得上一个好的管理者，你才会喜欢上管
理这项职责。

第 6 章　数据驱动与观点驱动

你每天都要做成百上千个微小决策，也会做一些为了预测未来或者需要投入大量资源的重大决策。在这种情况下，认清决策的性质就显得非常重要。

数据驱动：你能够获得诸多事实和数字，并且可以对其展开研究和争论，这让你对自己的选择更加自信。做出和坚持这类决策都相对轻松，团队中大多数人可以就答案达成一致。

观点驱动：你没有足够的数据来做指导和支撑，所以只能依靠自己的直觉和愿景去做事。做这样的决策总是很困难的，而且总会受到质疑，毕竟每个人都有自己的观点。

每一个决策背后都有数据和观点的元素，但最终它只能由一类元素来驱动。有时候你可以完全信赖数据，但其他时候你可能看完了所有数据，还要依靠直觉。相信直觉是一件非常可怕的事情。很多人既缺乏良好的直觉，又缺乏对直觉的信任。其实，建立这种信任需要时间。因此，人们会试着将一个由观点驱动的商业决策转变为由数据驱动。但数据无法解决基于观点的问题，所以无论你得到了多少数据，都无法得出确定的结论。这就会导致分析瘫痪——由于过度思考而引发的问题。

如果没有足够的数据来形成决策，你就需要靠洞察力来形成自己的观点。洞察力可以是你对客户、市场或者产品空间的关键了解，它应该是一种实质性的东西，可以让你对应该怎么做形成一种直观的理解。你也可以从外部获取建议：与专家交谈，和团队商议。虽然你们不会靠此达成共识，但或许可以借此形成一种直觉。你要相信直觉，并且为后续结果负责。

在通用魔术，我们经常讨论如何为普通蓝领开发产品，但我们都没有与这个群体深入接触过。

我们在完成产品工程部分后做了用户测试，但我非常确定在此之前我们几乎没有做过任何用户调研。我们不知道普通蓝领需要什么，所以我们开发的都是自己喜欢的功能，并假设世界上其他人和我们一样喜欢这些功能。

那时候的我是一名个体贡献者。我以为领导们知道他们在做什么（见第 4 章）。

然后我去了飞利浦，成了领导者。人生钟摆真是在剧烈摆动。

不再有主观臆断，不再凭直觉进行研发，我带着一群从通用魔术走出来的人，并且从 Magic Link 的彻底失败中吸取了教训。我们知道不能再犯同样的错误。我们必须了解目标客户以及他们想要什么。这一次，我们的产品将基于清晰的对比数据。在 20 世纪 90 年代，这意味着我们要建立消费者实验组。这种形式当年风靡一时。

于是我们聘请了一家外部咨询公司，告诉他们我们的目标客户是"经常出差的商务人士"。他们在不同的州设立实验组，付给三四十人每人 100 美元，请他们来看我们长达数小时的产品演示。

然后我们给他们演示了一切。

我们曾经为 Velo 上的小键盘设计了 10 种不同的原型。哪个感觉更好？哪个看起来更可用？哪个感觉更可靠？你打字的时候是看键盘还是看屏幕？你是用所有手指打字吗，还是只用拇指？你喜欢灰色吗？黑色呢？蓝色呢？蓝灰色呢？

我们仔细研究了每次实验的录像带。我们观察他们的脸，观察他们的手指，研究他们在表格上填写的答案。顾问们也在做同样的事——核对所有信息，并在六周后提交报告。

顾客永远是对的，是吧？

但消费者实验组根本就是个伪概念。用户其实很难说清楚他们想要什么，因此无法清晰指明需求方向，尤其是当摆在他们面前的是一种之前从未使用过的全新物品时。用户总觉得已经存在的东西用起来更顺手，即便它非常糟糕。

但我们落入了其他人也会落入的陷阱。顾问把我们说服了，数字更让我们感到兴奋。我们很快变得过于依赖顾问：每个人都想拥有数据，这样就不用自己做决定了。大家不再专注于产品设计，你只会听见他们说"好吧，让我们拿去测一下数据"，再没有人愿意为自己所创造的东西负责。

所以你就会进行测试，然后再进行一轮测试。周一，客户组会选择 X 方案。周五，同样的小组又会改测 Y 方案。与此同时，我们把数百万美元给了一帮花了一个半月时间对每件事都胡扯一通的顾问。

数据不是指路明灯，充其量是一根拐杖。在最坏的情况下，它会变成一双水泥鞋[①]。这就是分析瘫痪。

这种情况不仅仅发生在老派的消费者实验组之中。如果我们当时不是 1996 年，而是 2006 年，我们可能就去搞 A/B 测试了。A/B 测试是互联网时代一种无处不在的工具，它其实就是一个数字实验，让用户在 A 和 B 方案中做出选择。比如，把用户眼前的按键一部分设置为蓝色，另一部分设置为橘色，然后计算哪种颜色按键的点击次数更多。这是一种强大的工具，它比消费者实验组效率高多了，也更容易分析。

但即便做了 A/B 测试，我们也可能得到同样混乱的结果，我们

---

① 即 cement shoes，指一种传说中的杀人手段。把受害者的双脚固定于水泥中，这样当把其扔进水中时，尸体就无法浮上来。——译者注

同样无法摆脱对产品做出致命错误决策的那种恐惧感。

尽管现在很多公司都热衷于测试产品的每一个元素，毫无疑问地以点击量作为产品研发的依据，但 A/B 测试和用户测试并不是产品设计。它们就是一个工具、一个测试，顶多算一种产品诊断。它们能够告诉你什么地方做得不对，但它们不会告诉你如何修复这些错误。有时，它们会在帮你解决一个特定问题的同时带来更多新问题。

所以你必须对测试方案和选项进行设计，以便搞清楚你到底想要测试什么。你必须仔细思考 A 和 B 是什么，而不能依赖算法的随机分配，更不能完全不假思索地胡乱射击。这就需要你洞察和理解用户的整个行为轨迹。你需要做假设，但这个假设应当只是更大的产品图景的一个组成部分。所以你可以用 A/B 测试确定应该把购买按钮放在页面的什么位置，它应该是蓝色的还是橙色的，但是你不应该用它测试用户是否会选择线上购物。

如果你测试的是产品的核心部分，如果其基本功能可以根据 A/B 测试结果的变化而变化，这只能说明你的产品没有核心。你的产品图景中存在一个空洞，而你只是在用数据填充这个洞。

拿我们的产品来说，我们可以一直不停地在那里填坑，所有第一代的产品都是如此，永远不会有足够的数据去支持你做出完全有把握的决策。

如果一款产品真的是创新型的，那就没有什么可比较的，没有什么可优化的，没有什么可测试的。

清楚地定义目标客户，与他们交流，找出我们的问题，这些做法都是对的，但我们更需要找出解决这些问题的最佳方法。我们询问他们的意见，并且从中获得关于产品设计方面的反馈，这也是没有问题的，但是我们更需要利用这些见解，朝着我们相信的方向前进。

最终我们的团队把这件事想清楚了，我们不再向顾问砸钱，不再在原地打转，而是开始前进，我们相信自己，也相信我们身边各个智慧大脑所提出的意见。

我们团队自主决策，我负责最后拍板——这个做，那个不做。这事就要这么干。

并非团队里的每个人都同意我的观点，但这种情况是避免不了的，尤其是当一个人必须做出最后决定时。在这种情况下，作为管理者或领导者，你有责任解释这不是民主，这是一个观点驱动的决策，所以你不会通过共识做出正确选择。这也不是搞独裁，你下命令前也得把事情解释清楚。

所以要把你的思考过程告知团队，要给他们展示你看过的所有数据、收集到的所有洞见，以及你最终做出这个决定的原因。你要接受别人的意见，先倾听，不要做出反应。可能只有少数团队成员同意你的决定，一些有价值的反馈也可能促使你修订先前的方案。如果没有以上这些情况，那就应该这样告诉他们："我理解你们的想法。以下这几点是对客户有价值的意见，但那几点就不是那么有价值。我们必须继续往前走，而且在这种情况下，我只能相信我的直觉。大家一起加油。"

即使你的团队中有些人不喜欢这种答复，也会向你表示尊重。他们会信任你，因为他们知道自己可以畅所欲言，可以对你提出批评，而且不会马上被否定。他们或许会叹叹气、耸耸肩，但回到自己的团队时，他们会跟大家解释做出这个决定的"原因"，然后继续跟着你把活干完。

对我而言，这一直是个可行的解决办法，我在飞利浦的团队就是这样接受和认可我的决策的。

然而，飞利浦那极不稳定的领导层却从未采取这种策略。直到产品发布之前，他们还在向我们要数据，以证明我们的产品有市场。但当你创造一款新产品时，你根本无法明确地证明人们会喜欢它。你只能先把它发布出来，推向市场（或者至少先把它推给有容错度的用户或内部用户），然后看看会发生什么。

在这个阶段，重要的是有一个能够理解你做出的各种决策的老板。你需要一个信任你、愿意随时支持你的领导者。

但这样的领导者，非常难找。

大多数人不愿意承认观点驱动型决策的存在，更不愿意承认他们必须做出这种决策。如果你跟着直觉走，而你的直觉错了，那么你就无法推卸责任了。如果你跟着数据走，最后失败了，那肯定是什么地方出了问题，肯定是别人把这事儿搞砸了。

这向来是人们试图掩盖自己错误的一种策略："这不是我的错！我只是跟着数据走！数据不会说谎！"

这就是为什么一些经理、高管和股东即使在没有数据的情况下，也需要数据，并且要跟着这些虚构的数据一路走到黑。这类人不会质疑方向，而是径直把车开下悬崖。他们会尽一切所能把人的因素，也就是人的判断抹掉。

这些人也会毫不犹豫地去找顶级咨询公司，以高昂的费用聘请它们做顾问（在我看来它们一文不值）。

它们会自以为是地对你的决策指手画脚，然后剥夺你的决策权，把它交给一帮对你的产品、公司和企业文化缺乏认知和理解的人。

当出现这种情况时，你就要搞明白到底发生了什么，如此你才能尝试让管理层回心转意。一个领导者之所以要搁置你的想法而求诸顾问，可能是出于以下几个原因。

1. 拖延。他们可能在等待什么，比如晋升或者奖金，所以在此之前，他们不想冒险。

2. 担心自己的位子。他们可能认定，失败会让他们失去项目指挥权或者自己的职位，如果是重大失败，甚至会丢了工作。

3．他们没时间或者不想找麻烦。努力研究和真正理解决策，从摆在面前的众多选项中做抉择，承担风险，这对他们而言都是不值得的。他们只是想让别人去做那些工作，让自己显得很高明。

4．他们知道自己要什么，但不想伤害任何人的感情。他们希望自己在他人眼中是友善的，这样他们就可以不断试探，一次次地向你要更多数据，直到最后把你弄得精疲力竭、一肚子火。

当你遇到这种一意孤行，要从悬崖上跳下去，又恨不得把所有钱都砸给咨询顾问的管理者时，你该怎么做？或者，尽管你有数据，但数据不足以让你得出确定结论，没有人知道它会把产品带向何处，你该怎么做？又或者，即便你不能证明前进方向是正确的，但你必须说服团队跟着你干下去，你该怎么做？

那就给他们讲故事（见第 10 章）。

所谓讲故事，就是你说服别人大胆尝试新事物的方式。我们所做出的所有重大决定，其根源都在于我们相信了我们给自己或者别人给我们讲的故事。创造出一种每个人都可以理解的可信叙事，正是我们不断前进和做出艰难选择的关键所在。这就是营销的全部，也是销售的核心。

你现在也是在讲故事，你讲的是你的愿景、直觉和观点。

所以不要只是用那些老套的做法。"这是 ×××，这是他的生活，当他使用我们的产品时，他的生活就会发生这样的变化。"这样的幻灯片是打动不了人们的。帮助人们从用户的角度去看问题是一种重要的手段，但这只是你必要工作的一部分。此时此刻，你的工作就是构思一个故事，让领导者相信你的直觉是对的，让领导者相信你已经找到所有可收集的数据，你要让他们相信，你以往的决策都有良好效果，你克服了决策者的恐惧，并且正在降低相关风险，你真实了解客户和他们的需求，最重要的是，你的建议将对业务产生非常积极的影响。如果你能把这个故事讲好，如果你能让大家和你一起合力向前，那么即便没有确凿的数据支持你，领导者们也愿意相信你所描绘的图景。

世界上没有什么是百分之百确定的。即使是完全基于数据的科学研究结果，也充满了备注——我们没有做某种抽样，还有某种变量，我们还需要持续跟进这一测试。答案可能不是正确答案，我们总是有出错的可能。

所以你不能等待完美的数据，它根本不存在，你需要迈出进入未知世界的第一步。结合你所学到的一切，对接下来会发生什么做出最全面的预测。这就是生活的样子。我们做的大多数决策都需要参考数据，但它们并非由数据决定。

正如艾薇·罗斯所说："决策不是基于数据或直觉，而是基于数据和直觉。"

罗斯是谷歌的硬件设计副总裁，是一位才华横溢、善解人意、极富洞察力却又非常谦虚低调的设计师。

这两者都是你的必需，都需要为你所用。数据时常无法让你走得很远，在这个时候，你能做的就是迈开大步凌空前跃，别低头往下看就好。

第 7 章　如何对付职场浑蛋

在职业生涯里，你总免不了遇到一些十足的浑蛋。这些男男女女（多数时候是男性，偶尔也有女性）形形色色，或自私，或狡诈，或残忍，但却有一个共同点：你不能相信他们。他们会把你和你团队的事情搞砸，有时候他们是为了自己能获得点什么，有时候则纯粹是为了把你撂倒，以让自己显得高大。不管在你是个体贡献者时，还是当了管理者以后，你总能在身边发现这样的人。当然，这种人主要集中于一家公司的最上层。根据圣迭戈大学教授西蒙·克鲁姆的研究，高达 12% 的公司高层领导表现出精神变态的特征（见第 21 章）。

你也会遇到一些很难相处的人。他们或粗暴，或吵闹，或专横，或易怒。你也会遇到一些看上去像浑蛋的人，但他们的动机和行为却完全是另外一回事。

认清楚和你打交道的都是什么样的人，这很重要。这样你才能知道如何与他们形成最佳同事关系，或者怎样才能以最佳方式避开他们。

以下是你可能需要打交道的几种浑蛋。

1. **政治斗争型浑蛋**。这是一群掌握公司政治的人，他们碌碌无为，只想着把他人的功劳据为己有。这些浑蛋通常极度厌恶风险，只专注于生存，想着如何能把人踩在脚下，让自己达到顶峰。他们什么都不做，一不参与任何实打实的工作，二漠不关心任何艰难决策。但当别人的项目出现问题时，他们则会幸灾乐祸地说："我早就告诉过你了。"然后冲出来要去抢"修补"的功劳。他们一般不会在大型会议室发声，因为他们不想让老板认为他们是错的，他们不能冒险让自己看起来像个白痴。相反，他们都在暗处对你和其他不属于他们"团伙"的人使坏。这些浑蛋通常会把一帮初出茅庐的小浑蛋笼络在身边，组建一个浑蛋联盟。这帮愣头青则把这种结盟视为成功的途径。他们总要把某个人当成他们憎恨及密谋反对的目标，并一定要想方设法将其扳倒。

2. 控制欲型浑蛋。他们是系统性地扼杀团队创造力和欢乐的过度管理者。你从来没办法和这些浑蛋讲道理。他们憎恨一切来自别人的好想法，团队中任何比他们有才华的人都会被他们视为威胁。他们从不欣赏或赞美别人的工作，还经常偷窃别人的劳动成果。这些浑蛋会主导大型会议，让你插不上话。如果有人批评他们的想法或者提出不同意见，他们就认为受到了攻击，变得非常愤怒。有时，这种浑蛋确实有个人专长，他们将自己的技能磨炼到极致，然后攻击周围的每个人。

3. 浑蛋型浑蛋。他们在工作和其他事情上都很差劲。他们是你在聚会上唯恐避之不及，但在办公室里又常常挨着你坐的那种刻薄、嫉妒、缺乏安全感的浑球。他们没法完成工作，效率极低，因此总是想尽办法转移人们对自己的注意力。他们会撒谎，编造各种流言蜚语，并使用招数迷惑别人。这种浑蛋的唯一好处是他们会很快走人，因为一旦大家开始注意到他们创造不了价值，他们就再也没办法浑水摸鱼了，没有人喜欢和这样的人一起工作。

除此之外，这种浑蛋还分为以下两类。

明目张胆型。他们会抓狂，大喊大叫，用各种无稽之谈指责你，甚至在会议上嘲讽你，在你上司面前贬低你。这类浑蛋很容易识别。

暗箭伤人型。他们会面带微笑，总是点头哈腰。他们表面逢迎，显得很友好，但会跑到你身后散布流言蜚语，时时处处对你下狠手。这是迄今为止最危险的一类浑蛋。等你发现这类人的时候，他们已经从背后捅了你一刀。

在工作中，你也会遇到另一种人，并且经常把他们和控制欲型浑蛋相混淆。虽然人们会下意识地将这类人视为另外一种自大狂，但他们的行为动机实则完全不同。他们的目的是把工作做得更好，而不是为了自己或者伤害他人。最重要的是，你可以信赖这种人。他们的决策并不总会让你感到欣喜，但他们关注的是更为广泛的利益，而且对于那些符合产品和客户最佳利益的意见，他们都会乐于听取。这使得他们与真正的浑蛋有着根本性区别，但要和这样的人共事也不容易。

4. 使命驱动型"浑蛋"。这类人充满激情，还有点疯狂。他们直言不讳，完全不把现代办公室政治放在眼里，大肆踩踏"做事要讲规矩"这一微妙的社会准则。和真正的浑蛋一样，他们脾气臭，也不容易相处。但和真正浑蛋不同的是，他们有自己在乎的东西，并且非常在乎。他们也会注意倾听。他们工作非常努力，并且会推动自己的团队不断向前——尽管经常用一种强迫的方式。如果他们觉得自己是对的，便会百折不挠，但绝不固执。如果别人做出了真正的成绩，他们也不吝赞美。如何能知道自己是不是在和一个使命驱动型"浑蛋"共事？一个好办法就是听听他们周围人的看法。办公室总会流传出一些关于他们的疯狂故事，而和他们亲密合作过的人总会告诉大家，其实他们真的没有那么糟糕。最重要的是，在一起经历风雨之后，团队成员会信任他们，尊重他们的付出，并且会满怀深情地回顾与他们共事的经历，因为正是这些"浑蛋"的推动，他们才做出了一生中最值得骄傲的成绩。

很多人认为我就是一个浑蛋。

这通常是因为我嗓门太大了。当过问某件事时，我起初几次还能做到彬彬有礼，但如果始终没有任何进展，我就会爆发。我对自己施压，也对周围的人施压。我不佛系，期望自己和所有人都能做到最好。我非常在乎我们的使命、团队和客户，会不由自主地关注这些事情。

所以我会推动大家工作。如果发现出了某些问题，如果我觉得我们还有办法做得更好，可以让用户得到更多，我就不会放弃，不会听之任之（见第 28 章）。我会给那些专家施压，给那些已经知道怎么做的人施压，我会推动他们放弃依赖传统途径，寻找新的解决方案。这确实不容易，创新是非常艰难的，要是不难，我也就不会这么要求了。

但追求卓越不会让你变成浑蛋，对平庸零容忍不会让你变成浑蛋，对各种假设提出挑战也不会让你变成浑蛋。在将某人斥为"浑蛋"之前，你需要首先了解他的动机。

为了增进客户权益而态度坚决、充满激情，与为了满足自我虚荣而欺凌他人，这两者之间有天壤之别。

对一些人来说，这两者往往很难分辨。当一个人面对狂风骤雨时，他不可能说："啊，原来这是一场充满激情的风雨。"他只会琢磨着："我先避过这阵风头，然后再填补点有用的数据，问题就解决了。"

其实，有些狂风骤雨是有理由的，有的则未必。

所以如何对付像我这样的人？如何平息一场风暴？问个为什么。

一个充满激情的人，尤其是这样的一个领导者，有责任解释自己的决策，并且要确保让你能站在他的角度思考。如果他能解释清楚为何对某件事情充满热情，你也就能拼接起他的思考过程，然后你可以直接参与进去，也可以指出其中潜在的问题。

所以你要开口问，不要不敢提建议。如果你坚持自己的想法，他会更加尊重你。使命驱动型"浑蛋"要的是把工作完成得漂亮，要实现所有重要使命，确保公司朝着正确的方向前行。

所以，如果你的意见符合客户利益最大化原则，他早晚会听你的劝告，并改变主意。

在苹果公司时，每当史蒂夫·乔布斯情绪完全失控，我总是告诉我的团队："是的，这个想法太疯狂了，但理智会占上风。即使史蒂夫今天错了，相信他迟早会得到正确答案。我们只需要找到更好的方法，并提出我们的看法。"

准备好迎接狂风骤雨，但不要担心被吹走：一个使命驱动型"浑蛋"可能会毁掉你的工作成果，但不会对你进行人身攻击，也不会因为你有不同意见而辱骂或解雇你。

这就是使命驱动型"浑蛋"和控制欲型浑蛋的区别。

控制欲型浑蛋听不进别人的意见，永远不会承认自己把事情搞砸了。政治斗争型浑蛋也是如此，他们会忽视显而易见的问题，略过合理的反馈，这可能因为这些事情对他们的升迁没有任何帮助，或者因为他们的自尊心无法接受现实。他们不会维护产品、客户和团队，只会维护自己。

这里要说明的是，史蒂夫·乔布斯不属于这些浑蛋中的任何一类。他当然有越线的时候，他毕竟也是人。但那不是他的常态，我这么说并不是为了美化他或者为他开脱。乔布斯有点儿像使命驱动型"浑蛋"，是充满激情的狂风骤雨。

对产品最有价值的建议最后总是能被采纳，因为把产品做好才是最重要的。乔布斯总是专注于工作，从来都是这样。

那些专注于控制别人的浑蛋会让工作变得非常痛苦，真浑蛋总是会拿着问题针对个人。他们关注的是自我，而不是工作。只要他们能赢，他们才不会在乎产品怎么样，或者需要为客户做些什么。这些浑蛋会让你越来越难以创造出让你引以为傲的东西。

就像有个经理曾直截了当地对我的一个朋友说："不要跟 CEO 说话！"

在产品研发过程中，CEO 经常打电话给她。CEO 向她提问，咨询想法，有时甚至只是为了集思广益。CEO 无法从她的经理那里及时得到信息，所以直接来找她。

她的经理为此大发雷霆："她怎么能藐视等级秩序呢？真是不守规矩！"

所以她的经理说："你永远不要和 CEO 说话，永远不要给他打电话，永远不要给他发电子邮件，只能通过我传达。"

她并没给 CEO 打电话，而是 CEO 给她打电话。她也不傻，如果 CEO 想谈，她肯定不能拒绝。她跟经理说，她可以把他们讨论的内容汇报给他，但经理却对此并不满意。这个经理根本就不想寻找解决问题的办法，只想封住下属的嘴巴。

她呢？翻了个白眼，完全没把他的命令放在心上。但为了完成项目，她又不得不和自己的经理打交道，所以她就做了对一个控制欲型浑蛋唯一能做的事：

1. 善意出击。

2. 直接无视。

3. 尝试绕过。

4. 辞职走人。

按步骤一个个来。

我们先不评价他们的人品。也许他们之前曾经受过什么伤害，也许他们与团队中曾经的同事关系不佳，也许他们只是不知道怎么和你共事，也许这一切不过是个巨大的误会。你可以忘掉所有不愉快，然后告诉他们其实你们可以合作得很好。

你要确保自己不是问题的根源。你没有给人留下把柄，也没有无心之失。然后你要和对方来一场开诚布公的交流，你要承认自己一开始并没有把关系处理好。你要展现友好、善意。你可以尝试公开表扬他们，称赞一下他们做过的某件事（即便他们根本没做对）。有时，到这一步问题就解决了。

有时这招也不灵光。

当你尽了最大努力去了解他们的心声，听取他们的意见，对他们以诚相待，毫无保留地展开对话，最后却发现对方根本不予回报，那你就应该展开防守了。如果你有一个好领导，那就让他来保护你，让这些浑蛋远离你。看看领导能不能重新安排你的工作，这样你就不用和这些浑蛋打交道，也不用再听他们的唠叨。

如果这个办法不行，那就直接无视他们，不要让他们掺和你的决策。先做事，而不是先去征得许可，你甚至不需要征得许可。如果你做的事情对公司有利，明显值得去做，那么即便这些浑蛋会在旁边大声嚷嚷或者在背后使坏，他们也基本上被捆住了手脚。你无须咄咄逼人，也不用给他们脸色，只要做你该做的就好。

有时，这样做就可以为你赢得足够的时间，让你能顺顺利利地完成项目。

有时也不行。

在连续几周被我视而不见，在一次又一次会议上试图攻击我却不得之后，一个和我共事的浑蛋把我拉进了他的办公室，当时还有人事部门的人在场。他用眼睛直勾勾看着我，然后说："这个房间里有两个男人，而我比你强。"

这种话我就不能完全当耳旁风了，这次我得做出回应。

我记得我当时坐在那里，试图理解他的那番表述。他想让我说什么？或者做什么？他想让我揍他？这就是他的目的？这是一个诡异的时刻，感觉就像是 DJ（唱片骑师）在搓盘一样。最终我做出了正确的回应。我静静地坐在那里，盯着他。他则继续咆哮，刚才那句话只不过是他的开场白。我并没有和他争吵，全程没有接招，只是重新理解了这个世界。好吧，这才是真正的他，这就是我们在玩的游戏。他和我不是一路人，他不配得到我的尊重。

现在我要由守转攻了，而且需要增援。

如果你和浑蛋闹矛盾，那么通常来说，你不会是唯一被他激怒的人，所以找到那些和你意见一致的人，去和这帮浑蛋的同事谈谈，去找人事部门的人谈谈。找个合适的时机和他们的上司谈谈——上司通常会表示赞同，并且说他们正在处理这个事情。这可能会很花费一些时间，而且非常混乱，但这有可能让他们离开你的项目或者完全从你眼前消失。

如果这也不管用，你可以试着换个团队。如果你遇上的是个十足的浑蛋，那他们在公司里可能早就臭名昭著了。如果另外的团队知道接收你可能会惹怒那个浑蛋，他们就可能觉得不值得蹚这个浑水。我就记得一个人因此变成公司"贱民"的例子——因为害怕那个经理会来寻仇，其他团队都不敢接收他。

要是碰到这样的情况，你可能只有最后一个选择了。

辞职走人。

告诉你的老板、人事部门和其他关注你的人，你已经尝试了所有方法，无法再和这个人共事（见第 8 章）。

如果你非常有价值、有用处，领导们会争先恐后挽留你，找办法来缓和眼前的局势，所以关键在于你做的项目一定要对公司有意义。如果你的项目很重要，他们的项目可有可无，那么浑蛋最终会被贴上"浑蛋"的标签，他们会被孤立，被抛弃。这可能不是一时半会儿的事情，但通常而言，他们会慢慢失去权力，并逐渐消失。

也并非总是如此。

有时，即使他们被赶出了组织，也可以恶心你。

因此你要时刻关注社交媒体。不要以为这些人只会腹诽你，记得去查看一下玻璃门（Glassdoor，一个职场点评网站）、脸书、推特、灵媒（Medium，一个内容发布平台）、领英，甚至要去看看美国知乎（Quora）和TikTok，能看的都要看。恼羞成怒的人往往到处血口喷人，社交媒体是所有浑蛋的新武器。如果他们在工作上没能占到你的便宜，他们会把矛头直接对准你，而且是用非常公开的方式。

这是个麻烦，而且令人非常不爽，但如果他们是控制欲型浑蛋，或者只是那种庸庸碌碌的浑蛋型浑蛋，他们最终可能搬起石头砸自己的脚，所有事情最终会真相大白。

政治斗争型浑蛋完全是另外一种人。

政治斗争型浑蛋的麻烦在于他们经常和其他浑蛋结成联盟。其他人在旁边看着这些浑蛋不断高升，也会觉得这是他们应该选择的正确道路。所以这些浑蛋的联盟会不断壮大，他们几乎完全专注于向上管理，所以领导层不会意识到正在发生的事。

政治斗争型浑蛋在大型组织中茁壮成长，他们可以用马基雅维利式的黑白颠倒之术，把你描绘成那种有着疯狂和偏执想法的人。他们会找到那些在工作上庸庸碌碌的人，通过提供保护来换取他们的忠诚。他们会挖掘同事的丑闻："比如××和行政同事有染，我们能不能让人事部门把这件事情压一压？"如此一来，××就欠了一辈子也还不完的债。

这就像是黑手党，但他们杀死的不是人，而是优秀的想法。

政治斗争型浑蛋需要一支队伍来撒播不和的种子，收集和散播各种流言蜚语。这就是他们控制他人的方式，这就是他们为何能无法无天。

那么该如何同黑手党作战呢？

你要把和你共事的人团结在一起，制订计划来提升你们的战斗力。你这么做不是为了保护自己，也不是为了升职、权力、奖金或其他浑蛋正追求的东西。你们齐心协力的目的只有一个，那就是更好地服务客户。

政治斗争型集团充满针锋相对、尔虞我诈，里面的每个浑蛋都在拼命往金字塔顶端爬。你的团队应该专注于互相扶持，保护客户不会受到浑蛋们荒唐决策的干扰。当一群浑蛋开始散布谎言，窃取想法，或接管他们本无权接触的项目时，他们便会对领导层采取统一的话术。他们会确保有相同的论调，会互相包庇，直至演不下去。

这个时候你的团队就要进行一场针对他们的反叙事行动。狗屁言论不对称理论，也就是布兰多利尼原理，就要在这时派上用场："反驳狗屁言论所需要的能量要比制造狗屁言论的能量高一个量级。"

所以你们需要构思一个精彩故事，并且要在做好互相支援的准备之后再走进会议室。你们要提前演练，确保每个人都熟悉剧本台词。你们不仅要做好言辞上针锋相对的准备，更要用数据支撑自己这一方的观点。等到这些浑蛋朝你开火的时候，你的队员们就有足够的人力和弹药与他们拼杀。

希望你能压制住黑手党，或者至少让他们把精力用在其他更容易得手的目标上。此类斗争也有一个好处，那就是让你同一群不同寻常的优秀人士建立长久联系。

在阻止了那些浑蛋对产品的破坏和对用户的欺骗之后，我们就可以停止反叙事行动。别再玩那些我们一开始就厌恶的愚蠢游戏，我们现在可以回去做我们热爱的工作了。

这就是关于浑蛋的那些事儿。他们实在太让人讨厌了，以至于会经常在你的记忆里浮现。他们竟然占据了本书整整一章的篇幅。其实，大多数人都只是想去办公室工作，然后做出一些很酷的东西。绝大多数找你麻烦的人都不是出于恶意，也不是马基雅维利式的人物，他们要么是在为了生存而挣扎，要么是第一次做管理者，或工作做得不顺手，抑或仅仅是因为那一天他的心情特别不爽。或许是因为他们的孩子还没有入睡，或许是因为他们的母亲去世了。即使是地球上最善良的人，有时也会表现得像个浑蛋。又或许他们是充满激情的狂风骤雨，能够推动你走得更远，因为他们知道你非常有才华，而你却在给自己设置各种障碍。

大多数人都不是浑蛋。

即使他们是浑蛋，他们也是人。所以，不要试图让任何人被解雇，你应带着善意出发，试着与他们和平相处，尽量往好处想。

如果这些行不通，那么请记住：善有善报，恶有恶报，只是它来得没那么快。

第 8 章　辞职的最佳时间

锲而不舍是一种可贵的精神。如果你对做某件事充满激情，你就需要坚持不懈地追求，这可能意味着为了能完成项目，你需要在一段时间内少赚些钱，或者待在一家有问题的公司里。

然而有时候你也需要放手。何时应该放手？

1. 你不再对使命充满激情。如果你留下来是为了领份薪水或得到你想要的头衔，但在办公桌前的每一个小时都如坐针毡，那还是不要为难自己了。你留下来的那些目的，都不值得让你痛苦地从事一份折磨自己的工作。

2. 你已经想尽了办法。你仍然对使命充满热情，但公司却让你非常失望。你已经和经理、其他团队、人力资源和高级领导都进行了交流。你已经尽力理解前进的各种阻碍，并提出了解决方案和选项。但是，你的项目仍然毫无进展，你的领导非常无能，公司正在分崩离析。在这种情况下，你应该离开当下的岗位。但你应该坚持自己的使命，并找到另一个有着类似目标的团队。

一旦你决定离职，那就要以正确的方式退出。既然你做过承诺，那就要坚持到底，尽可能完成你开启的那份事业。在你的项目中找到一个自然断点，比如下一个重要的里程碑，并做好在到达该点后退出的规划。你在一家公司工作的时间越长，你的地位越高，离职过渡所需的时间就越长。个体贡献者通常可以在几周到几个月之前提出离职，CEO 则可能需要一年或更长时间。

在完成了我的项目，确信已探索出所有可以让我的团队走向成功的途径之后，我离开了飞利浦。我辞职的原因是，当所有人都在使用微软操作系统时，我们永远无法在竞争中胜出。而辞职意味着，我结束了在此四年的艰苦工作、挫折、学习、个人和专业上的成长。

我在瑞尔视工作两个星期后就辞职了，因为我已经有了不祥的预感：我会讨厌这份工作。

即便如此，我还是在递交辞呈后多待了四个星期。我为它列出了可选择的业务方向，草拟了商业计划和项目演示。我想确保自己留下了一些实实在在的东西——围绕着优秀创意而扎实展开的工作，这样就没有人会说我屁股没坐热就溜了，把他们耍了（我觉得他们会这么说我）。

我必须离开那里，因为在他们食言，让我搬到西雅图的那一刻，我对那家公司就完全失去了信任。你不能和你不信任的人一起工作。我内心的一切都在呼喊："待在这里，一切只会变得越来越糟。"

大多人凭直觉就知道自己什么时候该走，但又往往需要花几个月甚至几年的时间才能说服自己，迈出离职这一步。我从一开始就清楚，我要是继续待在这里，固然能拿到丰厚的报酬，但肯定会过得非常不开心。

我必须指出一点——你不值得为了钱去做一份让你痛苦的工作。

再强调一遍：甭管他们为了挽留你而给你加了多少薪水，或者给了你什么头衔、额外福利，这些都不值得去做一份让你痛苦的工作。

我知道，这话从我这种幸运而富有的人嘴里说出来，听上去确实有点假大空。但我之所以变得富有，并不是因为我为巨额薪酬和头衔而去做了让自己痛苦的工作。我始终追随自己的好奇心和热情，从来都是如此。这意味着我会损失一大笔钱——很多的钱，多得让人觉得我可能疯了。"看看你舍弃的是什么，成为 iPhone 负责人的机会啊！你就这么离开了苹果？这么多钱都不要了？你不是有什么病吧？"

其实，我这么做都是值得的。

任何一个做过让自己痛苦的工作的人都清楚这种感觉。每一次会议，每一个毫无新意的项目，甚至每一个小时都是煎熬。你看不上自己的领导，对业务使命嗤之以鼻，你一天从早忙到晚，拖着筋疲力尽的身子回到家中，和亲人、朋友抱怨，最后搞得大家都和你一样心力交瘁。时间、经历、健康和快乐，这些东西都永远地从你的生活中消失了。但你会想："我得到了头衔、地位和金钱，这不也值了，对吗？"

别被这些东西困住。你不知道有其他更好的选择，并不意味着它们不存在。还有很多赚钱的机会，还有很多工作可以干。

一旦你透露出想换工作的意愿，或者已经离职，新的机会就很可能来到你身边。我的朋友经常就是例子。他们在领英上更新简历，马上就有人来联系他们。"看，这里有个人在找工作！"这是一件让人兴奋的事情。

当然，和其他事情一样，认识对的人会对你的职业大有帮助。

找到对的人的关键，在于建立关系网。我的意思不是让你参加各种会议，忙着分发名片或者二维码，或者在潜在雇主正打算吃茶歇三明治的时候把他们逼到墙角。我的意思是你要结交工作以外的新朋友，和你圈子之外的人交流，了解外面的世界，认识一些新朋友。社交是你应该经常做的事情，即使你对现在的工作很满意。

我记得在 2011 年，我曾和一位刚离开苹果、准备创办新公司的高管共进午餐。他从 20 世纪 90 年代末就开始在苹果工作，而且在此之前的几年，他就陪伴在史蒂夫·乔布斯左右。你可能会认为他拥有世界上所有的优势——过去十年，他一直在硅谷最著名公司的核心管理层工作，并与其最具活力的领导者并肩作战。谁不愿意把钱投给他？谁不愿意抓住和他共事的机遇？

但他好像刚从监狱里出来一样。他从来没有和乔布斯影响范围之外的人交流过。他不知道去找谁，怎么筹钱。他与这个世界的唯一联系就是通过苹果，而一旦他离开，就变得毫无头绪。当然，他最终把这些事情弄明白了，但他花的时间比预期的长得多。

所以千万不要被困住。

另外，不要把社交看作达到目的的一种手段，不要把它看成一种投桃报李的交换，觉得如果你帮了别人一个忙，他们也应帮你，没人愿意自己被利用。

你应该和别人交流，建立联系，对外界好奇其实是你的本能。你应该知道公司的其他团队是如何工作的，他们都在做些什么。你要和你的竞争对手交流，因为你们都致力于解决同样的问题，而他们正在采取不同的方法。你希望自己的项目成功，所以你不能只和你的队友共进午餐，你也要和你的合作伙伴、你的客户、客户的客户、客户的合作伙伴一起吃饭。你应该和每个人交谈，了解他们的想法和观点。这么做可以让你帮助别人，交到新朋友，或者开启一次有趣的交流。

一次有趣的交流可能变成一场面试，也可能不会，但至少它很有趣，至少你会感受到这是一个潜在的机遇。这可能让你踏上另外一条道路，展开另外一场有趣的对话。如此延展开来，直到你在另外一端看到新的光亮：一家让你燃起工作热情的新公司、一份新工作或者一个新团队。这能帮你重新找回自我。

到那时，你可以辞掉工作，立马走人。

你不要直接走进领导的办公室，把你的辞职信扔在他的桌子上，然后放下一切，一走了之。即使你讨厌你的工作，也不要把它弄得不可收拾。完成你能完成的部分，整理你不能完成的部分，并尽量将其移交给你的继任者。这可能需要几周，甚至几个月的时间。如果你是一名经理或者高管，你会觉得这个过程极为漫长。我从谷歌 Nest 离职前，过渡期长达 9 个月，离开苹果公司则花了 20 个月。

别人记不得你来时的样子，但他们会记得你离开时的表现。

不要让这些事情阻碍你选择离去。

一旦你发现自己已置身一个坚信使命之处，一切就会改变。

当然，你也可能再次跳槽。一旦你专注于一项使命、一项创意，那么你就应该坚持到底。在哪家公司是次要的。如果你发现了一些能激发你灵感的东西，那就要抓住时机放手一搏。我对个人电子产品情有独钟，并且靠着这份激情先后供职于 5 家公司。直到最后这个行业才真正变得有利可图，但我之所以干这个，是因为我喜欢，所以我会不断在这个领域寻找新的机会。每一份工作都是从不同的角度，以崭新的视野去研究同一个问题，而最终我找到了一个丰富的 360 度视角，并得以借此应对挑战，寻找所有可能的解决方案。这些思想上的收获比公司发给我的薪水珍贵得多。

这种事也是有失有得。在瑞尔视，我的经历就非常糟糕，几乎在一瞬间就失去了对这家公司的信赖，但是在其他公司我可以工作四五年甚至近 10 年。如果你发现了一个能让激情燃烧的好机会，那么就要尽量于你所在的公司里证明自己，千万不要随意放弃。

因此，如果你遇到了问题，不要找那些没有能力解决的人抱怨，更不要甩甩手直接退出。只和自己的上司交流肯定是不足够的，特别是当你的上司就是问题根源的时候。

如果你为之振奋的使命因为办公室政治、管理不善、领导层变动或仅仅是决策谬误而变得前景暗淡，不要犹豫不前，赶紧去找关系网，和所有能聊的人聊聊。这当然不是那种饮水机边的扯闲篇或者内部八卦，也不是在那里抱怨没有解决办法，而是要寻求解决你和你的团队面临的棘手问题的建议。与你的主管、人力资源经理、其他团队都好好谈谈，你要找到合适的且愿意听你讲话的领导。很可能会有人同意你的观点，或者提出质疑，抑或帮你完善思考，这些都是有益的，去听听大家的不同观点。

你也要和高层领导，甚至要和高管交流。如果可能，你甚至可以直接找董事会成员和投资人谈谈。在飞利浦和苹果，我都是这么干的。你接触的人越广越好，这样就可以让他们都知道问题所在。如果问题得不到解决，你大不了辞职，所以不用担心会失去什么。

公司高层的大多数人都对下面发生的事很感兴趣，他们可能会因为你引起他们的注意而给予你褒奖，甚至可能对你的挫败感感同身受（尽管他们可能不会告诉你）。

没错，你这么做可能会让你的上司抓狂。绕过你的主管越级报告是一件敏感的事情。每次我绕过主管们去联系其他高管时，他们都几乎疯掉了。所以如果主管问你，你就要如实汇报，并且说明你这么做的理由。你先斩后奏，而这正是请求谅解的时候。你要跟他们解释，之前你已经和他们谈过了（你应该先和他们谈），但是什么问题都没解决。告诉他们你的担忧和你提出的解决方案，告诉他们你联系了谁，以及希望达到什么目标。

如果你采取这种办法，也就是绕过自己的主管，开始在全公司大做文章，你要确保自己所提出的都不是关乎你个人的事项。

我记得在苹果公司时，有一次我们在开大型全体员工会议，就是每年只召开两三次的那种，其中一个人在会议的问答环节站起来问乔布斯，为什么他没有得到加薪或好评。乔布斯无比震惊地看着他说："我可以告诉你为什么，因为你在一万人面前问这种问题。"

此后不久他就被解雇了。

所以不要成为这种人。

你当然可以问个人方面的问题，比如对薪资不满、职业发展遇到瓶颈，你也可以问关于手头项目方面的问题。因为个人问题而辞职无可厚非，但向公司里的所有人抱怨个人问题就不是一件理所应当的事，而且你没必要当着上万人的面把事情搞砸。当然，你对着一位高管不停抱怨自己的股票授予问题，也很糟糕。

如果你想要吸引每个人的注意，要确保你的目的是做好自己的工作，而不是追求个人利益。你应仔细思考困扰你项目的问题，写下经过深思熟虑、有见地的解决方案，并把它呈交给领导。解决方案可能不起作用，但这个过程至少是有意义的。不要絮絮叨叨，但要坚持不懈，明智地选择时机，要表现得专业，即使你没有成功，也不要对结果遮遮掩掩。告诉他们你对这份工作充满热情，但是如果你不能解决这些问题，那么你可能不得不辞职。

你必须是认真的，不能只是一种谈判策略。很多人在公司里因为发脾气而毁掉自己的职业生涯。你绝对不能只嘴上威胁要辞职，行动上却犹豫不决，改变主意，最后还是选择留下。所有人会立刻不再尊重你，所以你必须坚持到底。

辞职的威胁可能足以促使公司认真起来，并根据你的要求做出改变，但也可能没什么效果。辞职绝不应该是一种谈判策略，它应该是你打出的最后一张牌。

要记住，即使领导承认你是对的，并承诺会做出重大转变，也可能需要一段时间，还可能永远不会改变，但这值得一试。每当事情变得艰难就辞职不干，这不仅会让你的简历不太好看，还会让你丧失做出引以为傲的成绩的机会。毕竟好事多磨，大好事则需要更多磨炼。如果你总是从一个项目转到另一个项目，从一家公司跳到另一家公司，你将永远无法积累开始和完成有意义的工作的重要经验。

工作是不可互换的，工作不仅仅是一件天气变热时就可以脱掉的毛衣。有太多人在需要他们全身心投入、为了把事情做成而啃硬骨头的时候却选择跳槽。当查看他们的简历时，你一眼就能看穿其中的猫腻。

一旦你知道你在找什么，你就能从他们两页的简历中看出来300页那么长的小说故事，而且很多情节充满巨大漏洞。

所以在离职之前，你最好有一个故事——一个好的、可信的、真实的故事。你需要说明离职原因。你还需要解释为什么想要加入面试的公司。这应该是两种截然不同的叙事。你在面试时需要这样的故事，你也需要它们，因为你得确保自己真的把事情想清楚了，你也要确保自己为下一份工作做出正确选择。

你为何离职的故事，一定要讲得诚实中肯，而关于你下一份工作的故事，则一定要讲得富有启发性：这就是我想学习的，这就是我想一起共事的团队，这就是真正能让我激情澎湃的一部分使命。

当招聘人员联系你时，你一定要把这些铭记于心。因为如果你的故事讲得很成功，他们就会向你伸出橄榄枝。知道什么时候该离职和是否接受一份新工作邀约是一个分两步走的过程：首先，你得知道，现在的工作确实不再适合你了；其次，你要判断新工作是不是更好。很多人将这两者混为一谈，被招聘人员的花言巧语迷惑，反而忽视了他们当前岗位上的各种机会。他们甚至没有在内部好好积累人脉，以致根本不知道身边有哪些机会。很多人没认真做研究，没仔细想清楚就匆忙跳槽了，这种人我见得太多了。他们通常不出半年就会夹着尾巴回来，可怜巴巴地要求回到原来的工作岗位。

你别成为这样的人。

如果你不是被对方的招聘人员迷惑，而是真的已经无路可走，得穷尽所有其他可能，那么你也不要害怕辞职。

我曾经三次下决心离开苹果公司。第一次是我们推出 iPod 之后，我们的团队拼尽全力，以比任何人能想象的更快的速度开发出了这款产品，获得了如潮好评。尽管我的上司一直在想方设法把功劳揽到自己头上，但我们一直忍气吞声，直到把项目完成（见第 7 章）。

在这一过程中我对他用尽了一切方法：和他交流，对他视而不见，和他对抗，对他进行安抚——现在项目终于结束了。我的团队为了这个项目连续奋战了 10 个月，所以我就去找他，让他兑现当初的承诺——给我一个我应该得到的头衔："我什么时候才能升为副总裁？"

他说："再等一年吧，这些事情需要时间，没有人能升得那么快。"

他非常清楚我一开始就应该有一个更高的头衔，但他却在一直哄骗我（如果你对此事感兴趣，可以读一下沃尔特·艾萨克森的《乔布斯传》，书里有详细的记录），但现在我已经把事情做成了，还超额完成了任务。

我试着保持冷静，道出了我的理由。他却只是耸耸肩，蠢笑着说："对不起，不是现在。"

我对他的最后一丝敬意也飞到了九霄云外。

我仍然相信我们的使命，也为我们的成就感到骄傲，斗志昂扬，继续向前，但我没办法绕过这个人。无论我的工作多出色，他都会要我。这是一道无法愈合的伤口。

我受够了。于是我扔下了最后一句话："我不干了。"

有时，拯救自己的唯一办法就是走出那扇门。两周后，当我正在办公室收拾东西时，我接到了谢里尔·史密斯的电话，她是 iPod 团队的人力资源主管。她是一个了不起的合作伙伴，我对苹果公司运作的认识，正来自她，而当我还是个新人的时候，是她帮我适应了这台机器的运转。"你的事情我听说了，"她说，"这绝对不行。你不能走！我们出去聊聊吧。"

在苹果公司的园区里，我告诉了她这件事的各种具体细节，我们走得越久，讲话的声音就越大，各种手势也越夸张。她非常善解人意，说她会解决这个问题，让我坚持住。但我觉得已经太迟了，24 小时后，我将离开苹果。

第二天，就在他们计划给我送行的前几个小时，我接到了乔布斯的电话。

"你哪儿也不能去，我们会给你想要的。"

我大步走到经理办公室，谢里尔满脸微笑地在外面等着。

尽管板着脸，一副分分钟都不能忍的模样，我的上司还是很不情愿地来到桌子旁边。"这不是我们这儿做事的方式。"他在签署我的晋升文件时嘟囔着。

那天晚上，我在我的送行派对上宣布："我不走了！"

过了一段时间后，我又不得不提出辞职。这次是为了保护产品和团队。之后又有一次——出于保护我的理智和我的家人的目的。当然，也有很多戏剧性的事情发生，有很多这样的事情。离开团队，离开乔布斯，都不是一件容易的事情。

我知道这是正确的选择。在为苹果公司奉献了 10 年的心血之后，我到了该真说再见的时候。

有时，所有的算计、谈判、与上司的争论，以及与人力资源的会面都是无关紧要的。有时，就是该走了。当那一刻真正到了，你或许什么都明白了。

离开，然后去做自己喜欢的事情。

第三部分
打造产品

第一代 iPod 所依托的底层技术并不是在苹果公司设计出来的。

它甚至不是为手持设备设计的。

20 世纪 90 年代末，人们开始把 MP3 音频文件下载到硬盘里。这是人类第一次可以把足够高品质的音乐存储为足够小的文件，由此能够将大量曲目下载到自己的电脑中。

但你所拥有的豪华立体声音响根本派不上用场，因为它们不支持 MP3 播放。立体声音响是用来播放磁带和 CD 的，因此，所有人都只能用他们糟糕的电脑扬声器来播放新下载的音乐。

1999 年，我感受到了这方面的改进前景。我想到的不是 MP3 播放器，而是数字自动点唱机。

它可以让你把所有的 CD 转换成 MP3，这样你就可以在电视和家庭立体声音响上听这些音乐以及你下载的任何内容。在 iPod 提出"将 1000 首歌装进口袋"这一口号之前，我们就在尝试"将 1000 张 CD 装进家庭影院"。

反正我向瑞尔视就是这么建言的。对我而言，那是一个错误的地点、错误的团队，一切都不对。所以我想，去他的，我自己干！

很多创业公司都是这么建立起来的。

我给自己的公司起的名字是 Fuse Systems。

灵感来自飞利浦的一个项目。他们打算研发一款可以运行 Windows 系统的家庭影院 + DVD 播放器，这样你就可以在电视上浏览互联网，也能听听网络上的音频（以及任何你在前 Wi-Fi 时代可以看或者听的东西）。

这确实是个好主意。家庭互联网的连接速度正在加快，从 56kbps 增加到了惊人的 1mbps，这使得音频甚至邮票大小、充满颗粒感视频的下载都成为可能。显而易见，人们对音乐和电影内容的收藏、欣赏都将转向电脑。没有人会喜欢在 20 世纪 90 年代那种阴郁黯然的企业级 Windows 电脑上听音乐。拥有高清电视和环绕立体声的家庭影院要好得多，但只有最讲究的视听发烧友才会安装这些设备。

飞利浦看到了这个机遇，但却没有抓住。它和微软走得太近了，竟然妄想搞出立体声音响的个人电脑。它关心的是自己能做出什么，却不考虑人们到底需不需要这种东西。我考察了它的这个想法，觉得行不通："绝对不行！你们绝对不能用 Windows 系统。"这么多年来，我一直从灵魂深处抵制微软的操作系统，我知道用它来做消费电子产品绝对是死路一条。谁愿意让自己的电视开机都得花两分钟？必须为普通客户简化家庭影院系统，制造任何人都随手可用的产品。

我想设计一款产品，它可以连接互联网，但看起来或感觉上绝对不能像一台电脑。Fuse Systems 将给人一种消费电子产品的体验：你可以配置和订购整套家庭影院，其中包括一个可以将音乐保存到内置硬盘驱动器的 CD/DVD 播放器。然后你可以联网到世界上第一家在线商店，从上面下载歌曲。有朝一日，你甚至还可以从上面下载电影和电视节目。当时 TiVo 风靡一时，但我希望 Fuse Systems 能走得更远。

我拿到了一笔种子资金，然后就开始投入其中。我必须创办一家公司，这不是副业，也不是无足轻重的大学创业，而是一家真正的公司、一门正经八百的生意。

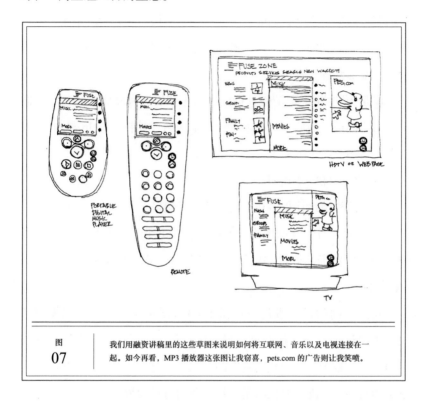

图 07

我们用融资讲稿里的这些草图来说明如何将互联网、音乐以及电视连接在一起。如今再看，MP3 播放器这张图让我窃喜，pets.com 的广告则让我笑喷。

这次我一定会把事情做对。我们的目标是成为该行业领域最为强大的参与者。我们要挑战索尼。

首先，我得说服别人和我一起创业。我离开了飞利浦，不再有庞大基础设施的支持，也没有了复杂的流程和充足的现金，而是踏足了一块无人之地。我有个好想法，但仅此而已。所有我试图招募的人关注的是能得到多少回报。他们希望有医保，关心人力资源和应付账款，以及所有你在实际业务中认为理所当然的东西。

所以我得干活，不停干活。

我雇了 12 个人，组建了一个团队。我们与三星建立了合作关系，当时三星还是一个不知名的韩国消费品牌，正试图打入美国市场。按照规划，我们负责设计一切，三星负责代工，产品会以我们的品牌进行销售。人们会根据我们的数字元件定制他们的家庭影院系统，之后再加上三星品牌的电视、音箱等，这一切全部在网上订购，这套设备会统一配送到客户家中。

那是 1999 年，正是硅谷资金、人才和创意大爆棚的时刻，我们也在奋勇向前。我要挽回在通用魔术的失败，挖掘出 Velo 和 Nino 被浪费的潜能。我灵感充盈，意志坚定。

没有什么能阻止我们。

正是这种情绪让很多初创公司陷入了绝境。

2000 年 4 月，互联网泡沫破灭。正当我开始寻找资金时，原本像瀑布一样汹涌流入硅谷的资金，竟然在一夜之间消失得无影无踪（见第 17 章）。

我向不同的风险投资公司做了 80 次融资推介，结果都失败了。投资人正在忙着抢救他们过度投资的初创公司，而在一个股市暴跌、公司破产、数十亿美元化为乌有的时刻，没有人会对需要大量投资的电子消费品感兴趣。时机就是一切，我的时机太糟糕了，一分钱也筹不到。

就在我为公司融资一筹莫展的时刻，有一天，我和通用魔术的一个老朋友一起吃了顿午饭。我告诉他自己在做什么，在发愁什么——一种由创新的兴奋和沉沦的恐惧共同带来的让人纷乱甚至眩晕的感觉。他对我表示了同情，吃完了三明治，并祝我一切顺利。

第二天下午，他与一个在苹果工作的同事共进午餐。对方提到苹果正在启动一个新项目，并问他是否认识有制造手持设备经验的人。

第二天我就接到了苹果的电话。

既然你们已经开始读这本书，那么这个故事剩下的部分你们可能很熟悉。起初，我只是接了苹果公司的一个咨询的活儿。我希望能借此赚到足够的钱来养活我的员工，或者利用这个机会让苹果收购我的公司，但把希望寄托在苹果身上是一件非常渺茫的事情。当时史蒂夫·乔布斯已经重新掌舵苹果，但在此前的10年中，苹果一直处于死亡的螺旋之中，它推出了一大堆平庸的产品，也因此走向崩溃的边缘。麦金塔电脑在美国市场的份额低于2%，它的电脑销售停滞不前。当时苹果公司的市值约为40亿美元，而微软是2500亿美元。

虽然苹果快死了，但我的公司会死得更快。

所以我接受了苹果的这份工作。

图
08

这是我为了说服乔布斯批准 iPod 项目而在 2001 年 3 月做的塑料泡沫模型。

- 苹果的电话是在 2001 年 1 月的第一周打来的。
- 几周后，我成了 iPod 的产品调研顾问，那时候还不叫 iPod。该任务代号是 P68 扬琴——没有团队，没有原型，没有设计，什么都没有。
- 同年 3 月，斯坦·吴和我共同向史蒂夫·乔布斯提出研发 iPod 的创意。
- 4 月的第一个星期，我成为一名全职员工，并把 Fuse Systems 团队带入了苹果公司。
- 4 月底，托尼·布莱文斯和我在中国台湾找到了我们的制造商英业达。
- 5 月，我把诺沃特尼和安迪·霍奇招致麾下，他们是 Fuse Systems 团队之外的第一批新员工。
- 2001 年 10 月 23 日，也就是我开始工作 10 个月后，iPod——我们用塑料和不锈钢制成的"小胖孩"问世了。

我非常幸运地带领团队承担了前 18 代 iPod 的研发工作。然后我们又得到了另一个令人难以置信的机会，那就是参与 iPhone 的研发。我的团队负责你手里拿着的金属和玻璃等硬件，以及运行和制造手机的一些基础软件。我们为触摸屏、蜂窝调制解调器、手机、Wi-Fi、蓝牙等编写了软件。然后在第二代 iPhone 研发期间，我们又负责了相同的工作，之后是第三代的研发。

转眼已经到了 2010 年。

我在苹果工作了 9 年。那是我终于长大成熟的地方，我不再只是管理一个团队，而是领导成百上千的人。这是我职业生涯和我身份的一次深刻转变。

这是第一代 iPod。当它于 2001 年 10 月发布时，苹果提出了"将 1000 首歌装进口袋"的著名口号。这台设备的规格为 4.02 英寸 × 2.43 英寸，售价 399 美元。它像极了我在 7 个月之前砍掉的最初版本。

经过 10 年的失败，我终于做出了人们真正想要的东西——确切地说是两件东西。我终于把事情做对了。

一开始我并没觉得自己成功了，甚至到最后也没有这种感觉。它仍然是一份工作，需要一步步地前行。

苹果是我学会了确立原则的地方——事情做到位了吗？事情做得够好吗？

在这里，我学到了设计的真正意义。

在这里，我学会了如何在面对紧张、煎熬、永无止境的压力时组织我的头脑和团队。

如果你已迈向职业生涯的新阶段，正在进入越来越高水平的航道；如果你正在打造团队，建立关系网；如果你承担着比以前更多的职责，却发现离实际工作越来越远；此时，你需要定位你的立足点，如果你的压力已经大到难以置信，那么不妨在这里听听我的经验分享。

第 9 章　无形化有形

　　人总是很容易分心。我们总是把注意力集中在那些看得见、摸得着的有形事物上，以致忽视了无形体验和感受的重要性。但是当你在打造一种新产品时，无论它是由原子还是电子组成，也无论它是商用还是民用，你实际做的东西其实只是客户旅程的一个微小的组成部分。客户旅程庞大、无形且经常被我们忽视，它早在客户拿到产品之前就已经开启，并且在延续很久之后才会结束。

　　所以，不要只做了一个产品原型，就觉得自己大功告成了，要尽可能地将完整的客户体验融入原型产品。把无形的东西变成有形，如此你就不会忽视这趟旅程中的那些不够显眼却又非常重要的环节。你需要把客户会如何注意到产品，如何考虑是否购买，如何安装、使用、修理甚至退换等环节都准确进行描述并将其可视化。这一切都很重要。

..

　　当我还是小孩子的时候，我经常和爷爷一起做东西，比如鸟笼，还有用肥皂盒做的小赛车。我们修理割草机和自行车，也经常为房子添置一些东西。

　　这种感觉很美妙。孩提时代的许多事情都令人困惑和不受控制，但物体却是实实在在的。你把它们制造出来，握在手里，再把它们递给别人。这真让人满足，真是棒极了。

　　即使在我一头扎进编程之后，我也未曾质疑自己坚定的信念：计算机本身就是一切的关键。没有原子，电子什么都不是。

这就是我在毕业后加入通用魔术倍感兴奋的原因。我之前一直忙于编程，但现在我要制造点东西出来。一台设备，一种物理实体，或者一台电脑，就是改变我人生的那种电脑。

做硬件的时间越久——从通用魔术到飞利浦再到苹果，我越发意识到，很多东西其实根本没必要被制造出来。

iPod大获成功后，很多人开始向我推销他们的设备。人们总是说："托尼是硬件专家，他会喜欢你的想法的。"当有人自豪地把他们精心打磨的原型送到我面前时，我做的第一件事是把它放到一边。"要是没有这个，你怎么解决你的问题？"

他们会非常吃惊："这个'硬件专家'怎么会不想看看我的炫酷玩意？"

人们常常对用原子制造东西乐此不疲，他们一头扎进设计、界面、颜色、材料、质地，同时马上就忘了怎么寻找更为简单和容易的解决方案。用原子制造东西非常困难，因为它不是一个你只要点击一下就可以复制和更新的应用程序。硬件只有变成一种必需品且具有革命性，才值得我们操心它的制造、包装和出货。如果硬件对于整体体验的实现并非一种绝对必要的存在，那么它就不应该存在。

当然，有时你确实需要硬件，这是无法避免的。但当这种情况发生时，我还是会告诉人们把它放到一边："不要告诉我这个东西有什么特别之处，告诉我客户旅程会因为这个东西而发生什么改变。"

你的产品不仅仅是你的产品。

它是一套完整的客户体验——从人们第一次了解你的品牌开始，一直到你的产品从他们的生活中消失、被退回或扔掉、被转卖给朋友或报废才算结束。

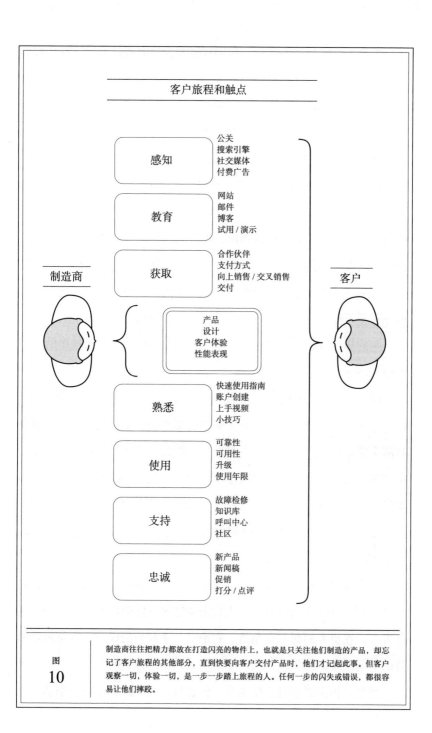

客户旅程和触点

制造商

感知 — 公关 / 搜索引擎 / 社交媒体 / 付费广告

教育 — 网站 / 邮件 / 博客 / 试用 / 演示

获取 — 合作伙伴 / 支付方式 / 向上销售 / 交叉销售 / 交付

产品 / 设计 / 客户体验 / 性能表现

熟悉 — 快速使用指南 / 账户创建 / 上手视频 / 小技巧

使用 — 可靠性 / 可用性 / 升级 / 使用年限

支持 — 故障检修 / 知识库 / 呼叫中心 / 社区

忠诚 — 新产品 / 新闻稿 / 促销 / 打分 / 点评

客户

图
10

制造商往往把精力都放在打造闪亮的物件上，也就是只关注他们制造的产品，却忘记了客户旅程的其他部分，直到快要向客户交付产品时，他们才记起此事。但客户观察一切，体验一切，是一步一步踏上旅程的人。任何一步的闪失或错误，都很容易让他们摔跤。

客户不会区分你的广告、应用程序和客户服务代表。这些都代表你的公司和品牌。这些都是一回事。

我们经常忘记这一点。有太多时候，制造商觉得所谓客户体验，就是客户触摸物体或者点击屏幕的那个瞬间。其实，客户体验是他们真正使用这件东西的时刻，无论是对于原子制造的产品，还是比特制造的产品，抑或由两者共同制造的产品，都是如此。这才是最为核心的东西。

这就是发生在 Nest 早期的情况。所有人都在关注恒温器，天天琢磨设计、人工智能、设备界面、电子、机械部件、颜色和纹理等各种问题。设备如何安装，转动表盘时应该是什么感觉，当你经过时应该发出多亮的光，这些问题都经过了极为周密的考虑。为了确保设备本身完美，他们在硬件和软件上投入了无穷的精力。

我们却没有足够重视客户体验中最重要的部分：你手机里的应用程序。

团队觉得它很简单，毕竟那只是个应用程序。我们在 2011 年开始考虑客户体验时制作了一个早期的应用程序原型，但之后就再也没有回头考虑这个问题，更没有根据恒温器的改进而对其进行更新。

团队认为他们肯定能解决这个问题，只是早晚的事。现在有很多事情要做，而它只是一个应用程序。这费不了多少劲。

这时，我又一次忍不住稍稍提高了说话的分贝。好吧，我承认，这次我的嗓门确实非常大。

应用程序不是一次性产品，也不是可以放到以后再说的东西，它与恒温器具有同等的重要性。人们需要通过它随时随地进行控制，在沙发上，在世界的每一个角落。它绝对关乎我们的成败，也是最难做好的事情之一。

当然，恒温器本身也很重要，但它只是客户旅程中的一小部分。

- 10% 的客户体验来自网站、广告、包装和店内展示：我们必须先说服人们购买它，或者至少考虑和研究它。
- 10% 的客户体验来自安装：可以轻松按照说明书将其安装到墙上，不用操心会导致断电等故障。
- 10% 的客户体验来自观看和触摸设备：它必须很漂亮，这样人们才会想要把它买回家。一周后它就会知道客户的喜好以及客户什么时候不在家，所以客户真的不需要有很多操作。如果我们的产品做得好，客户只会在意外的寒流或热浪来袭时才需要和它进行本地或远程交互。
- 70% 的客户体验来自手机或笔记本电脑：客户会在回家的路上打开应用程序调高家中的暖气，会在"能源历史"中查看空调开了多久，或者会对日程表进行微调。然后客户会打开电子邮件，看到这个月的能源使用量。如果客户有问题，可以访问产品网站，使用在线疑难解答或阅读一篇支持文档。

如果我们没能很好地执行以上客户体验中的任何一个部分，Nest 都不会成功。为了让客户自然而然地进入下一步，克服各个环节之间的摩擦，我们必须把客户旅程的每一个阶段都做得非常棒。

在感知和获取之间，在熟悉和使用之间，在客户旅程的每个阶段之间，你都必须帮客户一把。因为在每一个这样的时刻，客户都会问一个"为什么"：

- 我为什么要关心这个？
- 我为什么要买它？
- 我为什么要使用它？
- 我为什么要坚持使用它？

• 我为什么要买下一个版本?

你的产品、市场营销和客户支持都需要起到润滑的作用,所以他们要不断地与客户沟通和联系,给客户需要的答案,这样就会让客户觉得自己正身处于一次平稳、连续且必然的旅程。

要做到这一点,你必须在原型设计阶段就把整个体验融入其中,让体验的每一个部分都具备实际的重量感和真实性。无论你的产品是基于原子,还是比特,或者两者兼有,其制造过程都是一样的。画图,制作模型,确定情绪板,用粗略的线勾勒出主要过程,编写虚构的新闻稿,创建细致的模型,展示用户会如何从广告到网站再到应用程序,以及他们会在每个触点看到什么信息。写下你想从早期用户那里得到的反馈,你想从评论者那里看到的标题,以及你想唤起的感受。你要让这些东西可见化、实体化,把它们从你的头脑里抽离出来,落到可触摸的东西上。不要等你的产品完成之后再开始这一切,要在规划产品功能时就设计好整个旅程。

这就是你打开脑洞的方式,也是让团队的每个人都打开脑洞的方式。

要从客户旅程的起点出发,在产品未走到营销这一步之前就规划好如何营销。

在 Nest,这意味着一定要把精力放到产品的盒子上面。

包装决定了一切。产品名称和口号,核心性能及其优先顺序,核心的价值主张,都要呈现在一个纸板盒上,我们则要拿着这个盒子,不断对这些内容进行观察、调整和修订。盒子的物理限制迫使我们必须想清楚我们想要用户了解的首要项和次要项。为了适应狭小的空间,创意团队编写了清晰的描述,以便我们可以在视频、广告、网站和媒体采访中使用。为了唤起 Nest 品牌在客户心中的形象,他们用温馨多样的照片覆盖盒身,以让用户产生把这个物品置于自己家和个人生活的联想。

图
11

几乎在我们发布 Nest 智能恒温器一年之前（当时我们连产品名称都没确定），我们就已经有了用来完善品牌信息传递的产品外包装原型。

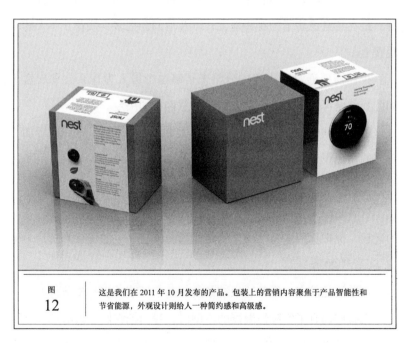

图
12

这是我们在 2011 年 10 月发布的产品。包装上的营销内容聚焦于产品智能性和节省能源，外观设计则给人一种简约感和高级感。

我们把这个盒子变成所有营销的缩影，我们希望某个人会在经过商场时拿起它，并立即领会到我们想让他知道的一切。

要正确地模拟这一场景，即要真正弄清楚有人注意到包装，并弯腰拿起它时的那半秒钟，你不能仅仅称这个理论上的人为"某个人"。

我们必须了解他们：他们是谁？他们为什么要拿起这个盒子？他们想要知道些什么？对他们来说最重要的是什么？

我们收集了关于行业、Nest潜在客户、人口统计和心理统计的所有信息，然后创建了两个不同的角色——一个女人和一个男人。其中，男人热衷科技，钟爱他的iPhone，总是在寻找一些很酷的新鲜玩意。女人则是家里说了算的那个人，她决定家里买什么、不买什么，她也喜欢漂亮的东西，但对未经验证的崭新技术并不感兴趣。

我们给这两个人物取了名字，还设计相应的形象。我们为他们的家、孩子、兴趣、工作制作了一个情绪板。我们知道他们喜欢什么品牌，最在意自己房子的哪些地方，以及他们会把多少钱花在冬天的取暖费上。

我们需要通过对表情的分析来了解这个男人为什么会拿起盒子，如此我们便可以说服那个女人做出同意购买的决定。

随着时间的推移，我们对客户有了更深入的了解，也因此增加了更多的角色设计，包括夫妻、家庭以及室友等。最初我们只设定了两个角色，两个最为普通、人人都能看得到、摸得着的角色。

这就是原型设计的工作原理，就是你将抽象概念转化为物理表征的过程。你把你的信息传递架构转换为一个盒子上的文字和图片（见第24章图27）。

你继续往前走，沿着这根链条的每一个环节一步一步前行。

当我们拥有了实际恒温器的原型后，我们把它们拿去给真人进行测试。我们知道自我安装可能对用户构成一个巨大阻碍，所以我们每个人都忐忑地想知道其进展如何。人们有没有吓着自己？没引起火灾吧？他们有没有因为安装工作过于复杂而中途放弃？

很快我们的测试人员报告："进展顺利，一切正常，但是安装时间较长，大约花了一个小时。"

我们倒吸了一口凉气。这是什么情况？一个小时太长了。切断电源，凿开墙壁，摆弄电缆，整个过程竟然要花一个小时，来自宾夕法尼亚州的贝丝可受不了这个。我们必须做一个简简单单自己可动手完成的项目，一个很快就能完成的升级。

于是我们深入研究了这些测试报告：为什么安装花了这么长时间？哪一步出错了？

后来证明我们没遗漏任何东西，但是我们的测试人员出了问题。他们前半个小时都在找安装工具——剥线钳、一字螺丝刀。等等，搞错了，我们需要十字螺丝刀。我把那个小家伙忘在哪里了？

一旦他们工具齐备，安装就很快了，顶多花二三十分钟。

我想大多数公司都会松一口气。实际安装只需要20分钟，它们之前也是这么跟客户说的，太好了，问题解决了。

这只是人们与我们的设备的第一次互动。这是他们第一次体验Nest。他们花249美元买了一个恒温器，期待着能获得一种不同的体验。我们需要让他们感觉物超所值。每一分钟，从打开盒子到阅读说明书，把它安装到墙上，再到第一次打开暖气，这些操作都必须非常顺滑流畅。我们要给他们一种丝滑、温暖、快乐的体验。

我们也了解贝丝这种人的真实心理。在厨房抽屉里找螺丝刀，然后跑到车库里翻工具箱，发现它可能还是在抽屉里……这样的体验绝不会让她觉得温暖丝滑。到第五分钟的时候，她就该翻白眼了，感到非常沮丧和恼火。

所以我们改变了原型，不是针对恒温器原型，而是在安装这一步做了改动。我们给产品附加了一个新组件：一把小螺丝刀。这把螺丝刀正好有手掌大小，而且配备了四种不同样式的刀头。当然更重要的是，它真的是一把触手可及的螺丝刀。

所以现在，客户再也不用到工具箱和抽屉里翻找工具了，他们直接把手伸进 Nest 的盒子里，就能掏出需要的东西，然后把墙上那又老又别扭的恒温器撬下来。由此，一个沮丧的时刻变成一个喜悦的时刻。

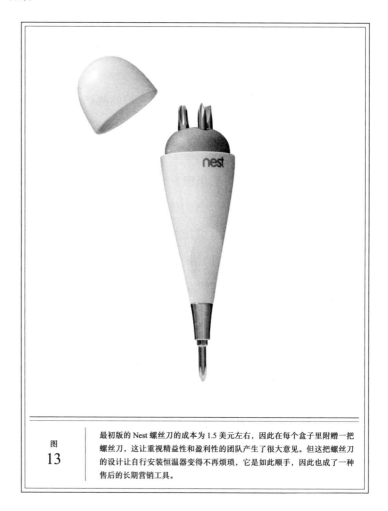

图
13

最初版的 Nest 螺丝刀的成本为 1.5 美元左右，因此在每个盒子里附赠一把螺丝刀，这让重视精益性和盈利性的团队产生了很大意见。但这把螺丝刀的设计让自行安装恒温器变得不再烦琐，它是如此顺手，因此也成了一种售后的长期营销工具。

一把小螺丝刀所改变的也不仅仅是安装的体验问题。

螺丝刀从来不只是用来安装的，它在客户旅程中产生了连锁反应。

售后服务是客户体验的一个重要部分。你如何能以真正有效的方式与客户保持联系？你如何能持续取悦客户，而不只是向他们不断推销，最后让他们都烦透你？

我们的恒温器可以让用户装在墙上使用十年。按照设计，它会变成一件艺术品。它在大多数时间都会淡入背景，只是偶尔会得到欣赏，需要调整。

每次当客户打开他们堆满杂物的抽屉，他们都会看到我们附赠的那把可爱的小螺丝刀，脸上会露出微笑。

每次他们要给孩子的玩具车换电池，他们就会拿起我们的螺丝刀。在那一瞬间，螺丝刀变成玩具，玩具车则被遗忘。

我们发现，这把螺丝刀不仅是一件五金工具，还变成一件营销工具。

它帮助客户记住了 Nest，并帮助他们爱上了我们的产品。

它让更多的人发现了我们。记者们也写了不少关于螺丝刀的文章。它还出现在我们所有的五星好评中。这是一种免费的公关、一种口碑宣传。在 Nest 的前台，我们放的不是一碗糖果，而是一碗螺丝刀。它成了我们整个用户体验的象征——周到、优雅、耐用且非常有用。

这就是我绝对不允许取消附赠螺丝刀的原因。

随着我们不断推出新一代的恒温器，送不送螺丝刀这件事也变成一场持久的争论。螺丝刀很贵，每一把螺丝刀都会蚕食我们的利润，所以总会有一帮员工提议停止附赠螺丝刀，他们不理解我们何必增加销售成本。

他们不明白，这不是一个直接的销售成本，而是一笔营销费用，也应该将其看作支持费用。这把螺丝刀帮我们省去了不少电话客服的费用支出。没有用户愤怒的来电，取而代之的是，客户们开心地在网上对我们的产品所提供的愉悦使用体验大加赞扬。

如果我们没有像思考恒温器那样仔细地思考安装，我们就不会在每个盒子里都放一把螺丝刀。

如果我们没有考虑到客户的整个生命周期（从发现到支持再到忠诚度），我们也许会和宜家那样，在产品里配一把小小的一次性螺丝刀。我们附赠了一把有四种刀头的螺丝刀，事实上这远超安装恒温器的需要，人们可以用这把螺丝刀做很多事情。因此，只要这把螺丝刀还躺在抽屉里，Nest 这个品牌就会一直待在人们的脑海里。

当一家公司对客户旅程的每个部分都投入如此的关心和关注时，人们就会注意到它。我们的产品固然很好，但最终定义了我们品牌的是客户旅程。这就是 Nest 的独到之处，也是苹果的独到之处。企业通过这种方式超越了自己的产品，并创造了一根情感纽带，而这根纽带所连接的不是用户和消费者，而是人类。这就是你创造令人热爱之物的方式。

第 10 章　讲一个好的产品故事

每一款产品都应该有自己的故事，一种解释它存在的必要性以及它会如何解决客户问题的故事。一个好的产品故事应该具备以下三个要素：

- 既要感性，又要理性；
- 将复杂的概念简单化；
- 让人想到那些亟须解决的问题——它聚焦于回答"为什么"这个问题。

"为什么"是产品开发中最为关键的部分，是必须首先考虑的问题。一旦你为你的产品找到了存在的强烈理由，你就可以全身心投入其研发了。只是不要忘记，第一次接触你产品的人并不能从你的角度理解产品。你不能直接用"是什么"去敲打他们的头，你得先告诉他们"为什么"。

另外要记住，客户并非你故事的唯一受众。讲故事也是一种为团队吸引人才以及为公司寻找投资者的手段。故事，既要出现在销售人员的幻灯片里，也要出现在你的演示板上。

关于你的产品、你的公司以及你的愿景的故事，应该成为你做一切事情的驱动力。①

---

① 如果你对设计以及背后的故事讲述感兴趣，建议你参考我与彼得·弗林特在 NFX 播客上的对话。

..

我至今仍记得 2007 年，我坐在看台上看史蒂夫·乔布斯向全世界介绍 iPhone 时的场景。

为了这一天，我已经等了两年半的时间。

每隔一段时间，一款革命性的产品就会横空出世，改变一切。首先我们必须说，如果你在职业生涯中只是参与了其中一款产品的研发，也足够幸运了。苹果则一直非常幸运，它将一系列革命性产品引入这个世界。

1984 年，我们推出了麦金塔电脑。它不仅改变了苹果，还改变了整个计算机行业。

2001 年，我们推出了第一款 iPod。它不仅改变了我们听音乐的方式，还改变了整个音乐产业。

今天我们要推出三款同级别的革命性产品。首先是一台带触控的宽屏 iPod。其次是一部革命性的手机。还有一款具有突破性意义的互联网通信设备。

所以，是三样东西：一台带触控的宽屏 iPod，一部革命性的手机，一款具有突破性意义的互联网通信设备。一台 iPod，一部手机，一款网络通信器。一台 iPod，一部手机……你们明白我在说什么吗？这不是三台独立的设备，这是一台设备，我们叫它 iPhone。今天，苹果重新发明手机，而它就在这里。

这是演讲中人人都铭记的部分，层层铺垫，制造悬念，连开场白都经过了精心设计。人们至今仍在写文章讨论它，庆祝它发表十周年。

其实，演讲的其他部分同样重要。在开场白结束后，乔布斯向观众点出了苹果正致力于为他们解决的问题。"按他们的说法，最先进的手机就是智能手机。问题是它们既不太智能，也不容易使用。"他花了点时间来评论普通手机和所谓的智能手机，以及它们各自存在的问题，然后就开始介绍新款 iPhone 的各种特性。

他使用了一种我后来称为"怀疑病毒"的技巧。利用这种方法，你可以深入人们的大脑，让他们反复感受到沮丧，让他们不断感到懊恼。"或许我的体验根本没我想的那么好，或许它可以更好。"如果你能用"怀疑病毒"感染他们，你就能让他们对你的解决方案产生心理预期。你让他们对现有的方式方法感到愤怒，如此他们就会极为期待一种新的做事情的方法。

乔布斯是这方面的大师。在告诉你一种产品的用途之前，他总是花时间解释你为什么需要它。他让一切看起来那么自然、那么简单。

我以前也见过其他领导者做宣讲，他们根本不知道自己所谓的革命性产品是什么，有时候甚至不知道产品该怎么用手拿，但客户和媒体总是对乔布斯的演讲感到敬畏。"这是个奇迹，"他们说，"他如此冷静，如此镇定。没有事先准备好的演讲稿，幻灯片上几乎没有一句话，但他知道自己要说什么，一切都那么顺畅。"

他的演讲从来不像演讲，而像一场对话、一个故事。

原因很简单：乔布斯并不是在读演讲稿。在持续数月甚至更长时间的开发过程中，他每天都在对我们、对他的朋友以及他的家人重复讲述同一个故事的不同版本。他一直在研究并不断完善它。只要那些不了解具体情境的早期听众露出困惑的表情或要求他做出澄清，他就会继续打磨和微调自己的故事，直到它变得天衣无缝。

这就是产品的故事，它推动了我们的创造。

如果故事的某些地方讲不通，那么产品的某些地方也可能存在问题，也需要修正。这就是为什么 iPhone 使用的是玻璃屏而不是塑料屏，也是为什么它没有物理键盘。因为如果你第一次把 iPhone 放进口袋，它就被划伤，或者你只能在一个很小的屏幕上看电影，那么关于"救世主手机"的故事就根本无法站住脚。我们所讲述的故事强调这是一部改变一切的手机，所以我们就要做出这样的手机。

所以"故事"绝对不只是用嘴说说而已。

你产品的故事是它的设计、功能、图像、视频、客户的评语和建议，以及客户同客服人员的对话，是人们对你创造的这个东西的所见和所感的总和。

故事并不仅仅为了销售产品而存在，还可以帮助你定义产品，理解产品，以及理解你的客户。你要对投资者讲故事，以说服他们给你钱。你要对新员工讲故事，以说服他们加入你的团队。你要对合作伙伴讲故事，以说服他们与你合作。你对媒体讲故事，以说服他们多给予关注。最后，你也要对客户讲故事，以说服他们购买你售卖的产品。

这一切都始于"为什么"。

这个东西为什么存在？为什么它很重要？人们为什么需要它？人们为什么会喜欢它？

为了回答这些"为什么"，你需要理解你试图解决的问题的核心，也就是你的客户在日常生活中遇到的真正问题（见第 15 章）。

你所要创造的"是什么"，包括其功能、创新，以及它为所有客户问题提供的解决方案都要围绕"为什么"展开。因为你投入某件事情的时间越长，"是什么"就会变得越来越占据你的心智，而"为什么"则变得显而易见，它变成了你心中的一种感觉以及你一切行为的组成部分，你甚至无须将其表达出来。如此你也就忘记了它的重要性。

当你沉浸于"是什么"的时候，你就走在了别人的前面。你以为每个人都能看到你看到的东西，事实并非如此。他们已经好几个星期、几个月，甚至几年没关注这事儿了。所以，在你说服别人关心"是什么"之前，你需要先停下来把"为什么"这个问题解释清楚。

无论你做什么，都是如此，无一例外，即使你卖的是 B2B（商对商）支付软件，即使你已经为还不存在的客户构建了深层次的解决方案，即使你是在把润滑油卖给一家已经买了 20 年同样产品的工厂。

竞争，既有市场占有率的竞争，也有心智占有率的竞争。如果你的竞争对手的故事讲得比你好，如果他们在使用讲故事的策略，而你却没有，他们的产品好坏与否就显得无关紧要，人们的注意力会转移到他们身上。在那些不做深入调研的客户、投资者、合作伙伴或人才看来，他们就是这个行业的领先者。人们谈论他们越多，他们的心智占有率就越高，然后就会有更多的人谈论他们。

因此，你必须抓住机会，精心打造让客户着迷的故事，并且要让他们持续地把你的产品当成热门谈资。即使客户已经知道你和你的产品，或者他们都是高度专业人士，你也可以用故事来增加你们之间的契合度。你可以解释为什么他们需要这种而不是那种润滑油，或者给他们提供一些以前从未了解的信息。你可以向他们解释为什么同样的产品，从你的公司购买要比从竞争对手那里购买更好。你要让他们知道你真正了解自己的产品，并了解他们的需求，以此赢取他们的信任。你还可以主动提供给他们一些有用的东西。你也可以用一种新方式和他们联系，这样他们就会觉得选择你的公司是正确的。你要给他们讲一个能让他们产生共鸣的故事。

一个好故事会让人感同身受。它能够识别受众的需求，而且它是事实和情感的混合，能让客户在两方面都得到满足。首先，你需要足够的洞察力和具体信息，这样你的描述才不会显得太浮夸和空洞。它不见得是确切的数据，但必须有足够的丰富度，这样人们才会相信你的故事是以事实为基础的。你也可以做得过火一些，因为如果你的故事里只有信息，那么一种完全有可能出现的情况是，人们虽同意你的观点，但又觉得它不足以令其立即付诸行动。他们可能会拖到下个月甚至下一年。

你必须诉诸他们的情绪，要让你的故事关乎他们在意的事情、担忧和恐惧。你还可以通过一个活生生的案例，向他们展示一个不可抗拒的未来愿景：以真人体验的方式展示产品在日常、家庭以及工作中的使用，展示其给人们带来的改变。要记住，不要过分地诉诸情感联系，这虽能让你所推介的东西令人感到新奇，但似乎又非必须。

如何讲述一个引人入胜的故事，是一门艺术，也是一门科学。

要记住，客户的头脑不可能永远和你在一个频道。有时，你的理性论证可能会引发他们的情感共鸣。有时，你的情感故事反而给了他们购买你产品的理性弹药。Nest 恒温器外形美观，然而有的客户对于我们为了吸引他们而做的这些精心设计并不怎么感兴趣，只会说"哦，不错，是很漂亮"。但当得知我们的产品能帮他们节省 23 美元的能源费时，他们却兴奋得不得了。

每个人都是不同的，每个人对你故事的解读也都不一样。

这就是为什么类比可以成为讲故事的有用工具，它为复杂的概念创造了一种简洁的表达，它是一座直接通向共同体验的桥梁。

这是我从史蒂夫·乔布斯那里学到的另外一个技能。他总是说类比能赋予客户超能力。一个精彩的类比可以让客户立即理解一种难以描述的产品功能，然后他们还会跟其他人描述这个特性。这就是为何"将 1000 首歌装进口袋"这句口号会如此有号召力。往笨重的播放器中放入一张 CD 或一盒磁带，每次只能听 10~15 首歌曲，"将 1000 首歌装进口袋"因此变成一种难以置信的类比，它让人们可以将这种无形的东西具象化——他们所有喜欢的音乐都被存放在一个地方，易于查找，易于收藏，而这也让他们形象地转告他们的朋友和家人，为什么这个新的 iPod 如此之酷。

Nest 处处都在使用类比。它们普遍存在于我们的网站、视频和广告，甚至我们的支持文档和安装指南。我们不得不使用这种方法，因为要想真正理解我们产品的众多功能，就需要对 HVAC（供热通风与空气调节）系统和电网，以及通过激光散射探测火灾烟雾的方式都有深入研究。但一般人并不具备这些知识，所以我们只能作弊。我们没有试图把一切都解释清楚，只是使用了一个类比。

我记得 Nest 有一个复杂的功能，那就是在一年中最热或者最冷的日子里，当所有人同时调高暖气或者空调时，它可以帮助减轻电厂的负荷。这种超负荷的时段往往集中于下午的某几个小时、一年中的某几天。为了避免停电，多个燃煤电厂会同时联机运转。于是我们设计了一个预测功能：当这样的时刻到来时，Nest 恒温器就会在高峰时段到来之前启动空调或者把暖气加热，而到其他人都开始打开设备的时候，我们则把设备关闭。任何报名参与我们这个项目的客户都可以获得费用抵扣。随着越来越多的人加入这个项目，最终出现了双赢局面——人们在享受舒适的同时省了钱，而能源公司也不用再开启重污染的燃煤发电。

这确实不错，而我们得用 150 个字解释这一切。所以在经过无数小时的思考并尝试所有可能的解决方案后，我们最终决定改用四个字来概括一切——错峰奖励（Rush Hour Rewards）。

所有人都理解高峰时段的概念，当太多人拥挤在道路上时，交通就会堵成一锅粥，能源同样如此。我们不需要为此做更多解释——交通的高峰时段是个麻烦，但当能源出现使用高峰，你却可以从中有所收获，可以得到一笔错峰奖励。你其实不用和其他人堵在一起，还能省下一笔钱。

我们为此制作了一个完整的网页，并且在上面放了一辆汽车的图形，还有一些小发电厂在冒烟。我们可能有点小题大做，类比也用得有点过头，但我们知道大多数人不会对此深究。

为了绝大多数的客户，我们就是要把它变得更简单。利用四个字和一个类比，我们就让大家理解了一个复杂的产品功能——当出现能源使用高峰时，你的 Nest 恒温器能帮你省钱。

这就是一个故事——一个非常简洁明快的故事，也是最好的故事。

简洁明快的故事很容易被人记住。更重要的是，它们也很容易被复述。当你的故事从其他人的嘴里说出来时，它就能打动更多的人，让更多的人购买你的产品。这比你在那里王婆卖瓜——自卖自夸要有效果得多。你应该努力讲出好故事，尤其是那种好到最后不需要你讲的故事。这样你的客户就会主动了解你的故事，爱上你的故事，在内心铭记你的故事，把你的故事变成他们的故事，并且会把这个故事告诉所有认识的人。

第 11 章　进化、颠覆、执行

进化：通过微小而渐进的步骤使事情变得更好。

颠覆：进化树上的一个分叉，从根本上改变现状的新事物，通常是以一种新颖或革命性的方法来解决老问题。

执行：将承诺的事情做到实处，并且做到极致。

你的第一版产品（V1，后续更新，以此类推）应该是颠覆而非进化，但是单凭颠覆并不能保证成功——你不能因为你所需要的只是一次绝妙的颠覆，而忽视基本的执行。你可能很好地执行了你的想法，但这或许并不足够。如果你试图改造的是一个大型的垄断性行业，你可能还需要颠覆营销、渠道、制造、物流、商业模式或其他你从未想过的事情。

假设 V1 取得了起码的关键性成功，那么你产品的第二个版本通常应是 V1 的进化。使用来自真实客户的数据和洞见来优化你在 V1 中所做的事，并且要在最初的颠覆方面加倍下注。执行应该更上一层楼——现在你知道自己在做什么，并且应该能够提供功能更强大的产品。

你可以在一段时间内持续改进产品，但要不断寻找新的方法来实现自我颠覆。你不能只在竞争对手有可能追上你时或者你的业务开始停滞的时候才开始考虑这个问题。

··

如果你打算全情投入某项新事物的创造，那么这件事一定要具有颠覆性。它应该是一个冒险，能够带来变革。它未必是一款产品，例如，亚马逊早在开始制造自己的硬件之前就已经提供颠覆性服务。你可以在销售、交付、服务和融资方式等方面进行颠覆性创新，也可以颠覆产品的营销方式或回收再利用方式。

颠覆对你来说意义重大——谁不想做一番惊天动地的事情？它对你的业务健康也至关重要。如果你的创新具有颠覆性，你的竞争对手就无法快速复制你的成功。

关键是要找到适当的平衡。既不要太过于颠覆而搞得你无法执行，又不能太过于轻松而搞得没人在意。你必须选择自己的战斗。

只要你确保自己正在战斗。

如果你做得不够出色，例如，你创造的东西只是一种进化，只是在一条已成熟道路上又向前迈了一步，那么当你把它推销给你认识的各行各业最聪明的人时，他们只会耸耸肩说："嗯。还行。"

那几乎就是在说你这个东西完全是失败的。

你需要的是能让他们停下来发出惊叹的东西："哇！再多告诉我一些细节。"无论你的颠覆性在于哪一点，它都会成为定义你产品的关键，会成为引起人们关注的核心点。

这也会引发他们对你的嘲弄。如果你正在颠覆的是那些大型的垄断性行业，你的竞争对手几乎肯定在一开始就会轻视你。他们会说你根本是在玩票，根本不会带来威胁，会对你极尽嘲笑之能事。

索尼嘲笑过 iPod，诺基亚嘲笑过 iPhone，霍尼韦尔嘲笑过 Nest 智能恒温器。

这就是一开始的情况。

在悲伤的几个阶段中，这就是我们所说的否认阶段。[①]

———————————

① 心理学家伊丽莎白·库伯勒-罗丝在 1959 年提出了一个悲伤五阶段模型，即否认、愤怒、恳求、沮丧、接受五个阶段。后来此模型也被称为库伯勒-罗丝模型。——译者注

过不了多久，当你的颠覆性产品、流程或商业模式开始赢得客户的青睐时，你的竞争对手就会开始担心。他们会开始关注你，当他们意识到你可能会偷走他们的市场份额时，会很恼火甚至非常恼火。当悲伤中的人进入愤怒阶段时，他们就会猛烈抨击，拳打脚踢。当一家公司生气时，它就会和你打价格战，利用广告来羞辱你，利用负面新闻来削弱你，与销售渠道签订将你挡在市场之外的新协议。

它们还可能起诉你。如果它们不能创新，就会和你对簿公堂。

好消息是，如果它们真的要和你打官司，那说明你已经做到了颠覆。霍尼韦尔起诉 Nest 的那天，我们举办了一场派对。我们兴奋不已，因为那场荒谬的诉讼（它起诉我们就是因为我们的恒温器也是圆形的）意味着我们已经成为一个真正威胁性的对手，它已经对此心知肚明。所以我们拿出了香槟，没错，一帮浑蛋，我们就是来抢你们的午餐的。

我们没有屈服的打算。我们知道，过去几十年来，霍尼韦尔一直在起诉一些小的创新企业。它会用绞索套住这些企业的脖子，直到它们别无选择，只能将产品专利低价卖给霍尼韦尔。任何对霍尼韦尔的威胁都会很快被消灭。Nest 的总法律顾问奇普·卢顿和我从苹果时代起就在这方面积累了大量斗争经验，所以我们不会被他们吓住，我们不会选择和解（见第 27 章）。

如果你的公司具有颠覆性，你必须准备好应对那些强烈的反应和更强烈的敌对情绪。有些人绝对会喜欢你做的东西。有些人则会猛烈而无情地憎恨它。这就是颠覆的风险，不是所有人都欢迎颠覆，颠覆会树敌。

即便你身在大公司，进行创新也往往会让你成为众矢之的。你不得不应付各种办公室政治、嫉妒以及威胁。你想改变一些事情，而改变会带来恐慌，尤其是对于那些自以为掌控自己所在领域的人，他们完全没有做好应对脚下变化的准备。

山崩的全部起因，不过是一件令人恐惧的新事物，当然也可能是两件。

只是颠覆也不宜过度。不要试图一次就颠覆所有事情，不要学亚马逊非要做 Fire Phone。

我仍记得杰夫·贝佐斯第一次提到这个想法的场景。当时我们正在召开早餐会，讨论我加入亚马逊董事会的可能性。贝佐斯暗示亚马逊计划制造一系列新的品牌设备，尤其是要制造手机。这款手机将极具颠覆性：一切看起来都是 3D 的，它可以让你穿透任何媒介，你可以扫描世界上的任何东西，然后在亚马逊上下单购买。它将改变一切。

我对他说："亚马逊已经颠覆硬件，那就是推出了 Kindle。它非常具有创新性，并且拥有一个无人能够复制的独特平台。要让亚马逊进入人们的手机并改变人们的网上购物方式，你完全不需要打造一个全新的设备。你只需要一个能在所有人的设备上运行的优秀应用程序。"

我接着对他说："换作是我，就绝对不做手机。"

结果他还是做了手机。

我也没能得到亚马逊的董事会席位。

Fire Phone 做到了贝佐斯所承诺的一切，但问题是它没有一样能做得特别好。他们的想法太多，改变得太多。颠覆因此变成噱头，整个项目以失败告终。这是一个艰难而痛苦的教训，他们之后再也没在这方面犯错。这就是一次实践、失败、学习的过程。

这正是颠覆的棘手之处，它其实是一种极其微妙的平衡行为。颠覆的分崩离析通常出于以下三个原因。

1. 你专注于创造一件令人惊叹的东西，但却忘记它必须是单一及流畅体验的一部分（见第9章图10）。所以你会忽略无数小细节，尤其是在V1阶段，因为这些小细节的构建很难让你感到兴奋，这样的结果是，你最终做出来的只是一个看上去很光鲜，实际上并不适合任何人的小样品。

2. 或者相反，你从一个颠覆性的愿景开始，但因为技术太难、成本太高或效果不够好而将其搁置一旁。因此你在其他所有方面都表现出色，但唯一能使你的产品与众不同的那一点却被掩盖了。

3. 或者你们的变革过于激进，以致普通人无法识别或理解你所做的东西。这就是谷歌眼镜失败的原因之一。它的外观和技术都是全新的，结果人们不知道该怎么用它。人们对这个东西的用途没有直观理解。这就好像特斯拉决定要制造带有五个轮子和两个方向盘的电动汽车一样。你可以换发动机，换仪表盘，但它必须看起来像一辆车。你不能把人们逼得离他们的思维模式太远。一开始不能这么干。

第三个原因可以解释为什么第一代iPod没有iTunes音乐商店。当时还没有音乐市场，"播客"这个词要等几个月后才出现，用户只是用iTunes翻录他们的CD或者在网上盗版。

这不是因为我们没有想到这些。在研发iPod的时候，我们就在规划iTunes的各种功能。但当时我们没有时间落实这些功能，而且我们已经颠覆得够多了。我们需要让人们从CD转到MP3，而这已经是一个巨大的飞跃。在再次让他们往前跳跃之前，我们得先给他们找到平衡的时间，唯有如此，我们才能获得成功。

当我们开始着手V2和V3的研发时，添加一个数字市场就变得顺理成章。我们想最大限度地利用最初的颠覆，既然有这么多唾手可得的果实，我们只要不断完善和进化即可——V4、V5，然后是V6。

我们进化得越多，就越想做出变革。有一次我们把全新的iPod

设计拿去给乔布斯看。我们对这个新设计非常兴奋，因为它看起来更小、更轻、更新颖、更漂亮。我们甚至去掉了上面的触控转盘。乔布斯看着设计样品说："非常棒！但你们的这个样品已经不是 iPod 了。"

全世界的人看到触控转盘就会想起 iPod，所以去掉它不是一种进化，而是一种在当时没有意义的颠覆。如果我们坚持下去，我们或许会做出一个更小、更轻的音乐播放器，但也会削弱我们自己的品牌。我们又学到了一课！

当你在推进产品进化的时候，你需要明白是什么定义了你产品的精髓，你的功能集和品牌的关键是什么，你培养客户去寻找什么。对于 iPod 来说，那就是触控转盘。对于 Nest 来说，那就是它的亮洁的、中间有一个很大的显示温度的圆形屏幕。

为了保持产品的核心，你的产品通常有一两个特性必须保持不变，而其他的一切则需要围绕它们调整和变化。

这是一项有用的约束。你需要一些约束来迫使你深入挖掘，发挥创造力，推动你向以前从未想挑战的领域发展。

在苹果，我们不停地自我鞭策。我们知道我们每年都要发布一款全新、经过显著改进的 iPod，以备客户在节日期间送礼之用。这是苹果第一次自主设定这样的步伐，因为此前 Mac 系列产品的更新都是由供应商的计算机处理器升级速度决定的（见第 13 章）。但我们内心深处已经听见索尼和其他竞争者追赶我们的脚步声。我们处于领先位置，但要想持续领先，我们必须不断进化，保持良好的执行。每年发布的新 iPod 都必须比上一年的有大幅改进，要么是硬件，要么是软件，要么是两者兼具。我们必须在竞争中占尽主动，才能让客户购买我们的新品。

所以我们学会了少说多做。我们会对电池续航等关键功能保持非常谨慎的态度。在整个开发过程中，我们一定要确保给出一个让乔布斯满意的数字。13 小时不够，那就 14 小时。但在幕后，所有的改进都是一点一滴进行的，为了减少电池损耗，我们会在这里找补一分钟，在那里又找补一分钟。

然后我们会按时推出新品，一台拥有 14 小时电池续航的最新款 iPod。

评论者会拿到新的 iPod，他们不仅会感到满意，还会觉得惊喜：新 iPod 的续航时间比他们预期的还要长几个小时。

我们不断地在这方面做改进，年复一年，但没人明白我们是怎么做到的，所以每次他们会感到又惊又喜。这种持续改进与 iPod 的设计和用户体验一起巩固了苹果的卓越声誉。

这种不知疲倦的努力为 iPod 品牌的确立立下了汗马功劳，也让人们的注意力持续聚焦于苹果公司。这让我们的竞争对手非常沮丧。我有个飞利浦的朋友告诉我，每次他们想出一个能超越 iPod 的绝妙主意，几个月后我们就会推出类似的功能，他们就得从头开始。这击垮了他们的斗志。我们走得太快了，等到他们迎头赶上时，会发现自己又被甩在了身后。

但只靠进化也不能长久。

最终竞争对手会开始逼近。iPod 击溃了其他 MP3 播放器，我们占据了超过 85% 的全球市场份额，但是极具竞争力的手机制造商开始琢磨要从我们这里分一杯羹。他们开始将手机变成 MP3 播放器，并看到将手机、短信、《贪吃蛇》游戏和音乐等所有东西都集成到一个设备的潜力。

与此同时，手机正在全世界快速普及开来。数据网络也变得质量更好、速度更快、价格更便宜。显而易见，过不了多久，大多数人就可以通过流媒体播放音乐，再也无须把它们下载下来。这将改变 iPod 业务的一切。

因此，要么我们等着眼前的形势发生改变，要么我们主动改变形势。

我们不得不自我颠覆。

iPod 是 15 年来苹果唯一成功的非 Mac 系列产品。一度苹果 50% 以上的收入都来自它的贡献。它极度受欢迎，并且仍在快速增长。它在数以百万计的非 Mac 客户心中树立起苹果公司的形象。

我们还是决定自己打自己。我们必须制造 iPhone，即使我们知道它一定会终结 iPod。

这是一件具有极大风险的事情，但是只要有任何颠覆出现，竞争者就不会长期处于否认和愤怒之中。他们最终会到达接受阶段，而如果他们在这一方面仍然存有一丝斗志，他们就会拼命追赶你。此外，你也可能激起一波全新的创业浪潮，而这些新公司则会以你最初的颠覆为跳板转而寻求超越你。

当你看到竞争对手步步紧逼时，你就得做点新鲜事。作为一家企业，你必须从根本上改变自己，必须继续前进。

不要害怕颠覆那些曾让你获得成功的事情。即便那是一件造就过辉煌成功的事。看看柯达，再看看诺基亚。如果公司变得太大、太安逸、太沉迷于保存和保护让它们成就伟业的第一项重大创新，就会衰落、溃败，直至死掉。

如果你已经取得有史以来最大的市场份额，这也意味着你正处于僵化和停滞的边缘，是时候向更深处进发，从背后踢自己一脚了。谷歌、脸书等所有的科技巨头都终将面对来自竞争者的颠覆，否则，监管也会强制对它们下手。

特斯拉可能也落入了同样的陷阱。它起步于一项重大的颠覆，那就是开启了一场汽车行业革命，使电动汽车第一次对消费者产生吸引力。但随着全球所有汽车制造商纷纷效仿，特斯拉也面临泯然众人的风险。因此，它开始推出多种类型的电动车，并且在充电网络、零售和服务、电池和供应链方面进行创新。为了有资格参加这场竞赛，它要确保在运营的每一个环节都实现彻底颠覆。一旦所有汽车制造商都开始生产电动汽车，消费者就会把目光转向特斯拉已经颠覆并已推向市场的其他方方面面。

竞争，无论是直接，还是间接，都是一种必然。总有人在伺机而动，想着利用领先者的任何漏洞。

多年来，微软的主要收入来源是向大公司销售 Windows。这是一种销售驱动文化，而不是产品驱动文化。所以尽管互联网早已诞生并开始颠覆一切，微软的产品却日复一日无甚改观。微软的商业模式很明显已经走到尽头，公司文化陷入严重的僵化萎靡，微软也成了业内人眼中的恐龙活化石。

最终，在经历了多年的苦苦挣扎后，新任 CEO 萨提亚·纳德拉革新了微软的文化，并迫使公司转向其他产品和商业模式。这棵老树长出了新枝。它做了很多错误的尝试，做出来很多失败的产品。许多新枝都枯死了，但也有几枝结出了硕果，如 Surface 产品和 Azure 云计算。它不再将 Windows 视为摇钱树，而是将 Office 转变为在线订阅模式。它爬出了自己的坑洞，走出了深陷的沼泽。现在的微软又焕发了生机，开始生产如 HoloLens 眼镜和 Surface 平板等充满创新性与想象力的产品。

当然，大多数创始人的业务可能还没做到陷入停滞的规模就已经死掉了，能像微软这样走到今天的屈指可数。

多数人会在第一步，即第一个颠覆阶段就偃旗息鼓。说"做出有意义的改变"很容易，但想出一个好的创意并以获得客户共鸣的方式把它做出来，却是一件极为艰难之事（见第 15 章）。

尤其是因为只有一项绝妙的颠覆并不能保证成功，你必须颠覆很多自己从未想过的事情。

如果 Nest 只是颠覆了硬件，如果我们只是单独设计出 Nest 智能恒温器，我们可能还是会输——彻彻底底地输。

我们也需要颠覆销售和分销渠道。

那时，一般人都不会自己购买恒温器。你可以在五金店买到这个东西，但那帮人故意把它们搞得很复杂，以致你很难自己动手安装。而且它们不在网上出售，所以你也没办法货比三家，更不会知道那帮暖通空调技术人员会收你很高的费用。所以，如果你的恒温器坏了，只能叫技术人员来更换。而且如果你的加热器或空调坏了，你还得再掏钱买一个新的恒温器（不管你需不需要）。

暖通空调技术人员每多卖出去一套花哨的霍尼韦尔恒温器，就会因为工作出色而得到一笔奖金。只要他卖的恒温器足够多，霍尼韦尔就会送他去夏威夷度假。

这是一个垄断性的市场，现有的参与者在尽其所能地将竞争者拒之门外。暖通空调技术人员没有动力出售或安装 Nest 智能恒温器，因为我们不提供销售奖金。实际上，他们卖我们的设备要比卖其他老品牌赚得更少，而且我们也不会把任何人送到夏威夷度假。我们是一家小公司，而霍尼韦尔已经在安装人员身上耕耘几十年。

所以我们必须完全绕过现有的渠道，必须创造一个新市场：在一个房主不购买恒温器的世界里，直接向房主销售产品。我们必须在以前从未销售过恒温器的地方销售。我们的第一个零售合作伙伴是百思买，而它不知道该把 Nest 放在哪里。它看起来没有一个专门销售恒温器的过道。

我下定决心不能重蹈飞利浦的覆辙，我们不会让 Nest 被堆放到某个储藏室的立体声音响后面。所以我们告诉百思买，我们不想要恒温器过道，而是想要一个互联家庭过道。当然，这个它也没有，所以我们一起发明了它。

我进入恒温器行业的目的并不是颠覆百思买，但为了卖恒温器，只能这么干了。

如果你做对了，那么一个颠覆就会引发下一个，一场变革会像多米诺骨牌一样传导。有人会嘲笑你，告诉你这很可笑，但这只能说明他们开始关注你了，你已经找到值得做的事情，继续干就好。

第 12 章　你的第一次冒险，然后第二次

当你领导的团队或项目发布 V1（让你和团队觉得新鲜的产品的第一个版本）时，那种感觉就像是和朋友一起进山。你以为自己做好了露营和登山所需的一切准备，实际上你是头一回，也有点忐忑，你的行动也会很慢。但你还是会尽己所能猜想自己到底需要什么，你们要去哪里，然后开始向荒野进发。

第二年，你准备再度出发。这次就是 V2 了。这是一次完全不同的体验，因为你已经知道自己的方向，知道如何才能到达目的地，也已经熟悉自己的团队。现在的你可以更加大胆，可以承担更大的风险，可以走得比你以前想象的还要远。

在第一次旅程中，你就不会拥有这些优势。你需要在没有任何数据和经验参照的情况下，做出许多观点驱动的决定（见第 6 章）。

以下是你在做决策时需要的各种工具，已按重要性排序。

1. 愿景。你要知道自己想做什么，为什么要做，为谁而做，为什么人们会购买它。你需要一个强大的领导者或一个小团队来确保愿景能够完整实现。

2. 客户洞察。你通过客户、市场调查或像客户一样思考而了解到的一切：他们喜欢什么，他们不喜欢什么，他们经常遇到什么问题，他们会期待什么样的解决方案。

3. 数据。对于任何真正的新产品，可靠的数据都是有限的或根本不存在。这并不意味着你不能就客观信息的收集做出合理尝试。你可以就未来机会的大小，人们如何运用现有解决方案等问题收集信息。但要记住，这些信息永远都是不确定的，它们无法替你做决定。

当你在现有产品的基础上做迭代，也就是做 V2，进行你的第二

次冒险时，你就有了经验和客户，而且有了制定大量数据驱动型决策的空间。然而，总是目光短浅地盯住数字也会拖累你的速度或者让你偏离轨道。因此，你仍然需要上面提到的这些工具，只是顺序发生了变化。

1. **数据**。你能够跟踪客户对现有产品的使用习惯并测试新版本。你可以用来自真实付费客户的硬数据证实或反驳自己的直觉。这些数据可以帮助你修正那些你凭直觉搞砸的事情。

2. **客户洞察**。一旦人们愿意为你的产品付费，你就能从他们身上获得更为可靠的客户洞察。他们可以告诉你什么出了问题，以及他们接下来有什么需求。

3. **愿景**。假如你的 V1 基本没什么问题，那么最初的愿景就要退居其次，取而代之的是你从真实客户那里获得的数据和洞见。但在迭代过程中，你也不应该将最初愿景完全搁置。你应该始终牢记自己的长期目标和使命，这样你的产品才能保持初心。

你还应该记住，你不仅仅是在制作产品的 V1 或 V2，而是在构建团队和流程的第一个或第二个版本。

V1 团队：主要或者全部由新人构成。你们仍然在互相试探，以确定你们是否可以互相信任，以及是否能够患难与共。你们需要就确定的工作流程达成一致，这通常比就产品达成一致更难。人们会因为过往经历的差异而产生分歧，相互信任也可能在瞬间瓦解，对团队缺乏信心一定会加剧创新活动的风险。

V2 团队：随着野心的扩张，你可能需要升级部分团队，但很多在 V1 时共同栉风沐雨的队友已经准备好再次加入 V2 的战斗。你们可以彼此信任，已经确立了一个有效的开发流程，因此你们可以让一切加速进行。这种对彼此的信心让你们能够承担更大的风险，创造更令人兴奋的产品。

在 iPhone 键盘的问题上，营销团队与乔布斯的斗争最为激烈。我们团队中的很多人也有反对意见。在 2005 年，最受欢迎的"智能"手机是被亲切称为"瘾莓"①的黑莓手机。人们痴迷于这个品牌。黑莓占有 25% 的市场份额，并且增长迅速。黑莓的死忠粉总是会跟你说，他们最喜欢黑莓手机的地方，毋庸置疑就是键盘。

黑莓造得跟一辆坦克似的。你需要花几个星期适应它，但之后就可以用难以想象的速度发短信和邮件。用你的大拇指使用它的感觉实在是太好了，它也太结实了。

因此，当乔布斯告诉团队，他对苹果第一款手机的设想是使用超大触摸屏且没有物理键盘时，大家都惊得说不出话来。人们在走廊里窃窃私语："我们真的要制造一款没有键盘的手机吗？"

触屏键盘烂透了，每个人都知道它很烂，我对它的烂更是有亲身体会。我做了两次这样的东西，一次是在通用魔术，之后是在飞利浦。你必须使用手写笔，在屏幕上一下一下地戳，没有反弹，没有声音，你只能在上面不停地滑动，反应速度则慢得令人沮丧，那种感觉一点也不自然。因此，我对现有技术能否让触摸屏达到我们的预期持怀疑态度。从 1991 年我开始做这方面的工作算起，这一领域并没有取得多少技术突破。当时最大的突破要数 Palm 的 Graffiti 手写输入法，它要求你使用象形文字速写的方式进行手写输入，然后电脑就能够进行识别。

---

① Crackberry，其中 crack 是一种让人极度上瘾的毒品。——译者注

图
14

看，黑莓！一款被它的信徒亲切称呼为"瘾莓"的手机。这款黑莓手机的型号是 7290，发布于 2004 年。它有网页浏览和电子邮件功能，带有背光 QWERTY 键盘和可以显示多达 15 行文字的黑白显示屏。

　　营销团队不太关心技术，他们更担心的是销售。在他们看来，物理键盘是人们的刚需。在很长一段时间里苹果只允许销售人员使用黑莓手机，后来市场营销人员终于黑莓在手，便也想看看这款手机到底有何奥妙，结果他们也爱上了黑莓。所以他们很确定，如果没有物理键盘，我们根本无法与现有的智能手机竞争。经常出差的商务人士肯定不会购买，因为他们都是黑莓的死忠粉。

　　但乔布斯坚决不让步。

　　iPhone 将是一款全新的手机，和其他手机完全不同，而且也不是为出差的商务人士定制的。它的目标用户是普通人，但没有人知道普通人会有什么反应，因为我们已经有 10 年没有接触过消费者市场了。

通用魔术第一代"智能手机"的溃败，已经清空了整个行业为普通个人消费者打造设备的意愿。

20世纪90年代和21世纪初，大多数硬件制造商都像我一样转向了商业工具的开发。飞利浦、Palm、黑莓，它们针对的都是那些最需要写电子邮件、发送信息和更新文档的商务人士。它们的产品不是用来看电影的，不是用来听音乐的，不是用来在网上闲逛的，也不是用来拍照或和朋友保持联系的。

iPhone会非常小，苹果不想让它比iPod大太多，这样它就可以很容易地被装进你的口袋然后被掏出来。最终iPhone的屏幕对角线长度被定为3.5英寸。乔布斯不会牺牲一半的空间给一个模塑的塑料键盘，而如果不彻底重新设计，键盘就不可能有任何改变。

物理键盘会把你限制在硬件世界，但如果你想用法语输入怎么办？日语呢？阿拉伯语呢？如果你想要发表情符号呢？如果你需要添加或删除函数，又该怎么办？如果你想看视频呢？如果手机的一半是键盘，你根本没法把手机屏幕横过来。

我同意乔布斯的看法。总体而言，我只是觉得我们没办法用任何现有技术把它实现。我需要足够的数据来证明我能够将他的设想转为现实。因此，为了缓和气氛，停止无休止的争论，创造一个更好的样品，我们开始以每周的频次向硬件和软件团队提出各种需要应对的挑战。我们多快能做出来？输入错误率是多少？按键会比你的手指肚还小，所以输入错误是不可避免的。我们该如何对付这些错误并改正它们？以什么样的速度输入？每个键是什么时候被激活的？是你放下手指时还是当你举起手指时？按键音听起来会是什么样的？如果不能得到有力的反馈，我们就需要声音上的反馈。然后是定性测试：体验好吗？我想使用它吗？它会把我逼疯吗？我们不得不在系统的各个层面一遍又一遍地改变算法。

图
15

于 2007 年推出的第一代 iPhone 体积小巧，比你现在能看到的任何 iPhone 都要小。它的规格为 4.53 英寸 × 2.40 英寸，重 135 克，拥有 3.5 英寸的屏幕。相比之下，iPhone 13 mini 的规格为 5.8 英寸 × 2.53 英寸，重 141 克，屏幕尺寸为 5.4 英寸。

图
16

对比黑莓的 Curve 8310（2007 年 8 月推出）和第一代 iPhone（2007 年 6 月发布），你就能很容易地理解乔布斯的意思。黑莓手机的屏幕只有 2.5 英寸，它的键盘非常占地方，几乎都要把屏幕挤没了。

八个星期之后，我们的样品做出来了，虽然它远不完美，但也快接近预期了。考虑到我们在短短几个月时间里所取得的进步，我觉得，即便它不如硬件键盘那么好，也已经足够好了。我就这样说服了我自己。

营销部门仍不为所动。

又经过了数周的争论，最终还是乔布斯一锤定音。现在没有数据能证明它行，也没有数据能证明它不行。这是一个由观点驱动的决策，而乔布斯的意见无疑是最重要的。"所以要么齐心协力一起干，要么现在就走人。"乔布斯说。这就解决了营销团队的问题。

当然，最终结果证明乔布斯是对的——iPhone 改变了一切。因为乔布斯坚持了自己的愿景，才使得这一切成为可能。

这不是说，只要坚持愿景，你就一定能取得成功。

即使是史蒂夫·乔布斯也不行。

大多数人都不清楚苹果推出 iPod 的初衷。做它的目的其实不仅仅是播放音乐，而是销售麦金塔电脑。这就是史蒂夫·乔布斯的真实想法：我们要做一些只能在我们的 Mac 电脑上运行的令人惊艳之物。人们会非常喜欢它，因此他们进而会购买 Mac 电脑。

当时的苹果已经徘徊在死亡的边缘。它几乎失去了所有的市场份额，包括在美国。iPod 能解决这个问题，它会拯救整个公司。

所以就史蒂夫·乔布斯而言，iPod 绝对不能在使用 Windows 系统的个人电脑上使用。这显然成了一个悖论，因为要想 iPod 卖得好，我们就得先卖出更多的苹果电脑。

这就是第一代 iPod 卖得不好的原因。

评论家们喜欢 iPod。那些已经拥有苹果电脑的人也是如此。不幸的是，那时用苹果电脑的人并不多。iPod 的售价为 399 美元。入门级 iMac 的售价为 1300 美元。尽管 iPod 是当时市场上最好的 MP3 播放器，但没有人只是为了更好地听电台司令（Radiohead，英国著名乐队）就去花 1700 美元买一组苹果套装。

这并没有阻止我们的研发。在我们推出 V1 的同一天，我们就已经着手 V2 的研发。V2 将更轻薄，更强大，更漂亮。我们找到乔布斯，对他说第二代 iPod 应当支持个人电脑，它必须如此。

乔布斯说不行。

绝对不行。

强迫他放弃原来的计划几无可能，但我们还是发动了一场全面战争，试图向他证明这不再是一个观点驱动的决策，而应该由数据驱动。我们现在是 V2 了，我们从实际付费客户那里获得了真实的收入和洞察（尽管这两者都还不足够）。

与此同时，我们还在继续做产品迭代。我们又开始了攀登，是时候考虑第三代 iPod 的愿景了。

我们打算让乔布斯为第二代 iPod 考虑一种折中方案，那就是让它支持 Musicmatch Jukebox 播放器，如此人们就可以把 Windows 电脑上的音乐文件转移到 iPod。即使折中方案，也花费了我们不少力气。

最终我们一致认为应该请著名的技术评论家沃尔特·莫斯伯格投出决定性的一票（但沃尔特本人对此并不知情）。当然，这就是一个诡计。我觉得乔布斯的目的是，如果最终这个方案失败，他就可以把责任推给别人了。

最终乔布斯被证明是错的，允许 iPod 同个人电脑兼容马上就提振了销量。到第三代时，iPod 的出货量达到千万级别，然后达到上亿销量。苹果公司借此扭转了局面，也因此起死回生。讽刺的是，就连 Mac 电脑也是被 iPod 救活的。出于对 iPod 的热爱，客户开始关注苹果的其他产品，而 Mac 电脑的销量也开始回升。

这里的教训并不是史蒂夫·乔布斯会犯错。他当然会犯错，他是人，人都会犯错。

我们在这里学到的是愿景和数据应该在何时以及如何主导你的决策。在开始时，也就是在有客户之前，愿景要比其他任何因素都重要得多。

愿景也不应该全靠你自己去琢磨。事实上，你也不应该这么做。把自己一个人锁在房间，生造出一个只属于你的光鲜美丽的愿景，这感觉和完全失去理智没有什么区别。至少要找一个人来征求意见，能找到一小群人做参谋则更好，一起规划你们的使命，然后一起实现使命。

最终你会创造出一些神奇而又能改变世界的东西。话说回来，你也可能什么也做不出来。

有可能出现这样一种情形：你面对千难万险仍义无反顾坚持你的1.0愿景，但它最后却被证明是错误的（见第14章）。无论你做什么，最终都行不通。可能是在需要数据驱动决策的时候，你却在坚持使用观点决策，也可能是你计算有误，时机不对，或者你无法掌控的宏观环境发生了改变。

在这个时点，你就必须回溯，并且要坦诚而彻底地分析失败原因。这会是一个很痛苦的过程，也是你需要收集数据的时刻。你的直觉让你走到了现在，所以该去找数据来帮助你理解为什么你的直觉会出错。

你可能无法重新来过。你可能已经烧光了所有的钱，失去了团队或者你的信誉。前进的唯一方法就是对过去做彻底回顾。吸取教训，尤其是最为惨痛的那些教训。然后再试一次，回到原点，再做一次V1。

你的愿景最终会得到修正。你会再次相信自己的直觉。你会走到另一面，到达V2阶段。这会成为一个不同的故事。

当你在构建V2时，你就能够和真实客户交流，准确理解它们的所想所需。你可以把在V1阶段就想实现却未能实现的功能放到现在这个版本中。你可以分析数字，了解成本和收益。你可以通过信息、A/B测试、图表和数字证明自己的洞察。你可以调整和适应客户需求，而越来越多的决策也可以交给优质、简单、清晰以及黑白分明的数据来决定。

在那一刻到来之前，你需要完成V1的冲刺和马拉松。你需要信任的人支持你前行，也需要知道何时该收手。

如果你对产品的要求尽善尽美，那你永远完不成你的作品。你又很难知道自己把事情做完了没有，也就是说，你很难知道什么时候该结束研发，并将产品公之于世。什么时候才算够好？什么时候才算已经足够接近最初的愿景？什么时候一些不可避免的问题能达到可以忽略的程度，让你也能够忍受？

通常情况下，你的愿景会比 V1 所实现的部分大得多。总会有新的修订，总会有其他你想创造、改变、添加或者调整的功能。什么时候你可以从自己做的事中抽身并且收手？先把产品发布了再说，给它自由，然后看看会发生什么。

这里有一个诀窍：写一篇新闻稿。

不要等到你把事情完成再写，而要在开始的时候写。

我是在加入苹果后开始这么做的，而且我后来意识到，其他的领导者其实也都深谙此道（比如贝佐斯）。这是一个非常有用的工具，能帮你遴选真正重要的事情。

要写一篇好的新闻稿，你必须聚焦。新闻稿是为了引起别人的注意，是让记者对你的产品产生兴趣的工具。你必须抓住他们的目光。你写的内容必须简洁有趣，要突出产品最核心和最基本的功能。你不能只是把你想做的事情一一罗列，你得分清主次。当你写新闻稿时，你其实是在说："这里，这一点，只有这一点才有新闻价值。这才是真正重要的事情。"

因此，请花一些时间，尽自己所能写一篇出色的新闻稿。如果有必要，请市场和公关人员帮忙，他们会帮你将其精简到不能再精简为止。

等过了几周、几个月甚至几年，当你的产品接近完成并且在讨论什么该留什么该删，什么重要什么不重要时，你再拿出新闻稿读一遍。

如果你现在就把产品公之于世，你是否还能把这篇新闻稿发出来，并且保证里面的内容基本属实？如果答案是肯定的，那么恭喜你，你的产品大概率已经完成，或者至少已经接近完成。你已经触及你最初愿景的核心。至于其他的一切则很可能只是锦上添花，而并非优先事项。

当然另一种情况是，自从你启动项目以后，你就不得不多次做出变动，这样你最初的新闻稿就可能已变得离题万里，这种情况也是会出现的。

没关系，再写一篇新闻稿就是了。抹掉过去，再来一次，这就是一场历险，而历险从来不会按计划进行。

正是因为这些，创造新事物变成一件有趣、恐怖但又值得冒险的事情。这就是你会深吸一口气，同伟大的人物一起共赴无垠荒野的原因。

第 13 章　心跳和手铐

　　有约束才能做出好的决策，而世界上最好的约束就是时间。当你被一个严格的截止日期束缚住时，你就不能随意尝试，不能改变主意，也不能没完没了地润色一件永远完不成的事情。

　　当你把自己和截止日期铐在一起时，尤其是像圣诞节或大型会议这种来自外部且不可更改的日期，你就必须为了按时交付而推进工作，发挥创意。我们把这类约束称为"外部心跳"，它们驱动着创造力，是新事物的助燃剂。

　　在发布 V1 之前，你的外部截止日期并不会太稳定。有太多的未知之未知。所以，让每个人都往前赶的方法是创建强有力的内部截止日期，即你的团队需要在日历上设定的"内部心跳"。

　　1. 团队心跳。每个团队都要为自己的那一块任务确定交付节奏和截止日期，然后所有团队共同努力把一张拼图拼好。

　　2. 项目心跳。这是指不同团队之间要定期进行同步，以确保产品的开发仍走在正确的道路上，并且所有的部分都在以正确的速度向前赶。

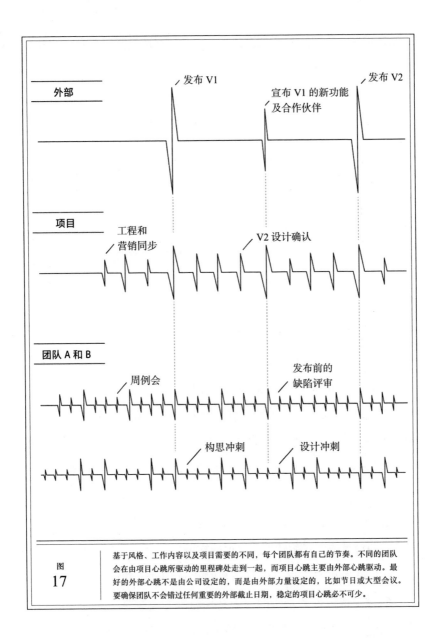

外部

发布 V1

宣布 V1 的新功能
及合作伙伴

发布 V2

项目

工程和
营销同步

V2 设计确认

团队 A 和 B

周例会

发布前的
缺陷评审

构思冲刺

设计冲刺

图
17

基于风格、工作内容以及项目需要的不同，每个团队都有自己的节奏。不同的团队
会在由项目心跳所驱动的里程碑处走到一起，而项目心跳主要由外部心跳驱动。最
好的外部心跳不是由公司设定的，而是由外部力量设定的，比如节日或大型会议。
要确保团队不会错过任何重要的外部截止日期，稳定的项目心跳必不可少。

在我加入通用魔术时，公司的计划是在九个月内发布产品。后来发布推迟了六个月，然后又推迟了六个月，之后又是六个月。结果这种情况持续了四年。

或许我们最终能把产品发布出来的唯一原因，是苹果推出了牛顿（Newton），而且投资者也开始向我们施压。此刻，我们遇到了第一个约束：竞争的逼近。

Magic Link 的发布可以说是迫不得已。当别无选择的时候，我们才开始做最艰难的决策：哪些砍掉，哪些保留，哪些够好，哪些又不够好。我们不再在那里无休止打转，妄求完美。通用魔术此时手忙脚乱，它早就该戴上一副手铐。它需要设定一个发布日期并且坚持到底。

这永远是 V1 阶段的危机：什么时候发布产品？你还没有任何客户，你还没有真正地告诉世界你在做什么。相比之下，只持续地在那里埋头苦干简直就是一件再容易不过的事。

你必须强迫自己停下，设定一个最后期限，并把自己铐在上面。

在做 iPhone 的第一个版本时，我们给了自己 10 周的时间。

用 10 周看看我们能不能成功。看看我们是不是能做出一个最简单的版本，来证明这条路我们走对了。

我们最初的概念是一个 iPod+ 电话的设计：保持触控转盘，只改变其他部分。但不到 3 个星期，我们就知道这行不通。触控转盘是一个主要设计元素，但我们没办法把它变成一个拨号盘，除非我们真把整个东西设计成老式旋转拨号电话的样子。

我们在开始时觉得可以重新利用 iPod 的标志性设计和硬件，但这个假设很快被证明是错的，于是我们按了重置键，提出新的假设。这次我们要从零开始，所以我们给了自己 5 个月的时间。

第二个概念参考了 iPod mini 的基本形状和工业设计，但改成了全屏，取消了触控转盘，这就非常像我们今天看到的 iPhone 了。

在设计第二个 iPhone 原型时，我们遇到了一大堆新问题，尤其是做不好工程设计，此外还有天线、GPS（全球定位系统）、摄像头、散热等问题。我们以前从未制造过手机，更不用说智能手机了，我们的很多假设是有缺陷的，所以又出错了。

只好重置，从头再来。

图
16

这款 iPod 手机实际上并不是我们的产品，而是来自一个制造商，它听说我们正在研发一款手机，便打算向我们推销它的点子。这款奇怪的设备证明围绕触控转盘设计手机的主意根本行不通。其上半部分可以旋转 180 度，这样你就可以在拨电话号码或发短信时使用屏幕。这也算是个不错的主意，但它不是 iPhone。

等做到第三个版本的时候，我们才算充分理解了手机的各个组成部分，终于做出了正确的 V1 原型。

试想如果我们没有为前两个版本设定严格的截止日期，我们没有在几个月后决定放弃、重置、重新开始，我们可能永远做不出第三版设计。

我们给自己施加了尽可能多的约束：不要花太多时间，不要花太多的钱，也不要在团队上投入过多的人力。

最后一点非常重要。

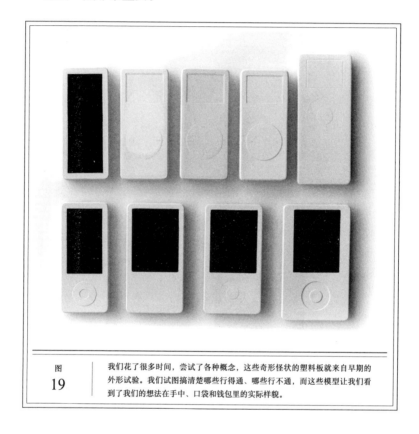

图
19
我们花了很多时间，尝试了各种概念，这些奇形怪状的塑料板就来自早期的外形试验。我们试图搞清楚哪些行得通、哪些行不通，而这些模型让我们看到了我们的想法在手中、口袋和钱包里的实际样貌。

不要因为你有这个权力就疯狂地招人。对于大多数处于概念阶段的项目，大约 10 个甚至更少的人就能够完成大量工作。你肯定也不愿意招了一堆人，结果却是各自为政，你肯定也不想把一堆人晾在那里无所事事，一切都得等着你拿主意。

到第一个 iPhone 项目结束时，我们的研发团队规模大约为 800人。但如果一开始我们团队里就有 800 个人，然后大家一遍又一遍地看着我们在那儿推倒重来，你能想象那会是什么状况吗？肯定是一片混乱。想象一下 800 人惊慌失措的样子，而我们还得在那儿不断地安慰他们，让他们专注于积极方面，同时还要让他们继续保持同步，一起进行那些没完没了的产品迭代。

所以要尽量控制你项目的规模，并且不要一开始就撒出去太多的钱。当人们拥有巨额预算时，他们就会做出愚蠢的事情——过度设计，过度思考。这不可避免地会拉长你的跑道，导致更拖沓的时间表和更慢的心跳，而且会慢很多。

一般来说，任何新产品的推出时间都不应超过 18 个月，最多 24 个月。最佳时间点则为 9~18 个月。无论它是硬件还是软件，是基于原子还是比特。当然，有些事情需要更长的时间，例如，研究可能需要花几十年。但即使研究一个问题需要花费 10 年时间，中间的定期检查也有助于确保你仍在为问题寻找正确答案，或者确保你研究的仍然是一个正确的问题。

每个项目都需要心跳。

在 V1 发布之前，心跳完全来自内部设置。此时你还没有与外部世界对话，所以你必须有一个强大的内部节奏，以推动你在设定的发布日期前完成研发。

这种节奏由各种重要的里程碑组成，例如，董事会会议、全体会议，以及在产品开发某个时段的项目里程碑等。在这些重要的时点，所有人，包括工程师、营销人员、销售人员和支持人员都可以暂停下来并互相同步。这种里程碑可能每隔几周或几个月才会出现一次，但为了让所有人都能和对外发布的计划保持同步，它们又是不可或缺的。

为了保持项目心跳的持续，每个团队都需要按照自己的节奏产出自己的可交付成果。每个团队的心跳都不尽相同，有的可能是 6 周冲刺，有的是每周评审，有的则是每天进行检查。它可以是敏捷开发，也可以是瀑布式管理、看板式管理，或者任何适合你的组织框架或项目的管理方法。创意团队的心跳会与工程团队截然不同。一家生产硬件的公司会比那些只生产电子产品的公司有更慢的团队节奏。无论心跳具体是什么样子的，你的任务就是让它保持稳定，这样你的团队就可以知晓你对他们的具体期望。

我是在飞利浦学到了这一点，那也是我第一次从零开始创建心跳。

刚开始的时候，整个团队都很年轻，缺乏项目管理经验，所以我们聘请了一些顾问来帮助我们制定时间表。他们建议我们把任务按半天为单位来进行组织安排。团队会估计完成项目的每个部分需要多少个半天，我们则负责把我们能想到的每一项任务所需的月、周和天进行分解。然后，我们根据每个人的工作量制定了未来 12~18 个月的详细时间表。

这种安排看上去很合理。我们也对顾问们点头表示赞同："太棒了！我们终于有了一个真正的时间表！我们肯定能把这件事做成！"后来我们才意识到以下三点。

1. 没有人能准确估计他们的时间或他们需要执行的所有步骤。

2. 关心那么多遥不可及的细节毫无益处，总有事情会破坏你的计划。

3. 我们把所有时间都耗在了日程安排上，就半天时间能做什么、不能做什么做着无谓的争论，但我们不可能透过半棵树看到整个森林。

每当产品出现变化，我们就会乱作一团。问题不能直接得到处理，而是得先让我们去骚扰每个人，让他们告诉我们到底需要多少天来处置这些变化。我们每周都得花好几个小时与团队的每个成员一起"对时间表"，而这些时间本应该花在实际工作上。

几个月后，我们废弃了整个系统。不搞什么半天制了，我们把时间切割成更大的块，按周和月对任务进行衡量，开始从宏观角度管理我们的项目。这使我们能够在大约 18 个月后完成 Velo 的 V1。然后我们把这款闪亮的新品呈交给销售和营销部门。

这时候轮到他们傻眼了。他们以前从未见过这种产品，不知道该如何销售，去哪里销售，如何做广告。我们一直把他们当成我们的新课题，现在我们反倒变成他们的一个新课题。

我们找到了自己的内部心跳，但从未与其他团队进行同步，结果没有人能跟上我们的节奏。我们跟着自己的节拍舞动，并以为所有的目光都在注视着我们，到头来却发现我们的舞伴在房间的另一头，只想着该怎么卖电动剃须刀。

在项目中，我们需要设置内部的里程碑——定期检查，确保每个人都理解产品的进化，并且可以随着产品的进化而改进各自的业务。你要确保产品仍然在正确的方向上，关注营销部门是否还喜欢它，关注销售是否还喜欢它，看看支持部门是否还能清楚解释它。还要确保每个人知道他们在做什么以及产品的发布规划。

这些里程碑会在短期内减缓你的速度，但最终会加速所有产品开发，有助于制造出更好的产品。

然后，最终你会完成所有任务，或者完成足够的任务，触及 V1 的第一次外部心跳。

但愿一切顺利，但愿它会受到全世界的喜爱，但愿人们想要得到更多，这样第一次外部心跳之后就会有另一次外部心跳持续不断。

一旦你越过 V1 进入 V2，产品对外发布的节奏，甚至你的竞争对手就会开始驱动你的内部心跳。

一定要保持谨慎。

如果你是在开发数字类产品，例如，一个应用程序、一个网站、一个软件，那么你可以随时改变你的产品。你可以每周添加新功能，可以每月重新设计一次整体体验。但你可以这么做并不意味着你应该这么做。

心跳不能太快。如果一个团队不断地更新他们的产品，那么客户就会开始心生厌烦。他们还没来得及熟悉产品，更不用说熟练掌握了，然后产品突然又变了。

以谷歌为例，它的心跳不稳定，也不可预测。大多数时候，这都不是个大问题，但它确实可以变得更好。谷歌可以说每年只有一个大的外部心跳，那就是谷歌 I/O 大会，而且大多数团队都不用对此操心。在一年之中，他们通常都是随心所欲地发布新产品，这些新品有时会在背后搞一些真正的营销，有时则仅仅是简单地利用电子邮件做推广。

这意味着他们永远无法以一种有凝聚力的方式与客户就整个组织进行沟通。一个团队这样做，另一个团队那样做，他们的发布要么挤在一起，要么忽略了创造一个好故事的明显机会。因此所有人，包括客户和员工，都抓不住他们的节奏。

你得有一些自然的停顿，这样人们才能追赶上你，客户和评论者才能给你反馈，而你也才能将这些反馈整合到下一个版本中。如此一来，你的团队才能了解客户不了解的东西。

你也不能把步子放得太慢。相比于电子公司，和原子打交道的公司的心跳通常都太慢了。因为原子很可怕：你不能重新启动一个原子。

正确的过程和时机是一种平衡，既不要太快，也不要太慢。

所以要盯住未来的一年。

在发布了 V1 之后的那一年，你应该借着两到四次的机会，对外宣布一些新的动向，比如新的产品、功能、设计或者更新。这些是值得人们关注的实实在在的东西。无论你公司是大还是小，也无论你是做硬件还是应用程序，B2B 或 B2C（商对客），这都是针对客户应有的节奏，也是符合人性的一种节奏。对外发布或者重大变化太多就会引起人们的困惑，而如果太少，他们就会把你忘记。所以，每年至少要有一次大型的发布会，然后再举办一到三次的小型发布会。

在旧金山举行的年度 MacWorld 大会曾经是苹果公司最为震颤的外部心跳。这个活动会推动整个公司向前的步伐，最重量级的产品都是在这个大会上发布的。

MacWorld 大会总是在 1 月举行。

这主要是因为这个时候举行发布会比较省钱。每年的第一周是旧金山租用会议场地最便宜的时间，因为游客和商务人士会在假期的高峰后暂停出门旅行，而且 MacWorld 大会的规模很小。20 世纪 90 年代，苹果公司陷入困境，其客户群很小，所以参加展会的少数死忠粉都是附近的硅谷技术人员。旧金山市很乐意让极客们在 1 月到这里来，这样吸引外地人的更有利可图的大型会议就可以安排在春季和夏季时段。

所以是 1 月。

这也意味着在每年的假期时段，苹果公司的人都没办法休假，所有的工作都必须在 1 月 1 日前准备就绪。假如你曾在苹果的某些团队工作过，你的家人就会习惯从感恩节到新年都见不到你。大多数团队要等到 MacWorld 大会结束后才会露面，他们带着憔悴却又胜利在望的表情，在阳光下揉搓自己疲惫的双眼。这种情况持续了很多年。

直到后来，史蒂夫·乔布斯说："去他的。"

他认为苹果已经强大到可以跳过 MacWorld，他为公司设定了一个新的心跳。

苹果的旧心跳是 1 月在 MacWorld 大会上发布最重要的产品，之后在 6 月的苹果全球开发者大会（WWDC）上做小型的新品发布，然后在 9 月还有一场发布会。

新的心跳则是在 3 月做一次小型的发布会，之后是夏季全球开发者大会的重磅新品发布，然后是秋季的更为小规模的发布会。

如今的苹果公司当然有了更强大的产品线，因此需要分别在 3 月、6 月、9 月和 10 月（也就是假期之前）发布新产品。

但 1 月没有发布会。苹果永远不会再选择 1 月。它深刻地吸取了这个教训。

不幸的是，你并不总是能控制你的心跳。有时它取决于其他公司的发布会，有时它会绕着其他公司的产品转。

在很长一段时间里，麦金塔电脑都要看 IBM、摩托罗拉和英特尔这些处理器制造商的脸色。如果新处理器延迟发布，麦金塔的发布也会受影响。这就是麦金塔电脑长期使用英特尔处理器的原因，因为它是相对最为靠谱的一个供应商。即使英特尔，也不是百分之百可预测，其日程安排的任何微小变化都会给苹果公司带来无休止的混乱和调整。

如果苹果公司依赖于英特尔处理器，就无法为 Mac 用户创造稳定的心跳，也无法为苹果团队创造合理的节奏。因此，就如乔布斯决定要拥有自己的发布会时间表，他最终也下定决心，让苹果自己研发处理器。

这是让世界变得可预测的唯一方法。

人们最喜欢的就是一个可预测的世界。

我们习惯于认为我们可以不受时间表的约束，可以随时摆脱习惯的枷锁，但大多数人都是忠于规律的生物，为能够知道接下来会发生什么而感到安慰，依靠它来规划自己的生活和工作项目。

可预测性让你的团队知道他们什么时候应该低头工作，什么时候应该抬头与其他团队进行同步，并确认他们仍行进在正确的方向上（见第 4 章）。

可预测性让你能够将产品开发流程体系化，而不需要每次都重新从头开始。它可以让你创建一个带有检查点、里程碑、时间表和规划的动态文档。你可以用它来培训新员工并教导每个人：这就是我们做事的方法，这就是我们构建产品的框架。

最终，这种可预测性就是你按时完成任务的方法。

应该不惜一切代价避免打破你的外部心跳节奏，但有时候也会出现意外。有些东西会崩溃，有些事情需要的时间比任何人预期的都要长。这些事情几乎都会在 V1 中遇到，就是你正打算从头再来并且想把所有事情一次搞清楚的时候。

一旦你有了合适的流程，并且最终能够把 V1 完成，你的心跳就会稳定下来，它会变得有节奏。

这样的话，当你在研发 V2 时，你就会变得很有章法。所有人，包括你的团队、客户，以及媒体，都会感受到这种节奏。

第 14 章　前三代产品之异同

有人说，想一夜成名就得卧薪尝胆 20 年。想在商业上取得成功，你起码要努力 6~10 年。发现产品 / 市场匹配，得到客户关注，构建完整的解决方案，这些事情所需要的时间总是超出你的想象。通常而言，对于任何创新和颠覆性的产品，你只有到第三代的时候，才能真正把它做起来并且靠它来赚钱。无论你是 B2B 还是 B2C 公司，无论你做的是原子还是电子产品，抑或两者兼而有之，事情都是如此。

请记住，盈利要经过以下三个阶段。

1. **完全不盈利。**当推出 V1 时，你仍在测试市场，测试产品，寻找客户。许多产品和公司还一分钱没有赚到，就在这个阶段死掉了。

2. **获得单位经济效益或毛利。**如果顺利，在 V2 阶段，你可以通过每件单品的销售或每个客户的订阅服务获得些许毛利。请记住，看起来不错的单位经济效益并不足以使公司盈利，你仍然需要在业务经营上投入大量资金，并需要通过销售和营销获客。

3. **获得整体经济效益或净利。**推出 V3 后，你有希望通过每一笔订阅或每一件产品的售出获得净利润。这意味着你的销售收入超过了你的成本，所以你的公司整体是盈利的。

你需要很长时间才能获得毛利，而要想获得净利润则需要更长时间，这是因为学习是需要时间的。无论你的企业，还是你的客户，都是如此。

你的团队必须在 V1 时找到正确的产品方向和市场方向，在 V2 阶段则需要修订产品，并以合适的方式将其推销给更为广泛的客户群体，之后你才能专注于业务优化，以使其能够在 V3 阶段可持续发展并且实现盈利。

客户也需要花时间感受你。绝大多数人都不愿意做第一个吃螃蟹的人，他们不会立刻接受新事物。他们得花点时间才能接受新的创意，他们得先去看看评论，问问朋友的意见，并且要等到下一代产品出来后才会出手，因为他们觉得那时的产品肯定会更好一点。

··

我曾经在通用魔术的大厅里一边走一边阅读杰弗里·摩尔的《跨越鸿沟》，那是 1992—1993 年的事情。当时我们有很多人都在读这本书，讨论这本书，感叹这本书多么正确。但当时的我们却在鸿沟之中越陷越深，而且很明显，我们永远跨越不了它。

所谓的"鸿沟"，指的是如果普通人（不是早期的使用者）不购买你的产品，你的公司就会掉进一个洞穴。如今我们把它称作产品/市场匹配。

《跨越鸿沟》提出了客户采用曲线（Customer Adoption Curve）的概念。这个概念背后的想法非常简单：一小部分客户会尝鲜购买产品，并不计较其效果如何，他们只是想要得到最新的玩具。然而，大多数人会等到它已经存在一段时间并且所有问题都解决后才考虑购买。

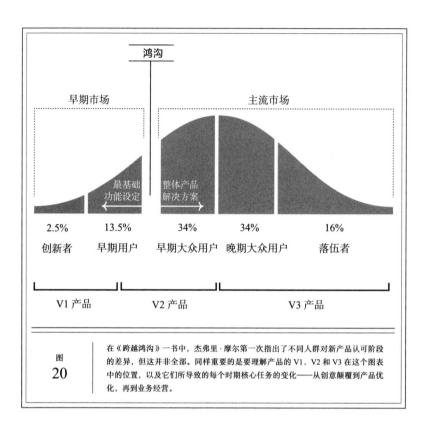

图 20

在《跨越鸿沟》一书中，杰弗里·摩尔第一次指出了不同人群对新产品认可阶段的差异，但这并非全部。同样重要的是要理解产品的 V1、V2 和 V3 在这个图表中的位置，以及它们所导致的每个时期核心任务的变化——从创意颠覆到产品优化，再到业务经营。

表 1　产品的用户是谁

V1	V2	V3
创新者和早期用户	早期大众用户	晚期大众用户和落伍者
这些人热爱你所创造的一切。他们可能是机械狂热分子，或者是技术痴迷者，或者单纯就是要追随你。他们会对任何新奇炫酷的东西产生情绪反应，即便他们非常清楚这些东西可能会存在缺陷	这些是潮流引领者。他们观察早期用户，并且会在购买之前阅读一些相关评论。他们希望你能解决产品缺陷，提供良好的客户支持，并告知一种了解和购买产品的简单方法	这是剩下的所有人，一群期望完美之物的大众客户。他们只会购买市场上那些明显的优胜产品，绝不愿意承受任何麻烦

表 2　产品 1

V1	V2	V3
你实际上是在打造产品原型	你要修正在 V1 阶段搞砸的事情	你进一步完善一个已经很棒的产品
客户获取成本会高得惊人；你真正想要的一些功能可能无法实现；营销、销售和客户支持都不太稳定；你还没有找到你所需要的合作伙伴；你可能会发现自己什么都没做对	在这个阶段，你会认识到自己的问题以及该如何修正。这包括 V1 发布后出现的一系列不可避免的意外问题，以及当初因为你"偷工减料"而导致的问题。V2 通常会在 V1 之后很快到来，因为你在很短时间内学到了很多经验教训，急切想把它们融入下一代产品	你应该减少对产品的关注，转而多重视业务，去优化客户生命周期中的每一个接触点

表 3　外包，还是自制？

V1	V2	V3
把各项工作厘清并外包	开始把更多的职能放在公司内部	把核心能力留在公司内部，有选择地将小型项目外包
你团队的规模还很小，所以必须把大量职能外包，比如营销、公关、人力资源、法务等。这可以让你快速前进，快速完成，但缺点是需要多花钱，而且没有规模效益	通过在 V1 阶段与第三方团队的合作，你学到了不少东西，现在要开始在公司内部强化相应职能（见第 23 章）。你的团队和专业技能水平都会提升	某些关键的内部团队将专注于你业务中最重要的差异化因素。这可能意味着你必须自己做品牌推广，自己负责法律事务或者其他任何对公司最具重要性的事项。随着这些团队的成长和工作量的增加，他们会再次将业务外包，但仅限于一些受内部团队密切监督的特定小规模任务

表 4　产品 2

V1	V2	V3
产品 / 市场匹配	让产品变得有利可图	实现业务盈利
这只是意味着你要把产品做得足够好，以证明它有市场，这样你才能跨越鸿沟	在这个时点，你要拓宽市场，开始锁定客户旅程中的更多环节，甚至要争取在单件产品上赚到一点钱，当然它可能还不足以抵销成本	如果你在 V2 阶段已经获得毛利，那么在 V3 阶段你要争取获取净利润。你要与合作伙伴进行谈判以达成更有利于自己的交易，要优化客户支持和销售渠道，购买新的媒体营销渠道。如果顺利，你会实现足够让你降低产品定价的销量，并真正实现盈利。在 V3 阶段，你有机会让一切走上正轨，包括产品、公司以及你的商业模式

这还不是全部。如果你不了解"客户采用曲线"会如何映射到产品和公司发展，那么你就错过了这道难题一个非常重要的部分。

企业在找到适合的产品 / 市场匹配后，可以开始关注盈利能力。使用原子制造产品的企业专注于销货成本。除了直接劳动成本，它们把钱主要花在制造产品上面。因此，为了实现盈利，它们需要降低产品的生产成本。

同时涉及原子和电子产品制造的企业，需要关注销货成本和获客成本。通常而言，它们在一段时间内应该只关注一个指标，先搞定销货成本，再解决获客成本；先做产品，再增加各项服务。

尽管原子和电子、硬件和软件之间存在许多差异，但有一样东西对两者具有完全相同的束缚，那就是时间。

无论你正在做什么，达到盈利需要的时间都比你想象的要长。在 V1 阶段，你肯定赚不到钱，至少需要进行三轮甚至更多轮的自我改造。

即使你的时间线缩短，即使你只是在做一款应用程序，你的产品也需要先学习爬行和走路，然后才能真正跑起来。应用程序或服务的研发时间可能与硬件研发所需的时间一样长。演化和改变，对客户反馈做出反应，使客户旅程中的每一点都像产品本身一样强大，这些都需要时间。客户仍然需要时间来了解你，尝试你的产品，并决定它是否值得购买。他们还需要时间提升他们的认可度。

iPod 花了三代时间，也就是三年时间才实现了单位经济盈利。

iPhone 也是如此。第一个版本只针对早期用户，它不支持 3G，没有应用商店，而且我们的定价模式完全错误。乔布斯从不希望手机搞折价促销，他想让每个人都知道它的真实价格，这样他们就可以正确评估它的价值。此外，他还想从数据套餐中分一杯羹（见第 31 章）。但 iPhone 注定要跨越鸿沟，全世界都喜欢上了它。人们只是想让我们把手机的各个方面加以完善再出手购买。

即使备受喜爱的产品，也不能保证跨越鸿沟。实际上，要想盈利更是困难得多。

当然，有了互联网之后，新的商业模式对这种传统观念发起了挑战。即便如此，像 Instagram、WhatsApp、YouTube、优步等许多公司，也是在经历了 5~10 代甚至更久的发展之后才知道如何赚钱。很多公司到现在也没有找到盈利模式。不盈利的公司之所以仍然存在，是因为它们拥有巨大的风投资金池，或者已经被更大型的科技公司收购。它们首先专注于寻找产品 / 市场匹配和建立自己的用户群，并相信日后可以通过商业模式迭代来找到盈利的办法。这种策略并非适合所有人。它们是想靠一个燕子翻身跨越鸿沟，然后在巨大的资本池中通过慢悠悠的狗刨式前进来抵达盈利的彼岸。这种做法其实和第一步就陷入鸿沟一样，会给一家公司带来致命的危害。

几年前，世界各大城市都遍布共享滑板车和共享单车公司。它们好像一夜之间就变得无处不在。它们采用的就是我们上面提到的这种方法：为了获取客户，这些公司要尽可能多地占据市场份额。

它们有足够的资金买下任何能买到的滑板车和自行车，然后就是不断扩张。

但这无法让它们盈利，无法进入 V2 或 V3 阶段。当它们开始明白过来时，钱花光了，那个看似无边无际的池子也干涸了。

现在，第二代和第三代的滑板车和自行车公司正在兴起，但它们吸取了前辈的失败教训，采取了完全不同的方法。它们对自己的市场非常挑剔，在原子产品上也开始有所选择——这次选用的都是非常耐用的滑板车和自行车。它们在花钱方面变得非常谨慎，并努力对单位经济进行更为透彻的研究。

比起撒开一张大网然后在那里妄想最优结果，将注意力集中于几个关键的差异化元素是一种更可能实现目标的方法。

早期的特斯拉把几乎全部精力都放在了汽车本身（确切地说只是汽车的某几个部分），对其他事情则几乎毫不关注。它基本没有什么客户支持，你找不到任何能和它进行电话沟通的人。所以如果你的特斯拉出了问题，它会直接到你家里把车开走。你的车被开走了，对接下来应该怎么办也是束手无策。

幸运的是，特斯拉的大本营硅谷有很多科技爱好者和早期用户。我的一个朋友买了一辆最早的特斯拉跑车——V1 系列。它实质上就是一辆电动的路特斯跑车，在设计方面并没有做特别大的改动，但它具有特斯拉的核心功能之一：再生制动系统。每次你踩刹车的时候，你的车都会把电机当作发电机来给电池充电。

问题是我的朋友住在山顶上，所以他会把车开上山，然后给车充电过夜，但当他早上开车下山时，他的刹车几乎会失灵。事实证明，他不能将特斯拉充电至 100%，而在下山的路上一直踩着刹车导致电池过度充电。为了防止撞车，特斯拉不得不修改它的制动和充电算法。我那个朋友绝对是早期用户的典型，他喜欢他的特斯拉跑车，尽管这辆车在店里待的时间比在路上待的时间还长，尽管在最初他遇到问题时只能直接打电话给特斯拉的工程师。

早期的用户知道没有人能把 V1 做得十全十美，甚至没人能把最初计划中的 V1 所有功能都在 V1 上实现。产品和客户群随着每次迭代而发展和壮大，每个阶段也都会带来不同的风险、挑战和投资，没有人可以一次性解决所有问题。这在初创公司不行，在大公司也无法实现。

所以你和你的员工以及你的客户都需要有正确的期待，你的投资人也需要如此。

有太多的人期望产品和业务一开始就能够盈利。当我在飞利浦时，我亲眼看到大多数的新品类别和新业务最终都会被砍掉，甚至包括那些近乎交付的产品。研发、测试、完工，它们就像是死在藤上的果实，而高层想的只是如何保护自己。新产品肯定会赚钱，这是几乎所有加入团队的高管都希望得到的一个保证（见第 6 章）。他们要求马上就能见到具有良好单位经济和商业经济效益的产品，但那是不可能的。

他们要求我们以近乎 100% 的信心预测未来，要求我们证明一个婴儿在学会走路之前就能跑马拉松。

这些人太不了解婴儿了，他们对如何创建新业务更是知之甚少。

这就是为什么 Kickstarter（美国众筹平台）上的很多项目都以失败告终。他们总是想："如果我以 50 美元的价格制造它，然后以 200 美元的价格出售，那么我就能赚钱，我的公司肯定会成功。"这不是企业的运作方式，那 150 美元的利润会随着每一把新添的办公椅、员工的保险、每一个客户支持电话和 Instagram 广告而流失。除非你优

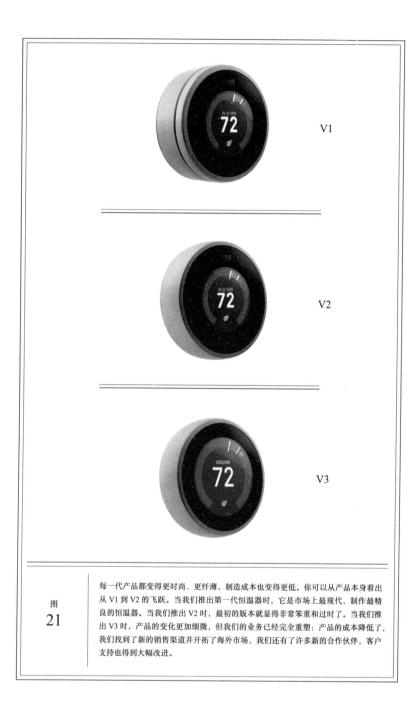

V1

V2

V3

图
21

每一代产品都变得更时尚、更纤薄，制造成本也变得更低。你可以从产品本身看出从 V1 到 V2 的飞跃。当我们推出第一代恒温器时，它是市场上最现代、制作最精良的恒温器。当我们推出 V2 时，最初的版本就显得非常笨重和过时了。当我们推出 V3 时，产品的变化更加细微，但我们的业务已经完全重塑：产品的成本降低了，我们找到了新的销售渠道并开拓了海外市场，我们还有了许多新的合作伙伴，客户支持也得到大幅改进。

化的是业务而不仅仅是产品，否则你永远无法持久。

当今所有的科技巨头都是这么走过来的，包括谷歌、脸书、推特和 Pinterest（拼趣）。谷歌很长一段时间都没有盈利，而是在发明关键词广告之后才开始赚钱的。脸书决定先吸引眼球，然后再考虑商业模式。Pinterest 和推特也是如此，它们创建了一个 V1 产品，接着在 V2 进行扩展，然后在 V3 中对业务进行优化。

Nest 智能恒温器遵循了同样的模式。

到 V2 一切就简单多了，预测未来的部分更少了，贴近现实的部分却增加了。我们已经知道客户喜欢什么和讨厌什么。我们知道他们想要什么，哪些功能对他们最有帮助。我们要落实一长串我们在 V1 中未能成功实现，但非常想在 V2 中弥补的东西。V2 在 V1 发布一年后就上市了——我们迫不及待地想让它早点和用户见面。

三年后，第三代 Nest 智能恒温器问世。它的外观和第二代不同，这次更新更加细微——它有了更加纤薄的外形和一块更大的屏幕。其实，大多数的变化都在外表之下。

第三代让我们真正能够和我们的渠道伙伴打成一片。凭借 V1 我们还无法进入零售市场，我们所能做的就是在 nest.com 上出售我们的恒温器，以证明人们确实有购买欲望。V2 让零售商对我们有了兴趣并开始考虑："哦，或许我们应该进点货。"

有了 V3，我们就可以在塔吉特、百思买、家得宝、劳氏、沃尔玛和开市客上架，而且货架摆放的位置也相当好。我们在每家商场都开辟了全新的联网家居产品专区，这不仅为 Nest 创造了一个空间，也为在我们周围迅速兴起的智能家居生态系统创造了一个空间。

所有的合作伙伴都看到了我们的发展势头，并希望持续和我们合作，我们因此达成更有利于我们的交易，签订了更好的合同。我们改进了客户支持，降低了每次通话的价格，并修复了我们的知识库。

所以当我们开始研发第二款产品，也就是 Nest Protect 烟雾和一氧化碳警报器时，你会觉得它肯定很容易。我们已经创造的一切确实可以让我们跳过几个步骤，但是一旦开始一个新产品的研发，你就必须按下重启键，即使在一家大公司也如此。有时，第二次创造反而更加困难，因为你为第一次创造所建立的所有基础设施都会成为一种阻碍，所以你仍然至少需要经过三代才能把它做起来。

制造产品，改进产品，建立业务。

制造产品，改进产品，建立业务。

制造产品，改进产品，建立业务。

每一款产品，每一家公司，每一次，都是如此循环往复。

第四部分
创业的正确姿势

我早就打定了创业的主意，是不是？

这其实是瞎扯。

创业并不是我的本意。我原本的计划是休息——好好休息。我实在是需要休息。在埋头苦干了近 10 个年头之后，我终于在 2010 年离开了苹果。iPhone 已经连续推出三代，不会再有大的变动。iPod 已经更新到第 18 代，所以它今后也只能不断地微调，直至走到其生命周期的尽头。我当然也可以选择去做 iPad，但它基本上就是一个大号的 iPod Touch，而 iPod Touch 基本上就是 iPhone。

我辞职的主要原因还是来自家庭。我和妻子丹妮是在苹果公司结识的，她是人力资源部门的副总裁。我们有两个年龄非常小的孩子。尽管我们都会尽力抽时间陪他们，但总有做不完的工作。所以辞职对我来说，是一个可以换种生活方式的机遇。于是丹妮和我都离开了苹果公司，然后我们一起离开了美国。

我们游历世界各地，尽力不去想工作的事情。但无论我们走到哪里，都无法逃脱一件事：该死的恒温器。那令人恼火、显示不准、耗电耗能、不长脑子、不可编程、让房子的某些部分不是太热就是太冷的恒温器。

总得找个人来改造这个东西。后来我想明白了，那个人就应该是我。

大公司对这个没兴趣。霍尼韦尔和其他同类竞争者在过去30年中几无任何真正的创新。在美国，这个市场的年销售额不过10亿美元，因此是一个毫无生气也不受待见的市场。在2007—2008年的绿色创新浪潮退却之后，绿色科技的投资人坚决地避开了节能设备这一领域。那些全是新手、毫无人脉资源的小创业公司，根本不可能融到任何资金。虽然还没开始，但我似乎已经感受到风投们的冷嘲："恒温器？你是认真的吗？你想做恒温器？这可是个又小又无聊且难做的市场。"

后来有一天我和兰迪·科米萨一起骑自行车。兰迪是知名风险投资机构凯鹏华盈的合伙人，也是我的老友和导师。我们在1999年就认识了，当时我说服他投资了我的公司Fuse Systems。基于对他的持久信任，我决定先把我想做智能恒温器的想法告诉他，看看他的反应如何。

他当场就做出表态，马上要开支票给我。

我绝对是投资人喜欢的那类创业者。在赢得近10年的成功之前，我创办过四家失败的企业，经历过多次职业上的挫折。我当时年满40岁，不仅清楚地知道创业之艰辛，也很明白哪些错误不能再犯。我曾经在多家大大小小的企业中从事软件和硬件工作。我有人脉、信誉以及足够的经验，知道自己的认识盲区在哪里，而且现在有了一个新想法。

你的智能恒温器应该了解你对温度的偏好，也应该知道你的这种偏好会出现在哪个时段。它应该与你的智能手机互联，这样你就可以随时随地控制它。当你不在家的时候，它应该自动关闭，帮你节省能源。当然，它也应该很漂亮，应该是一种你特别乐意挂在墙上的东西。

唯一缺少的是冒险的意愿。我还没做好再创业的准备，起码当时还没准备好，而且我也不想单枪匹马地创业。

此时神奇的事情发生了。马特·罗杰斯找到了我。马特是 iPod 项目早期的首批实习生之一，即便身处一个经过精挑细选的世界一流团队，他的表现仍让人望尘莫及。马特毕业后加入苹果公司，并很快成为一名出色的管理者。他专注于团队建设，不害怕提出问题，不惧打破界限，而且对公司业务的每一个方面都充满好奇。

我离开苹果之后，他开始对一些事情的进展感到沮丧，所以当我们一起吃午饭时，他问我下一步的打算。我把做恒温器这个想法告诉了他。他表现出狂热的兴趣。当我说到狂热时，你需要知道，马特是一个永动机一样的人，总是有着不可阻挡的能量。他立即就开始了对这一领域的研究，并且提出建议和想法。我们一起聊得越多，他对此事就越兴奋。

他的这股向前冲的劲儿正是我需要的。他是一个可以共同承担责任的真正合作伙伴，他会像我一样努力工作，一样上心。我们已经拥有共事的默契，而且在产品开发上也有相同的理念。我不需要一个有着几十年经验的中年高管来告诉我该干什么、不该干什么。我需要的是一个真正的联合创始人，我需要马特。

我们达成了共识，并一同将其塑造为我们的愿景。我们跟投资人说的是要打造物联网式的恒温器，但我们知道，我们真正要打造的公司绝不会止步于此。我们会研发大量的产品，重新设计那些人们不喜欢但又必不可少的家居用品。最重要的是，我们要打造一个平台，还要打造一个万物互联的智能之家。

这个概念本身并不新鲜。当时所谓的互联家庭系统已经诞生几十年。我记得在 20 世纪 90 年代，通用魔术的比尔·阿特金森就在尝试打造智能家庭系统。他单枪匹马地想要做出一些有用的东西。这么多年来，那些富有的科技爱好者一掷千金，到最后也只能在自己家里搞出一套复杂无比的系统。传感器、显示屏、开关和恒温器控制器、警报系统、灯光和音乐，这些东西看上去一个比一个花里胡哨，但实质上都是狗屎、垃圾，没有一样好使。

当我们在给投资人写的融资计划书里提到这些时，他们都面露难色。是的，他们都被坑惨了，他们的家人也对此气愤不已。

我们想采取不同的方法。我们不打算把一个塞满各种小零件的完整平台塞进别人的房子里，而是想从一个真正优秀的产品开始。我们要做一个可以在墙上挂 10 年或更长时间的好看的恒温器。一旦人们爱上了我们的恒温器，他们就会购买更多与之配套的产品。客户将可以通过逐渐添加产品来组建智能家庭，打造出一个真正对他们的房子和家人有意义的独特系统。

恒温器将是我们的敲门砖。

首先我们得做好恒温器。

把它做得好看不是难事，漂亮的外观，直观的界面，这些我们都能做到。这些技能都是我们在苹果磨炼出来的。但为了让这个产品取得成功，而且是有意义的成功，我们需要解决两个问题。

其一，它需要非常节能。其二，我们需要把它卖出去。

在北美和欧洲，恒温器控制着一个家庭的一半能源账单——大约2500 美元 / 年。之前恒温器制造商、能源公司和政府机构都试图降低这一数字，但由于各种各样的原因，它们都以惨败告终。所以，我们必须实现真正节能，而且必须是以一种无须劳烦客户的方式做到这一点。

然后我们需要把它推销出去。当时几乎所有的恒温器都是由专业的暖通空调技术人员销售和安装的，我们从来没打算闯进那个老男孩俱乐部。我们得先想办法进入人们的心智，然后才是他们的家。我们必须做出极易于安装的恒温器，就是任何人都可以自己动手安装的那种。

所以我们得开始干活了。

产品的外形要比我们预想的丰满。显示屏和我想象的不太一样，实际上有点像第一代的 iPod。它很好用，能连接你的手机。你可以自己安装。它能记住你的温度偏好，没人在家时它会自动关上，还非常节省能源。

人们也非常喜欢它。

图 22　Nest 智能恒温器发布于 2011 年 10 月，售价 249 美元。它拥有独一无二的圆形 2.75 英寸显示屏，规格为 3.2 英寸 × 3.2 英寸 × 1.6 英寸。它搭配独立的手机应用程序，而内置的人工智能系统则能够掌握你的行程，并在你不在家时自动关闭室内的加热或制冷功能。

在产品发布前，我们不知道是否有人会对它感兴趣，所以我们没有把所有的资金都投进去，因此也没有储备大量的库存。但令人难以置信的是，产品在发布的第一天就卖光了，之后的两年多时间里一直是这样。

我们很快就推出了第二代恒温器，修复了第一代未能解决的所有问题。然后我们开始考虑推出我们的下一款产品。还有什么设备是存在于每个家庭之中，而且可能比恒温器还让人上火？

答案很容易找到：烟雾警报器。

就是那个让人恼火，经常发出虚假警报的东西。那个在你做饭的时候老是乱响的东西。有的警报器经常在夜里 2 点吱吱瞎叫，让你不得不从床上爬起来去查找到底是其中的哪个又没电了，结果最后发现，就是你够不着的那个。

如果我们早就了解在烟雾和一氧化碳领域进行创新的困难程度，我们可能就不去碰它了。但我们当时只知道，烟雾警报器无处不在，在每座房子的每个房间里都有安装。它们都很难用，真的，难用到要死。法律规定每个家庭都要安装烟雾警报器，所以烟雾警报器制造商根本没有动力把它做得更好，因为甭管它好不好用，你都得安装。

这个东西的难用之处确实太多了，所以人们会拼了命地把它们的嘴堵上。人们会把总是报假警的烟雾警报器的电池抠出来，把它们从墙上拆下来，或者在半夜里拿高尔夫球杆把它们从天花板上敲下来，阻止其发出可恶的乱叫。

所以在 2013 年，Nest Protect 烟雾和一氧化碳警报器诞生了。

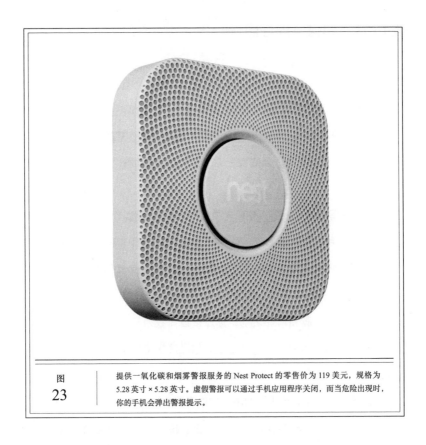

　　我之前也制造过一些成功的产品——iPod 和 iPhone，但 Nest 是
我第一次尝试真正建立一个成功的大型企业。这是我第一次从零开始，
从一个细胞那么大的想法开始。我看着这个细胞分裂并成长为一个完
全成形的婴儿——这是我们自己的婴儿、我们自己的公司。

　　如果你打算创业，打算在大公司开发一种新产品或做一个新项目，
又或者，如果你已经开始如上行动，正在喜悦、恐惧和惊奇中目睹它
们开始拥有自己的生命，那么你不妨了解一下我在选择创意，创办公
司，寻找投资人，以及几乎被压力击垮的整个过程中的收获。

　　本部分的主要内容，就是到目前为止我对企业成长每个阶段的理
解，以及当你的"婴儿"长大时，你应该怎么做。

第 15 章　如何发现好想法

绝妙的想法都具备以下三大要素。

1. 它解决的是"为什么"的问题。要想弄清一款产品能做什么，你先要了解人们为什么需要它。"为什么"驱动着"是什么"（见第 10 章）。

2. 它解决的是很多人在日常生活中遇到的问题。

3. 它会一直萦绕着你。即使在你研究和了解了它，试用了它，并且意识到很难完全搞懂它的情况下，你也无法停止思考它。

在下定决心要把某个想法变为现实之前，也就是在准备创立公司或者发布一款新产品之前，你应该首先致力于对其进行研究和试验。要练习延迟直觉，这是诺贝尔经济学奖得主、杰出经济学家和心理学家丹尼尔·卡尼曼创造的一个术语，被用来描述一个简单的概念：为了做出更好的决策，你需要放慢速度。

一个想法看起来越令人惊奇，它就越能触动你的直觉，从而让你对其他一切视而不见，而这时，你就越应该等待更长的时间，直到你做出原型并收集到尽可能多的信息之后，再做决断。如果一个想法可能会耗费你生命的数年时间，那你至少应该先花上几个月来研究它，建立足够详细的业务和产品开发计划，然后再看看你是否仍然对它保有激情，看看它是不是会一直萦绕在你心头。

同时要记住，并不是所有的决策都需要上升到这种水平。大多数日常决策都可以而且应该快速做出，尤其是当你只是在对现存的产品进行迭代时。你仍然应该从容地思考各种方案，并确保正在做长远打算，但并非每个想法都值得你思考一个月的时间。

最好的想法是止痛药，而不是维生素。

维生素片对你有好处，但并非必需。你一天、一个月，甚至一辈子不在早晨吃维生素补充剂，也不会发现其中的差别。

如果你忘记吃止痛药，你很快就会注意到。

止痛药消除的是那些一直困扰你的东西———一种你无法摆脱的常规烦恼。可以说，最好的痛苦就是你在自己生活中经历的苦难。大多数初创公司都诞生于人们对日常生活中某些事物的无比沮丧，而正是这些沮丧促使他们深入研究并试图为其找到解决方法。

不是所有的产品灵感都应源于你自己的生活，但这个"为什么"一定要清晰明了。你必须能够简单、清楚、有说服力地解释为什么人们需要它。只有这样，我们才能知道这款产品应该具备哪些功能，它出现的时机是否合适，它的市场规模是否庞大。

一旦你找到了一个真正强有力的"为什么"，你就有了一个绝妙想法的萌芽，但你不能把业务立足于一个小小的萌芽之上。首先，你必须弄清楚这个想法是否真的足以支撑起一家公司。你需要制定业务和执行规划。你必须明白这是否就是你想在未来 5 到 10 年为之努力的方向。

想知道答案的方法只有一个，那就是看这个想法是否一直萦绕着你。整个过程往往是一样的。

- 首先，你会惊讶于这个想法的绝妙。为什么之前就没有人想到这一点呢？
- 然后你开始做调查。哦，好吧，他们已经想到了，并且尝试过，但失败了。或者你真的想到了一件前人没有做过的事情。原因在于这是一个巨大而不可逾越的障碍，没有人能够成功绕过它。你理解了这件事的难度，你感叹自己不知道的事情实在太多了，于是你把它放到了一边。

- 你无法将其从脑海中抹去，所以不停地研究它。你开始画草图，写代码，写文案，制作产品的概念原型。画满图案的餐巾纸经常从你的包里掉出来。你的笔记本上写满了各种各样的功能创意、销售创意、营销创意、商业模式创意。你认为之前尝试过这个想法的人可能是方法不对。或者，那个阻碍前人的障碍现在已经可以通过某种新技术加以解决，或许实现这个想法的时刻终于要来了。

- 这时，它在你眼中变得更具可行性，所以你下定决心认真研究，深入挖掘，以做出一个明智的决定。你需要弄清楚是否应该继续坚持这个想法。

- 有一天你意识到，你有办法绕过那个巨大的障碍，你因此激动万分，但你又会看到下一个巨大障碍。完蛋了！它永远做不成了。你仍坚持研究和试验，从专家和朋友那里获取建议。后来你认识到，或许这个问题同样有办法解决。

- 人们开始询问你的项目——你打算什么时候开始？我是否可以加入？你需要天使投资吗？每一个障碍都会变成机会，每一个问题都会促使你寻找新的解决方案，而每一个解决方案都会让你对这个想法更加兴奋。

- 尽管前方仍有 100 万个未知数，但它们不再是未知之未知。你知道它的空间有多大。你可以看到这项业务会变成什么样子。你开始从你所做的研究和所克服的障碍中获得动力，感觉天时、地利都已聚齐。你的直觉告诉你，这是正确的决定，所以你咬紧牙关，开始全身心投入其中。

于我而言，整个过程花去了我 10 年的时间。恒温器的想法就这样一直萦绕在我的心头。

当然这里需要说明一点，我这个例子比较极端。如果你已经有了一个关于业务或者产品的想法，一般来说并不需要等上 10 年才知道它适不适合做。

你确实应该花一两个月甚至半年的时间做调研，制作一些粗略的模型，把你的"为什么"讲清楚。如果在这段时间里，你对自己的想法越发兴奋，无法停止对它的思索，那么你就可以更进一步。至少再花几个月甚至一年的时间，从各个角度观察，同你信任的人协商，制订商业计划和演示文稿，并尽可能地为下一步做好准备。

你辛苦地创办公司，肯定不希望自己的想法只是一颗看上去很闪亮但里面却已经被蛀空的牙，承受不住哪怕一丁点儿的外部重压。

在硅谷，很多初创公司都有一种"快速失败"的心态。这是一个时髦的术语，意思是你不需要仔细规划想做什么，而是先把公司建起来，剩下的事情以后再说。你不断迭代，终究会"发现"成功。这可以体现在两种方式上：要么你快速推出一种产品，然后以更快的速度进行迭代，直至做出人们想要的东西；要么你就辞职，放弃所有，然后一心一意地坐在那儿思考创业点子，直至你想到一个可行的业务。前者时而有效，后者则通常会失败。

往墙上乱扔飞镖并不是一个寻找创新灵感的好方法，任何值得做的事情都需要靠时间的打磨——理解需要时间，准备需要时间，把事情做好更需要时间。有好多事情可以速成，有好多事情也可以应付，但你无法欺骗时间。

即便如此，10 年还是有点长。当然，在这 10 年中的多数时间里，我并未专注地思考恒温器问题，更没想过自己造一个出来。我当时在苹果，领导着一支庞大的团队，忙于 iPhone 的研发。我一边学习，一边成长，每天的工作量都非常饱和。后来我结了婚，有了孩子。因此，我一直都很忙。

话又说回来，我确实感觉非常冷，一种刺骨的冷。

每周五晚上下班后，我和妻子会开车去太浩湖的滑雪小屋过周末。我们会穿着厚厚的滑雪服，直到第二天才敢脱。为了避免浪费能源和金钱，我们平时都只会把房子的温度保持在零摄氏度以上，所以整个房子需要用一晚上的时间才能热乎起来。

这让我非常难受。一走进那栋冷若冰霜的房子，我就感觉要疯掉了。我竟然不能在到达之前给房子预热升温，这简直不可想象。为了能远程启动恒温器，我试图破解与模拟电话连接的安全和计算机设备，并为此花费几十个小时和几千美元。我有一半的假期都被浪费在摆弄电线和电子设备上。我妻子对我翻白眼："你这是在度假啊！"我一直没解决这个问题。所以每次周末休假都变成了一种不变的痛苦经历：在第二天早晨房子变暖和之前，我们只能盖着冰冷的被子，在像冰块一样的床上蜷缩成一团，看着呼出的气体化作一团团白雾。

然后周一我又得回到苹果，继续第一部 iPhone 手机的研发工作。

后来我意识到，我其实就是想给恒温器设计一个完美的遥控器。如果我能把暖通空调系统连接到我的 iPhone 上，我就能在任何地方控制它。但我所需要的技术，比如可靠的低成本通信、便宜的屏幕和处理器等，当时还不存在，所以只能把这个想法放在一边，专注自己的工作，不去想晚上很冷这件事。

一年后，我们决定在太浩湖建一座新的、超节能的房子。白天我会专注于 iPhone 的研发工作，晚上回到家，我就仔细研究房子的装修，挑选饰面、材料和太阳能电池板，还要解决暖通空调系统的问题。这一次，恒温器又成了困扰我的问题。所有的顶级恒温器都是丑陋的米色盒子，用户界面设计更是让人迷乱。他们吹嘘自己的产品有触摸屏、时钟和日历，还能显示数码照片，但没有一种是节能的，也没有一种是可以远程遥控的。它们的售价都在400美元上下。当时一部iPhone才卖499美元。

这些丑陋的、垃圾一样的恒温器，凭什么和苹果最尖端的技术几乎一样值钱？

太浩湖项目的建筑师和工程师听到我一遍又一遍地抱怨这有多离谱。我告诉他们："总有一天，我要解决这个问题，记住我的话！"他们都会翻白眼："托尼又在抱怨了！"

一开始这确实是因为沮丧而随口说的话，后来情况开始变化。iPhone的成功降低了那些我之前无法获得的精密部件的成本。突然之间，高质量连接器、屏幕和处理器实现了大规模量产，其价格也变得更便宜，更重要的是它们现在可以被用于其他技术产品。

我的生活也在改变。我离开了苹果公司，开始和家人一起环游世界。在每一个酒店房间，每一所房子，每一个国家，每一个大陆，每一个恒温器都很糟糕。我们要么太热，要么太冷，要么就是不知道如何使用它们。整个世界都面临同样的问题：在地球持续变暖的同时，这个被人遗忘、不受待见，但又是人人必须在家中使用的产品，却在增加着人们的账单，浪费着无数能源。

在这之后，我对恒温器更加念念不忘。制造一款互联恒温器的想法已然深深印入我的脑中，挥之不去。我要做一款真正的智能恒温器，一款既能解决我的问题，又可以节省能源的恒温器，一款可以让我以之前所有经验为基础继续发挥创造力的恒温器。

这个想法已然征服我。我回到硅谷，开始投入工作。我研究相关技术，然后考察了创业机遇、商业模式、竞争情况、相关人才、融资难度，以及整个的产品历史。如果我要颠覆我之前的人生和家庭生活节奏，然后冒着巨大风险，在一个我一无所知的领域投入五到十年的时间，以创造一种我从未制造过的设备，那么我需要给自己充足的学习时间。我需要画出设计草图，规划产品功能，考虑销售和商业模式。

在这段时间里，我也会和自己以及我极度尊敬的人玩一个小游戏。当他们问我："你现在在忙什么？你在做什么有趣的事？"我会跟他们说我已经有了一个想法，一个似乎是很不错的想法，同时告诉他们一些细节，然后看他们会有何反馈和想法，会提出什么问题。我其实是在学着和乔布斯一样，在研究如何推销我的想法，琢磨关于产品的故事。等几周后我的研究和策略都已经成形时，我就不再说这只是一个想法，而是告诉他们我正在打造一款新产品。尽管这并不完全是真的，但我想让他们觉得这是真的，让他们真正深入细节。我更希望自己也是如此。我想要说服他们，我想要他们提出各种问题，我想要讲好这个产品的故事。我想确认这个故事的逻辑讲得通。

在 9 到 12 个月的时间里，我们打造了原型和交互模式，开发了部分软件，与用户、专家交流，并与朋友一起开展测试。之后马特和我才下决心孤注一掷，认真找投资人寻求融资。

我们没有可以保证成功的完美数据，再多的研究或延迟直觉也不能保证成功。对于创办公司的风险我们有 40%~50% 的预估，同时也制定了一些降低风险的策略。我们面前仍然有无数巨大且意料之外的未知因素。总之，虽然我们做了很多努力和准备，但这仍然是一个观点驱动型的决策（见第 6 章）。所以，我们凭直觉行事。这是一种很可怕的感觉，但也是一种正确的感觉。

有趣的是，延迟直觉通常不会减少你对创业的恐惧感。如果说有什么不同，那就是你对它了解得越深入，你就越会坐立不安。因为你会发现它有太多可能出错的地方，你会知道有无数的事情都有可能扼杀你的想法，毁掉你的业务，并最终浪费你的时间。

其实，知道什么能杀死你会让你更强大。

知道自己已经躲过不少的致命子弹，也会让你更强大。

正是因此，我们在向投资者做推介时，不能只是展示我们的愿景。我们要把"为什么"讲清楚，也就是要讲好我们的故事，但也要对风险做出说明。有太多的创业公司根本不知道它们在做什么，更有甚者，还试图掩盖各种失败风险。但是，如果投资人最终发现你未能认识、故意忽略，甚至还在努力掩盖你计划中的各种漏洞，他们就不会有投资你的信心。我们就列出了我们计划中的诸多风险：构建人工智能，和数百种不同（且非常古老）的暖通空调系统兼容，客户安装，零售，另外还有一个极其重大的风险——真有人在乎这个东西吗？人们真的需要智能恒温器吗？这种可能导致公司倒闭的潜在问题不胜枚举，当然我们也分别想出了应对各种问题的措施。无论如何，只要你把问题列出来，提出解决办法，坦诚面对，投资人就会知道你确实知道自己在干什么，他们也会愿意相信你最终能把事情做成。

最终你列出的每个风险，都会成为团队的一个战斗口号——与其逃避，不如面对。我们不断给自己加油打气："如果事情很容易，其他人早就去干了！"我们是在创新。让我们与众不同的，正是各种风险和我们应对风险的能力。我们就是要做一些别人认为不可能的事情。

这才是我们创建一家新公司的根本原因。

当然，这不是说你人生中任何一个微小的决定都需要你观望并进行无休止的研究。如果你不是从零做起，而是在做迭代，那么一切都应该加快速度。

我花了 10 年才下定决心研发我的第一个恒温器，但决定研发第二个版本可能只用了一周的时间。事实上，我们在完成第一个版本之前就已经基本清楚了第二版的样貌。市场潜力和技术已经得到印证，现在我们只需要把产品做得更好。我们当然会研发第二代恒温器。实际上我们已经完成了其中最难的部分（见第 12 章）。

如果你是在做优化，数据、各种约束以及经验就会成为你的向导。你已经掌握 V1 的整个制造过程，所以实现 V2 的过程既不会时间太长，也不会有太多难处。V2 永远不会像 V1 那样让人恐慌。

V1 总是非常可怕的，从来如此。那些充满野心的伟大新想法会把所有拥有这种想法的人都惊得魂飞魄散，这也是那些人之所以伟大的标志之一。

正在读这本书的你，可能充满探究心和创业热情，这意味着你会在生活中遇到很多好想法。看起来好想法无处不在，但要想知道这些想法是否真的很伟大，想知道它们是否有意义、有颠覆性、有重要性，并且值得你付出时间，唯一的方法就是充分了解它们，观察它们有哪些巨大的潜在风险，有哪些重大的负面影响，有哪些潜伏在表面之下的难以预期的重大灾难。这时，你可能就会把某个想法放到一边。你会寻找其他机会、其他工作、其他人生旅程。直到你意识到无论做什么，你都无法停止对那个想法的思考。这时，你就不会再选择逃避，而是会逐一排除风险，直至你建立足够的信念，并认定那个想法值得你为之冒险。

如果这种情况没有出现，那就说明你还没遇到一个好想法，它只是一种杂念。

那你就要继续向前，直到遇到一个无法让你释怀的想法。[1]

_____

[1]　如果你仍在就是否应该坚持某个想法而犹豫不决，可以听听我在《为下一个 10 亿而进化》（Evolving for the Next Billion）播客中关于此话题的讨论。

第 16 章 你准备好开始了吗？

世界上到处都是有想法和想创业的人，他们经常问我他们是不是已经准备好了："我是否已经具备进行一次成功创业的条件？还是应该先在大公司内部启动我的项目？"

我的回答是："如果你不去尝试，你就永远不会知道这个问题的答案。"我还是要在本章讲一下做好创业准备的方法。

1. 去创业公司工作。

2. 去大公司工作。

3. 找一位导师来全程辅佐你。

4. 找一位联合创始人，双方取长补短，共担创业之责。

5. 说服其他人加入你的公司。你的创始团队应该以晶种 [①] 为核，让优秀的人吸引更多的优秀人才。

..

人们刻板印象里的创业者都是 20 多岁的孩子，他们在母亲的地下室突然悟到了一个绝妙的主意，然后在一夜之间把它变成一家欣欣向荣的公司。在电影里，他们将自己的技术天才变成一种虽有缺陷，但却十分有效的领导方式，公司也因此日进斗金。他们虽然还未懂得友谊的真正价值，但却已经拥有一辆豪华汽车。

事实并非如此。

神童骑上独角兽一飞冲天的例外永远存在，但大多数的成功创业

---

① 在结晶法中，晶种是可以形成晶核从而加快或促进与之晶型或立体构型相同的对映异构体结晶的生长的添加物。——译者注

者在起步时都已三四十岁。投资人更愿意支持二次创业者，即便他们第一次创业是以失败告终的。这是因为这些人在20多岁的时候一直在不停地失败和学习。大多数人跟我走的是同样的道路：努力工作，一次次失败，进行各种冒险，进入注定做不起来的创业公司，然后去大公司摸索，选择了错误的工作，但又幸运地遇到了优秀的团队，要么离职太早，要么太晚。他们像弹球一样到处蹦跶，不断用头撞击各种东西。他们不断学习，他们历经各种残酷的考验。

根据阿里·塔马塞布所著的《超级创始人》一书，在拥有数十亿美元资产的初创公司中，大约60%的创始人在获得巨大成功之前就曾经创办另一家公司，其中许多人损失惨重。他们中只有42%的人在退出时拿到了1000万美元或以上的资金，所以按照风险投资的标准，他们中的大多数人都是"失败"的。

他们也因此具备了一家初创企业的基本思维模式。他们理解运营细节，知道一家小型初创公司的成功是什么样子。就是这些，这就是成功的秘诀。

问题是，你得经过数年的历练才能获得这些，而每个人都想走捷径。

为创业做好准备的唯一办法就是在创业公司工作，所以去找份工作吧。找一家初创公司或者任何小而灵的企业，只要其创始人大体知道自己在干什么就行。你需要一个可以模仿的榜样，或者是一个必须躲避的负面典型。站在办公室（或在视频会议中）观察眼前的所有情况，直观感受一下公司的各种基本架构。

- 这个公司的组织结构图是什么样的？
- 销售如何？
- 营销应该如何发挥作用？

•人力资源、财务、法律呢？

你需要了解每个领域的工作内容。这不是说你要成为各个领域的专家，而是要清楚你应该雇用什么人，他们应该具备什么条件，你可以从哪里找到他们，以及什么时候需要他们。比如，一开始你并不需要找一名人力资源经理，你自己搞招聘就可以。你也不需要财务，不需要会计，法务也可以外包。创意性业务呢？你什么时候需要运营？什么时候需要客户支持？是什么类型？实体店的客户支持可与电子商务的客户支持非常不同。

在初创公司工作时，要把时间多用于了解你正在帮助构建的业务。之后你应该跳槽，转到一家大型企业。要想学会处理大公司所面临的问题和挑战，尤其是那些产品之外的各种事项，例如，组织、流程、公司治理、办公室政治等，这就是你唯一的选择。你对每一类公司的运作观察得越多，你在创业时遇到的问题就越少。

只有一个改变世界的绝妙想法是不够的，当你开始创业后，你首先要学会经营。创造新事物已经够难了，面对那些让你夜不能寐的未知之未知，你应该聚焦于你想要解决的问题，而不是考虑是否要找一个营销机构或聘请什么样的律师。没有时间让你搞砸各种基础事宜，也没有时间让你学习基本知识。

钱会烧得很快。如果你失去了快速前进的信心，你就得不断放慢速度，面对众说纷纭而莫衷一是。你会陷入选择和观点的泥沼。"什么是最好的？什么是最新的？"这些问题将会在你头脑中无尽回响。面对各种通向目标的不同道路，你迷失了自己的方向。

当然，这并不意味着你不应咨询任何人，单枪匹马做这件事是不可能成功的。

你需要一位导师或教练。

你需要一个极度出色的创始团队。

你可能还需要一位联合创始人。

创立公司所承受的压力不可估量，而且需要付出无尽的辛劳和牺牲。你需要一位能和你相得益彰的伙伴。你可以在凌晨2点给他打电话，因为你知道他也醒着，也在为你的初创公司工作。当他情绪低落并需要支持时，他也会给你打电话。创业孤独而痛苦，快乐而疲惫，找到合适的人共担风雨是防止被压垮的唯一办法。

请注意，即便你有了联合创始人，也只能有一个人当老大。如果你总是对联合创始人指手画脚，那也是自找麻烦。两个创始人可以配合得很好，三个创始人有时候也行。但以我所见，如果创始人更多，情况就不太妙。

我记得我们合作过的一家初创公司有四位联合创始人，每个决定都要经过他们的一致同意，而这意味着每个决定都非常耗时。他们之前从未创过业，所以即使是招聘、产品变化、从谁那里拿钱，以及如何拟定协议等最基本的问题也会一直争论不休。如果他们不能达成一致，他们就会犹豫不决地做和事佬，为了顾及人情而淡化自己的意见，结果公司渐渐落后于竞争对手，资金也烧光了。后来董事会不得不介入，他们撤掉了部分创始人，并对整个团队进行了一次大改革。

分担责任是一回事，完全不管不顾则是另外一回事。如果你要领导一个团队，那就要做好领导的准备。当你闭上眼睛的时候，你应该已经知道你的第一批员工是谁了。你应该能够不假思索地写下五个名字。如果你在开始之前还没有把名单准备好，你可能就不应该开始。

只列出名单是不够的，你需要把他们招致麾下，起码得把其中的几个拉过来。让他们全心投入和真正全力以赴，和只是听他们说一句"耶！这真棒，我愿意和你一起工作"的意义完全不一样。如果你不能让他们在劳动合同上签字，那么你可能就得通盘重新规划。

因为在一开始时，不会有人力资源经理来帮助你发现和雇用一个世界级的团队，你甚至连人力负责人都没有。你最初 25 名左右的员工能否到位，全部取决于你和你的合伙人，取决于你们的愿景、你们的人脉、你们是否能让人们相信你们知道自己在做什么。你可以依靠你的导师和董事会（最好是早期投资者），你可以让他们为你的信誉背书，但最终你靠的还是自己和对成功的渴望。

你需要一个能让人信服的故事（见第 10 章）。你要说服那些你敬重的人，那些能帮助你干出一番大事的人。你的团队就是你的公司。你的第一批员工也是至关重要的，他们将帮助你构建未来的企业和文化。

你团队中的每一个成员都应该是能独当一面的能手（任何创业失败的经历都是加分项，因为那意味着他们知道这次不应该干什么），但他们也需要有正确的心态。从 0 到 1 是一次巨大的飞跃，它对每个人都是一场艰巨的考验，尤其是考虑到它可能不会带来任何回报。所以你需要找到那些愿意和你一起全情投入其中的个体贡献者，不管是因为他们对你的想法感到兴奋，还是因为他们只是年轻有抱负，抑或因为他们已经取得财务上的成功，暂时无须担心房租。

头衔、薪酬和福利永远不应该是你的主要吸引力，但这并不意味着你应该给人家开低工资。你应尽量灵活安排薪酬结构，使其适合你所招聘的员工。有些人可能更喜欢现金而不是股权，这应该始终是一种选择。但你的大多数团队成员都应该获得丰厚的股权——他们也是你们这个想法的所有者，所以他们也应该是公司的所有者。你必须让你的团队拥有从成功中分享利益的权利，这样当公司出现问题时（肯定会有这样的时候），这些人就不会弃你而去。

在创业的早期，你寻找的是那些为使命而存在的人，是激情，是热忱，是理念，是作为核心的晶种。

晶种指的是那些极为优秀和极为受人尊敬的人,是你组织的主干部分。他们都是经验丰富的领导者,要么做过大型团队的管理者,要么是一呼百应的超级个体贡献者。一旦他们加入你的组织,其他优秀的人才通常就会蜂拥而至。

这就是我们在 Nest 时的核心团队构建方式。我们寻找精英中的精英,他们则自生引力,能够把更多的人才招纳过来。

我记得刚开始的时候,我经常和我的导师,也就是坚毅、刚猛、睿智的比尔·坎贝尔一起,在办公室里四处打量,站在那里乐得合不拢嘴。

我第一次见到比尔是在他担任苹果董事会成员的时候。当我开始筹办 Nest 时,需要帮助的我再次和他取得了联系。我记得当时他直勾勾地盯着我,一边观察我的微表情,一边问我:"你愿意接受指导吗?"他的意思其实是:"你会听我的意见吗?你做好学习的准备了吗?"这是你接受比尔指导所需的唯一必备资格,也就是说,你得承认自己并非无所不知,你得承认自己会把事情搞砸,你必须能够从这些失败中吸取教训,听取别人的建议,并且把一切落实到行动之中。

比尔根本不懂技术,也从来没当过工程师,但他识人知事。他知道如何与这些人合作,使他们发挥最大的潜力。他可以教我如何召开董事会会议。如果我的团队陷入困境,他可以教我怎么做。他总能看到一英里之外的问题。当他看到我要走错路时,他会说:"你得把脑袋抬起来!你得面对问题!"

当你要创办一家公司或启动一个重大的新项目时,你需要的是一位教练,一位导师,一处智慧和助力的源泉,一个能识别潜在问题并在其发生前提醒你的人。这个人会悄悄地告诉你现在已经伸手不见五指,因为你把脑袋埋进沙子了,而他会给你一些快速把脑袋抬起来的建议。

创业时没有合伙人，你或许还能凑合；没有团队，你也能活上一段日子，但你不能一日无导师。

至少找到一个你极度信任并且对方也相信你的人。导师不是生活教练，也不是高管领导力训练师，不是任何机构，也不是某个读了很多案例研究并准备按小时向你收费的人。他也不能是你的父母，因为他们太爱你，所以很难做到不偏不倚。你要找的是一位有经验、聪明、有用的导师，他应该曾经做过类似的事，而且非常喜欢你，愿意帮助你。

当你创业时，你需要倚仗导师。甚至当你在一家大公司内启动某个项目时，你也需要导师的协助。

不要认为后一种选择会更容易，不要以为你可以通过在别人的公司里创业来避开自己创业的困难。大公司不是捷径，其宽敞而迷人的办公室里到处散落着各种创新小项目的尸骨，而这些项目的失败，都是从一开始便已经注定的。

除非大公司能够给你某些独一无二的东西，比如一些你在其他地方无法获得的技术和资源，否则你就不应该考虑在大公司内搞所谓的"创业"。而且你必须确定已经采取合理的激励措施、正确的组织结构，并且得到领导层的空中掩护，这样你才有成功的机会。

你必须记住，你就像是大象屁股后面的小蚊蚋，你得和其他更能赚钱的部门同场竞技，以求在公司赢得一席之地。即使你是在一家拥有近乎无限资源、价值数十亿美元的公司，你也不要指望能够兵不血刃地获取这些资源。你不能指望公司里的人愿意和你一起为项目冒险。他们不太可能离开一个更成熟、更受尊重的业务领域，然后不计回报地加入你的团队。

同样的道理，当你不选择去一家创业公司，而是要加入一家大公司小而新的项目时，你也要考虑清楚：这个项目为什么能行？为什么值得你去付出？对风险和回报的计算必须合乎理智。

我们之所以能成功招募到一个优秀的团队来研发 iPod，原因之一是我们的团队可以获得相对更高额的股票和奖金计划，这是他们在苹果其他任何部门都无法获得的。另一个重要原因是史蒂夫·乔布斯对我们的全力支持。这两个因素让我们能够招募到优秀的人才（即使在签约之前，他们也不知道自己要干什么），并使我们能够在内部斗争中存活下来。乔布斯赋予我们这个小团队一项极不对称的优势，那就是为我们进行空中掩护，如果谁敢捣乱，他就直接轰炸他们。有几次苹果公司内部的反对派试图把我们从组织中清除出去，他们总是说："我们还有其他优先事项，所以等我们有时间了，再来帮你们。"或者说："我们为什么要做这个？那又不是我们的核心业务。"但只要我们的团队提出合理（或不合理但重要）的请求，那些拖我们后腿的团队就会马上接到乔布斯的电话："如果他们有需求，那就看在老天的分上赶紧给他们！这对公司非常重要！"

没有人想接到乔布斯的电话。他们早就学乖了，那就是不要试着用自己微小的身躯去阻挡一列正在飞驰的火车。

如果你没有一个在背后挺你的老板，如果你没有能够吸引一个优秀团队的薪酬，如果你开销巨大却又没掌握大公司的资源，那么就不要尝试在别人家的公司里搞什么创业项目，你最好的选择可能还是单干。你要么干脆放弃，要么就去创办一家真正的创业公司。

许多初创公司是由刚刚离开大公司的创业者创立的。他们看到了某种需求便向老板推销，但遭到拒绝，于是就出来自己动手干了。在通用魔术时，我就目睹了发生在皮埃尔·奥米迪亚身上的这种事。他在空闲时写了一些可以让人们竞拍收藏品的代码。当网上拍卖这件事开始受到更多关注时，他就问通用魔术是否对此感兴趣。"不感兴趣，谢谢！"这就是他得到的答复。于是他让通用魔术签了一份弃权书，后者声明对他的这些代码没有任何权利。之后他辞职，并创办了一家叫作 eBay 的小创业公司。

皮埃尔的成功源于很多因素：完美的时机、一个好的想法、对想法的坚持、相关的技能，以及领导能力。他还有一个很多人没有想到的巨大优势：他来自一家初创公司。他知道初创公司是如何运作的，他对什么该做、什么不该做有无数切身的体验。

我也见过很多从大公司出来的人，他们打算创业，但却完全没有做好相关准备。如果他们从来没有在一个小团队里从无到有地干过，那他们就是一条离开水的鱼。他们花钱太多、太快。他们不会控制招聘规模。他们没有时间，投入不充足，没有创业心态，无法做出艰难决策，经常被共识思维淹没。他们最终只能做出一些平庸的产品，或者根本什么都做不出来。

不要让这些事情也变成你的经历。如果你想创业，如果你想开始做某件事情，创造一些新东西，那你必须为了实现伟大目标而奋力争取。伟大不可能凭空而来，你必须做好准备，必须知道自己要去哪里，并记得自己来自何处。你必须做出各种艰难的决策，做一个使命驱动型的"浑蛋"（见第 7 章）。

所以，抓紧行动起来，清楚自己要做什么，相信自己的直觉。

当时机到来时，你已准备就绪。

第 17 章　融资就像结婚

　　每次筹集资金，你都应该把它视为一段婚姻：两个人基于信任、相互尊重和共同目标而缔结长期承诺。即便你是从一家规模庞大的风险投资公司拿到的钱，最终一切还是要看你同该公司某一个合伙人所建立的关系，以及你们的预期是否一致。

　　和婚姻一样，你不能因为某个人只对你表现出了些许兴趣就打算以身相许。你必须从容选择，找到一个适合你的人，一个不会跟你耍花招儿或给你太多压力的人，然后还要确信这是你成家的一个合适时机。如果你的公司还很年轻，你还不知道自己到底是谁或者你想变成什么样子，那你就不要急于结婚。同样，你也不能因为朋友都在这么做或者因为害怕错过就再也找不到合适的人而急于结婚。

　　你也必须了解你的合作伙伴以及他们的心思重点都放在哪儿。例如，风投受制于为其提供资金的有限合伙人（如银行、教师工会或者极富有家族等大型投资者、实体），所以为了向这些有限合伙人展示成绩，他们可能会在你没准备好时就催着你赶紧出售或者上市。像英特尔或三星这样拥有风投部门的公司，则可能会利用它们对你公司的投资，不惜牺牲你的利益为自己争取更好的商业交易。即使你的投资人会把你的最大利益放在心上，即使你妈妈就是你的天使投资人，那也不意味着他们的钱没有任何风险或者没有任何附带限制。

···

风投存在的原因是促进交易，你需要钱，他们就给你钱。风投的有效运转则有赖于各种关系——你和风投在融资推介过程中的反复推敲，在交易达成后风投帮你招募高管或管理董事会，以及他们为你的下一轮融资而推荐的各种人脉关系。风投不是由钱驱动的，而是由人驱动的。

每一段成功的人际关系背后都有同样的规则：在你全力倾注于某个能改变人生的重大努力之前，你们都需要先相互了解，你们要相互信任，相互体谅。

这也意味着你要接受审视，接受考察，而且很可能会被发现有不足之处。在你找到"真命天子"之前，你可能会无数次被人拒绝。这是一种特别残忍的约会方式。只不过你不用给他们买饮料，而是求他们给你钱。这一点儿也不好玩。

另外，你永远不会听到"问题不在于你，而在于我"这样的话，因为问题总是出在你身上。受到评判的永远是你的公司、你的想法以及你这个人。

要做到毫无保留其实并非易事，敞开心扉任人评判也很困难。即便一切都陷入疯狂，即便随便什么人随便写个商业计划书就能拿到融资，融资也不是一件容易的事情。

就像 1999 年那样的情况，或者 2022 年的情况。

投资世界充满了周期性。融资环境总是在偏向创业者和偏向投资人之间转换。这就像房地产市场，有时对卖家有利，有时对买家有利。在偏向创业者的环境中，大量资金会蜂拥流入市场，投资人几乎愿意投资一切，因为他们不想错过任何交易。然而在一个偏向投资人的环境中，可供投资的资金要少得多，投资人更加挑剔，创始人的待遇也更差。

有时候也会突然出现一个疯狂的市场，你感觉钱是从天上掉下来的一样，所有的规则都被抛弃了，而且这种情况仿佛永远不会终结。

这一切终将结束，就像它在 2000 年的终结一样，总有回归均值的时候。即便是在很疯狂的时候，融资也不是一件易事。你还是要努力争取，细节仍然非常重要。即便它看上去容易，实际上也不容易。它只有困难程度的不同，包括了从极其困难到几乎不可能几个等级。

所以在开始这个过程之前，你首先要了解你自己，确定你想要什么。因为你在第一轮只有一次机会。你必须严肃行事，必须做好准备，必须清楚自己即将面对的处境。

你应该问自己的第一个问题是一个最基本的问题：你的企业现在真的需要外部资金吗？对于许多处于种子期的早期初创公司来说，这个问题的答案常常是"不"。如果你仍在进行研究，做产品测试，想知道自己想法的确切的可行性，那么你就不需要急着融资，慢慢来，和延迟直觉交个朋友。

如果你确信已经做好融资准备，那么你打算用这些钱做什么？你是否需要创建一个原型？需要招募团队吗？需要对某个想法进行调研吗？获得专利了吗？准备游说当地政府？启动某项合作？策划一场营销活动？满足你现在需求的最低资金额是多少？当这些需求发生变化时你又需要多少资金？

如果你想清楚了这一切，你就可以考虑你的公司的业务是否会引起投资人的兴趣。你的公司未必适合风投。多数的大型风投公司都出人意料地厌恶风险，它们不会投资那些不能证明自己已经处于清晰增长轨道的初创公司。互联网时代已经教育了风险投资，现在它们在投资前都必须对数字有所期待，会看增长率、注册率、点击率、退订率、运行率……所有的比率都要看。风险投资也要跟自己的老板汇报，它们的老板是有限合伙人，也就是给它们出钱的人和组织。它们需要证明自己与合适的管理团队一起做出了明智且利润丰厚的投资。

如果它们真的投资了你，许多大型风投就会认为你马上需要大规模的资金注入，这样你就可以快速赢得巨额回报。但对许多初创公司来说，这样的期待和时间表并不合理。

所以不要觉得你必须找那些大牌风投，其实，你有很多选择。投资过成百上千家公司、能掏出数千万甚至上亿美元的巨型风投当然是选项之一，但除此之外，还有一些规模较小、投资于少数企业的利基市场风投或区域性风投。天使投资人可以在你启动时提供少量资金，也会帮你做好寻找更大风投的准备。还有那些拥有投资部门的企业，它们希望使用你的产品或者利用你进行商业交易。这些选项不仅存在于硅谷，而且遍布美国和世界各地。现在到处都有资金。

无论你选择何种来源的资金，最终一切都取决于你将与之共事的人。即使你是去和帕洛阿尔托最大的风投谈协议，你也不是在和其整个公司的人打交道。你需要的是给房间里的那个人留下深刻印象并与之建立关系，那个人就是你的合作伙伴。那是将决定你协议条款的人，那是将成为你董事会成员的人，那是你要与之"联姻"的人。

我曾经认识一位创业者，当时他正在和一家著名的大型风投公司谈协议。在一次成功的会面之后，风投说要参与，马上会把投资意向书寄过来。但一个星期过去了，之后又是一个星期，然后风投的那位管理合伙人开始耍花腔，并试图降低估值。他会连续一个星期故意不理这位创业者，然后怒气冲冲地回来并提出更多问题。这样的情况持续了4~6个星期。

与此同时，这位创业者开始与其他风投公司接触。第二天，其中一家公司就送来了投资意向书。

这位创业者不得不做出艰难的决定，是继续等着最大的风投玩家"临幸"你？还是找一个不太知名但要热情得多的投资人？谁会是更好的合作伙伴？从长远看，谁会更有帮助？

最后，这位创业者打电话给那家知名的风投公司，告诉它自己已和另一家公司签约。对方气急败坏，并像20世纪80年代电影里的一个坏人那样发出尖叫："该死！你怎么这样对我！"他砰的一声挂了电话，从此杳无音讯。我的意思是说，这个合伙人再也没有找这位创业者交流过。他们假装自己从来没出现过，即使在各种聚会上也要避开对方。

上了风投合伙人的黑名单总比拿了他们的钱并让那个浑蛋站在他们公司头上作威作福要好得多。这位创业者躲过了一劫。所有的拖延都是动摇创业者的策略，以迫使他们接受更为糟糕的投资条款。当愚蠢的游戏起了反作用，硅谷里最有名的某个人也变成痛苦的孩子。连上床都不考虑你，更别说结婚了。

记住，一旦你从投资人那里拿到钱，你就被他们困住了。权力的平衡发生了转移。风投可以解雇创始人，但创始人不能解雇自己的风投。纵使有不可调和的分歧，你也没办法把对方给休了。

如果事情搞砸了，你们的关系则可能会以分居的形式告终。也就是说，虽然法律上仍然在一起，但你们彼此已经把对方拉黑了。当风投不看好你的公司时，基本上就会忽略你，不会帮助你，不会帮你联系其他风投，不会在合伙人面前帮你讲话。当你公司破产时，风投也只会袖手旁观。

所以你应该始终密切关注，当风投应该表现其诚意的时候，也就是当你与风投的谈判进行得很顺利，看上去你们可能会达成协议的时候，它会怎么对待你。如果它开始对你有一搭没一搭，你的脑子里就要响起警铃。以下是一些其他的警告信号。

- 风投对你做出签约的铮铮诺言，却始终不兑现。通常它们会一遍又一遍地重复自己的话，告诉你会得到多少定向的关注，会得到多少帮助，会有多少这个或那个。一定要与同它们合作过的其他初创公司交流，以了解它们在自我推销阶段之外到底能提供什么服务。

- 风投在时机上非常有强迫性，以至于让你感到恐慌，比如它们会拿出一份投资意向书并让你马上签字。有一次，当我正要走出会议室时，一家风投公司的代表给了我一份投资意向书，并催促我当场签字。我说："这开的不是一家二手车经销店！"并告诉他，我只有在看完条款后，才会签字。

- 有一些贪婪的风投，它们除非能占到你公司超额的股份，否则就不会投资。通常情况下，一家风投需要占 18%~22% 的股份才能让其模型跑起来，但如果它们开始要求占更多的股份，那你就要小心了。不要觉得它们是唯一的选择，如果直觉告诉你要继续找其他风投，那就继续寻找。

- 一些风投会专门狩猎那些缺乏经验的初创公司，其目的是对它们指手画脚，发号施令，而不是让创始人和 CEO 来经营公司。指导和建议是一回事，必须服从的命令是另一回事。

- 有时，潜在风投会在你的公司中看到一些有趣的东西：也许是你没有从合适的风险投资公司那里融资，也许是你资金紧张，也许是你取得了令人难以置信的突破性成功。所以它们会提出一个非常好的交易条件，但它们的条款会让其他把你推到目前这一步的投资者吃亏。我们见识过，有许多大大小小的风投公司试图通过不公平竞争来获得优势，它们可能会过度稀释之前的投资者，或者在你们的协议中设置一些会吓跑新投资者的条款。如果几年后事情进展不顺利，它们也会毫不犹豫地毁掉你。所以当协议条款不标准，或看起来好得令人难以置信时，你也要加倍小心。有时看起来你只是放弃了一件小事，但如果你的感觉不对劲儿，那可能正是它们为了赶走其他所有人而迈出的第一步。它们迟早要控制你的公司。

还有一件通常并非警告信号，但也让许多创业者担心的事情，那就是风投以往是否解雇过CEO或创始人。你自己可以调查此事，去看看它们的投资记录。有一些知名风投只关注公司发展，不会给创业者第二次机会，而是会直接将其解雇，但多数风投通常不会这么决绝。有时候它们甚至是太过犹豫，而那些不经常这样做的人也都有自己的充足理由。

无论如何，很难对整个公司一概而论。这通常取决于个人，就像其他事情一样。

因此，在向投资人做推介时，你一定要确保自己找对了人，与过去曾与这家风投共事并且一起共患难的创始人聊聊，以了解哪些合伙人是能干事的、能提供帮助的、有聪明头脑的，而哪些人只关心钱。

永远记住，投资人可是天天在各种创业推介里泡着的，尤其是大的风投，小的也基本如此。你需要想办法浮到水面，引起它们的注意。

做到这一点的最佳方法便是创造一个引人入胜的故事，并且了解你的受众。即使在硅谷，大多数风投也不是技术型的。所以不要关注技术，要关注"为什么"（见第10章）。

要把你想说的一切都装进15页幻灯片确实不是一件容易的事情。你不仅得让它变成一则顺畅的叙事，还要让它无论在理性和感性上都具有吸引力，让它既能高屋建瓴到让人们轻松地抓住要点，又不能显得不够深入、缺乏细节。这是一项艺术。

与所有艺术一样，它也需要练习。一开始你可能极不擅长此事。向别人推销确实是一件难事，你需要不断演练、变换、调整以及修订你要讲的内容。

因此，你肯定不希望自己在第一次推介时就需要面对你所在领域的顶级风投。风投之间经常互通有无，所以如果有风投把你晾在一边，同级别的其他风投也可能不会考虑你。如果可以，首先找一个会给你反馈并帮助你改进的"友好"风投，这样的话，你兴许还可以有第二次机会。

记住，你不需要在第一次会议上表现得很完美。你可以说："我想让你先看看这个，也许你会感兴趣，我想听听你的意见。"倾听其反馈并从中学习。你不必接受每一个建议或批评，但你应该理解其提出建议或批评的理由，并做出相应的调整。

一旦你理解了棋盘上的棋子，你就可以更好地计划你的每一步。你可以根据会谈对象的不同来裁剪你的故事，你会逐渐有一种准备好了的感觉。

只是不要忘记另一个可以悄悄接近并打败你的因素——时间。

筹措资金的时间会比你想象的更长，要把它预计为一个3~5个月的过程。它也可能比预想的快一些，尤其是在一个偏向创业者的环境中。我们不要在这上面押注，有太多的公司等到资金即将用完，后来遭遇资金缺口并濒临破产时，才开始饥不择食地去找各种来路的资金。一定要在不需要钱的时候就开始你的融资推介。你需要处在一个强势的地位上，而不是屈服于压力并做出错误的选择。你还应该注意节假日，比如8月、中国春节，以及从感恩节到新年这段时间。人们经常忘记风投也需要休假。

以下是你在这一过程中需要牢记的一些技巧。

- 不要耍花招儿。就像你不想遇到一个爱耍花招儿的投资人一样，如果你不能和他们坦诚相见，他们也会对你失去兴趣。
- 就你的融资推介和创业方案，听取别人的反馈意见。如果别人说的话有道理，你就要做出改变。但要坚持自己的愿景和"为什么"，不能随便听投资人说几句就马上改变自己的主意。
- 明确告知投资人你需要多少钱，以及打算如何花掉这些钱。你的职责是为投资人创造价值，并确保达到每一个重要的里程碑，不断提升业务估值。这样等下一次融资的时候，你就不会稀释现有投资人、员工或者自己的权益。

- 创业者会觉得，即便他们没有达到为自己设置的里程碑目标，他们企业的估值也应该提高。但投资人可是打开门做生意的，如果你实现不了目标，你的估值就不可能提高，你自己的股权也会减少。在企业出现困难的情况下，为了留住员工，你甚至得进一步稀释自己的股权，把更多股票分给他们。

- 不要认为你的估值会和周围其他公司一样，每一项投资都是独立的。

- 投资人不喜欢看到创始人或高管拥有"完全权益归属"，他们希望你把自己的利益和公司捆绑在一起。为了向新投资人展示你的决心，你可能还需要将已经持有的股份进行"重新授予"。

- 记住，投资人也需要进行调研以作为决策参照，例如，作为尽职调查过程的一部分，他们会想要与你的客户交谈，所以你可以建一个资料室来归纳各种文件，这会让投资人的调研变得更容易。

- 在后续会谈中，要直面你的风险并提出减少风险的办法，要明确你需要招聘什么样的人以及未来的主要挑战。

- 尽量找到两个有同等影响力的投资人，以使其互相制衡。所有风投互相都很熟悉，所有风投私下都有交流，没有人想得罪他们的潜在合伙人。所以，如果有一个投资人开始耍花招儿，另一个就可以直言不讳。从长远来看，你的业务可能对他们来说并不那么重要，但通常没有人愿意破坏他们在其他风投尤其是在有限合伙人圈子中的声誉。

最后请记住，即使你们的第一次会议开得特别好，每个人都喜欢你的推介，你也喜欢投资人，房间里的气氛融洽到了极致，这些人也得先回去说服投资委员会，否则你拿不到一分钱。整个过程会因为风投公司的不同而各有差异。所以你要不断地问他们：要想得到他们的肯定答复，下一步该怎么做？第二步呢？第三步呢？这就像下棋一样，下棋时你永远都要考虑两步以后的事情，融资时你要考虑两轮投资之后的情况。即使你现在还对风投不感兴趣，即使你只是在寻找一个天使投资人。天使投资人最好的一点是，他们不受有限合伙人的约束，纯粹是因为相信你，想帮助你，不用面对那种被人追着要求立刻给他们赚钱的压力。

天使投资人通常更愿意承担风险，因此他们可能会比风投更早地为你提供资金，同时又不会像风投那样使劲催你往前赶，他们会为你提供更多的回旋余地和时间以便厘清公司业务。

这是一个优势，但缺乏约束也可能给你带来巨大冲击（见第 13章），而由此造成的内疚则会像一把砸向你内心的锤子。

20 岁那年，我跟我的叔叔借钱创办了 ASIC，业务是为苹果 II 电脑生产处理器。后来苹果公司停止生产苹果 II 系列，我的公司也因此垮了，我叔叔的钱也打了水漂。我为此内疚了好几年，而且是那种扎心的内疚。我叔叔却很坦然，他告诉我，他知道自己在赌，是在我身上下注，而且他很可能会输。

婚姻失败的概率是 50%，创业失败的概率则高达 80%。

自己开公司的成功概率非常小，因此，你需要克服失败和损失他人金钱所造成的精神痛苦。在这种时候，你就得坦诚应对这一切：你必须搞清楚出了什么问题，以及你会如何从中吸取教训。

不管你怎么说，事情都不会变得容易。风投的钱是一回事，你妈妈的钱是另外一回事。即便你是从家人和朋友那里拿钱，你也必须和从风投那里融资一样努力，甚至要更努力，你还要做好可能空手而归的准备。

即使在我创办 Nest 的时候，我也不想承受这种负担。我拒绝接受泽维尔·尼尔的钱，他是我的好朋友，也是一位了不起的企业家，是法国互联网服务提供商 Free 的创始人。我不再是一个 20 岁的孩子，泽维尔的经济状况也和我叔叔完全不同，但我不想让泽维尔认为我是为了用他的钱。那种失败的感觉，那种告诉我关心的人他们的钱没了的感觉，至今仍让我记忆犹新。所以尽管泽维尔一直追着要投我，但我始终没有答应。

Nest 发布之后，我最终和他站在了同一个舞台上。他那次演讲，台下坐着上万人，他对人们说："这个人就是不让我投资！"那个时候 Nest 已经走上正轨，风险已经没那么大了，所以我最终同意接受他的投资。结果皆大欢喜，但一开始时我并不想让任何事破坏我们之间的关系，而且 Nest 给我的压力已经够大了。

不管你选择了哪条路，拿风投或天使投资人的资金也好，靠战投或者自筹①也罢，创业终究是艰难的，融资终究是艰难的。这里没有任何捷径，没有任何好走的路，也没有任何凭借偶然运气就可以获得成功的空间。

但如果你正确行事，如果你选对了人，你就会真心喜欢上你的投资人，而他们也会帮助你度过初创公司都免不了要经历的各个困难阶段。无论面对什么，他们都会陪在你身边，而你最终也会拥有幸福的婚姻，甚至可以拥有几段美满的姻缘。

在此之后，剩下要做的事，就是打造业务了。

---

① 即 bootstrap，一种不对外募资、靠创始人等自掏腰包、靠自己能力成长壮大的创业模式。——译者注

第 18 章　目标客户有且只有一类

　　无论你的公司是 B2B、B2C、B2B2C（商对商对客）、C2B2C（客对商对客），还是其他一些难以想象的缩写，你都只能侍奉一位主子——你只能有一类客户。你大部分的聚焦点和整个的品牌宣传要么是针对企业，要么是针对消费者，但绝对不能同时针对两者。

　　理解你的客户，理解他们的人口统计特征和心理特征，理解他们的需求和痛点，这就是你公司的根基。你的产品、团队、文化、销售、营销、支持、定价以及其他一切都是由这种理解塑造的。

　　对于绝大多数企业来说，对所打造产品的主要客户缺乏洞见，正是其走向衰亡的开始。

··

　　在 Linux 服务器出现之前，Windows 服务器占据着市场主导地位，苹果则在此时决定进军 B2B 业务，那就是打造自己品牌的服务器。这个项目始于我加入苹果之前，当时苹果正在绞尽脑汁想着该如何提高计算机销量并引进更多的开发者。企业用户需要在服务器上运行各种软件，于是这个典型的消费者品牌就推出了一个企业级的服务器产品。

　　这次行动以失败告终。这不是因为做服务器的技术太复杂，实际上这是最简单的部分，主要是因为 B2B 并不在苹果的基因里。它没有针对性的营销、销售、支持和开发人员，而且各大公司的首席信息官早已习惯微软提供的无数种企业级服务，因此在他们做出相关的采购决策时，苹果硬件的占比通常极低。服务器团队绞尽脑汁试图强行搞出一套完全不合情理的配对组合，这就好比想让一棵苹果树结出橙子，其结果可想而知。后来幸亏 iPod 业务取得了成功并拯救了公司，苹果才把服务器项目砍掉了。

史蒂夫·乔布斯很清楚他从中得到的教训，他也相信我们都从中学到了一课：任何试图同时做 B2B 和 B2C 的公司都会失败。

你的客户是属于千禧一代的吉姆，还是一位《财富》世界 500 强公司的首席信息官简？前者会在 Instagram 上看到你的广告，然后下单购买你的产品，送给他姐姐作为圣诞礼物。后者则会回复你的销售团队发过来的一封冷冰冰的电子邮件，与你就价格和不同产品的特性展开数月的谈判，并且还需要你马上派一个客户服务团队来培训其手底下的 5000 名雇员。你不可能同时把这两种人装在脑子里。你无法用一款产品满足两种完全截然不同的客户、两种迥异的客户旅程。

搞技术时这样行不通，做服务时这样也不行。开店不行，就连做饭都不行。

这是一条硬性规则。

所有规则都有例外。你或许是从 B2C 起步，但这并不意味着你永远不能以任何方式与企业合作。还有一小部分非常特定的公司可以把自己分成两部分，而且每一部分都能做得很好，如酒店和航空公司这样的旅游行业，以及开市客和家得宝这样的零售商（它们最大的创新是将 B2B 产品向 B2C 产品开放）。金融产品和银行既可以是 B2B，也可以是 B2C，因为有些家庭的经营就跟小企业经营一模一样。

但即使是这些公司，也有一个完全 B2C 的品牌。这就涉及另外一条规则：即使你能迎合两者，你的营销也必须是 B2C 的。你永远无法说服一个普通人使用一个显然不是为他们打造的 B2B 产品，但如果你能吸引公司内部的人，你也能说服一家公司使用你的产品。

这就是苹果最终在企业级业务中站稳脚跟的原因。

iPhone 发布后，首席信息官们迟迟没有将其用于商业用途。CEO 通常会把与任何同 IT 有关的事务交给首席信息官处理，但这次他们主动站出来并呼吁变革。他们喜欢自己的 iPhone。他们的员工也是如此，想在办公室里使用 iPhone。

正是苹果在为消费者创造产品方面的成功，导致它在企业领域的成功。人们爱上了 iPhone，于是想知道为什么生活的其他方面就不能和 iPhone 一样方便容易。没有人愿意和那些需要几天或几周培训才能学会如何使用的垃圾企业工具打交道。人们希望这些产品的交互界面能更简单，速度能更快，硬件能更好看。

苹果创建应用商店的主要动力之一实际上来自企业。随着企业开始采用 iPhone，它们开始联系苹果，要求为员工和销售人员开发应用程序。如果苹果希望人们继续在工作中使用它的手机，它就必须允许企业能够创建自己的应用程序，于是应用商店诞生了。

现在苹果公司有独立的团队来处理所有的 B2B 业务，但它的产品目标却从来不是满足 B2B 客户。通过保持自己纯粹 B2C 公司的身份，苹果在不显著改变其优先事项及营销方式或使其核心业务失控的情况下，成功实现对 B2B 业务的进军。

乔布斯设定了规则，苹果则一直在遵循这些规则。它知道这个游戏应该怎么玩。

如果游戏本身发生变化了呢？如果市场不再只是有 B2B 和 B2C，那该怎么办？如果有新的市场、新的服务、新的商业模式、新的首字母缩略词呢？

DICE 是同我合作的公司之一。这是一个 B2B2C 模式的下一代音乐发现和票务平台。在早期，DICE 因它的三类客户分裂为三个方向：音乐爱好者（消费者）、音乐场所（商业）和音乐艺术家 / 经理（商业）。一方面，DICE 的大部分收入来自演出场馆，所以或许它的产品应该迎合这一群体的需求。另一方面，它又希望为粉丝创造一种很棒的体验。此外，如果没有音乐艺术家，这一切都无法实现，所以或许他们应该成为焦点。

这三类客户都是DICE所需要的。为了获得成功，它得让这三类人都开心。但DICE只有一个团队和一个产品，而且每次它对场馆做出让步，粉丝和音乐艺术家的体验就会受到影响。当它试图取悦音乐艺术家时，那些场馆客户就会抱怨。

我的建议很简单：一切都没有改变，这些规则仍然适用，所以它得从三个客户中选一个。它的初衷就是根除黄牛，给粉丝们带来美妙的体验。它的业务模式是B2B2C，但在跟着缩写字母走的时候不能忘记自己的使命。B确实很重要，但如果没有C，它会失去一切。

现在它找到了真正属于自己的"金科玉律"：粉丝是其唯一的客户。

它希望场馆和艺术家也能坚持这一点。它不断提醒后两者，如果DICE在粉丝方面做得很出色，其他一切都会跟着好起来。艺术家、场馆、DICE，最终只有一个主子：那些花钱买演出门票的人，那些只是想看一场精彩表演的人。

这就是关于B2B2C最需要牢记的一点：不管涉及多少企业，最终撑起整个商业模式的还是终端消费者。

但公司却经常忘记这一点。这种情况在一家公司从B2C发展到B2B2C时最为常见。这类公司一开始通常没有商业模式，找不到赚钱的方法，它们只是有很多客户在免费使用它们的产品，但免费从来不是真正的免费。最终，许多公司意识到它们最赚钱的选择是将用户数据卖给大企业。这意味着它们必须加强B2B销售，以便能够将客户数据转售数百次甚至数千次。这就是脸书、推特、谷歌、Instagram和很多其他网站在讲的故事。

这个故事的结局可能很悲惨。当注意力和重点从消费者转移到带来真金白银的企业时，公司也就走入黑暗的歧途。

受害的总是消费者。

所以不要失去你的重点，不要以为你可以侍奉两个主人。无论你在做什么，你都不能忘记你是为谁而做。你只能拥有一类客户，请做出明智的选择。

第 19 章　生活和工作的平衡

有两种工作和生活的平衡。

1. **真正的工作生活平衡。** 这是一种魔幻的半神话状态。在这种状态下，你有时间做所有的事情，包括工作、家庭、爱好、见朋友、锻炼、度假等。工作只是你生活的一部分，且不会影响其他部分。但如果你真是在创业，你真的在带着团队披星戴月、日夜兼程地打造创新产品或服务，或者哪怕只是处于工作的关键时期，你也根本不可能拥有这样的平衡。

2. **在工作中的个人平衡。** 你知道自己大部分时间都会用于工作或者思考工作，但还是会创造机会让身体和大脑放松。为了达到某种程度的个人平衡，你需要设置自己的日程表，这样你就有时间做到健康饮食（最好是能和朋友、家人一起），有时间锻炼或者冥想，有时间睡觉，有时间想一想办公室危机之外的事情。

为了应对真正工作生活平衡的完全缺失，你需要具备一种明确的组织战略。你需要分清各种事项的轻重缓急。将你需要考虑的所有内容都写下来，并就何时以及如何向团队提出这些内容做好规划，这些都非常重要。否则这些问题会一直萦绕在你的心头，让你得不到一刻放松。

..

我的建议是：不要像史蒂夫·乔布斯那样休假。

乔布斯通常一年休假两次，每次休两个星期。在苹果时，我们一直都很害怕他休假。在一开始的 48 小时，一切风平浪静，但此后你会迎接一场无休无止的电话风暴。

休假期的他不用开会，不用操心公司日常，因此很自由。自由到什么程度？自由到无论白天黑夜，都可以畅想苹果的未来，自由到一有什么疯狂想法便随时随地给我们打电话：戴上视频眼镜，用视频版iPod看电影怎么样？行还是不行？他会要求我们马上给出观点，或者快速帮他找到答案，这样他就可以继续完善自己的想法。

他放假比上班时还要忙。

这种疯狂、不知疲倦的专注听起来像是苹果公司的另一个传奇——那种只有疯狂的天才才会做的事，事实并非如此。

很多人都无法将自己的大脑从工作中抽离，乔布斯不过是把这种状况演绎到了极致。我也做不到完全忘记工作。我敢说大多数人都做不到这一点，尤其是当有很多事情要做的时候。不仅是CEO和高管，实际上每个人都有自己的关键时刻。要做的事情太多，而且你知道事情会越来越多，所以即使你没有在工作，你也会想着这些事情。

有时候这也没什么。真的，有时候这是你唯一的选择。但是绞尽脑汁、整夜苦想工作中的危机，与以非结构化、创造性的方式思考工作，这两者之间有着天壤之别。后者会解放你的大脑，让其停止用循规蹈矩的办法解决老问题。相反，你会让自己的大脑四处搜索，以找到解决问题的新办法。

有时候我觉得这才是乔布斯休假的原因。他不是为了放松，也不是为了避开苹果，而是为了能够一边陪着家人，一边可以进行长时间的深入思索。乔布斯不会去找什么真正的工作生活平衡，也不允许别人这样做，相反，他要求的是全力以赴。他把苹果变成生活的唯一重心，把其他的一切（除了家庭）抛到了一侧。

压力在关键时刻浮现，会导致工作和生活的平衡彻底崩坏，这一点大多数人都曾亲身体验过。乔布斯每天过的都是这样的生活。如果你不是乔布斯，如果你必须每时每刻想着工作，但又不想每时每刻想着工作，你就得建立一个系统。

你必须找到一种保持清醒的方法，以避开那些看似必然的任务、会议、计划、问题、进展和恐惧。你必须规划好你的日程表，这样你的身体和大脑才不会被搞得筋疲力尽、面目全非。我是作为一个过来人说这番话的。在通用魔术时，我的身体和精神都陷入了崩溃。人类不能仅靠压力和健怡可乐活着。

通用魔术又是另外一回事。那时，我刚刚踏入职场，而且我只是赶上了通用魔术的崩溃，而不是我造成了它的崩溃。在苹果的情况则完全不同，很难描述我在那里的前几年的压力。特别是在刚开始的时候，我一边经营自己的初创公司，一边做着与苹果约定的工作。我当时是想靠这份工作来养活我的 Fuse Systems 的团队。当我开始全职参与 iPod 研发时，我的压力有增无减。

一开始这只是苹果公司的一个副业，但在随后的年月中，iPod 的重要性变得与 Mac 旗鼓相当，有时甚至超过后者。全公司都在屏息以待，想看看我们到底能否成功。我们不仅要做一款全新的产品，还要做得非常快。我们既要让产品符合史蒂夫·乔布斯的严格要求，又要让它有着苹果招牌式的赏心悦目，还得让它在商业上获得巨大成功。

在得到乔布斯的批准后，我在 2001 年 4 月走进苹果的公司大楼。当时我就知道，我们必须在下一个假日季之前，也就是 7 个月内设计和制造出 iPod。这个疯狂的时限并不是乔布斯给我们设定的，而是由我设定的。乔布斯估计需要 12~16 个月，这也是所有人的预期。

没人相信我们能及时完成设计和制造，在圣诞节前就把产品送到顾客手里。那时，我刚刚脱离工作四年之久的飞利浦，而根据从那里得到的经验，我知道一家公司超过 90% 的项目都会被取消或者干掉。如果你不能迅速做出成绩，如果你的项目遇到问题或者出现拖延，飞利浦就会给你一个突然袭击，它要么准备从你的错误中"拯救业务"，要么就直接从你手里把整个业务劫走（见第 7 章）。我不知道在苹果公司是否也会是这样，但我不能冒这个险。

我担心索尼会在圣诞节发布一款音乐播放器，那会让我们的项目变得黯然失色。我也不想卷入苹果公司的内部政治。我们是一个小团队，全靠着核心业务给我们供血，而核心业务团队则承受着巨大的财务压力。其他部门的人也对此有意见，他们不喜欢我们。我能感觉他们一直在盯着我们，他们的刀也早已拔了出来。

我们必须证明自己，因此不懈地工作。我的工作是从零开始组建团队，并领导团队从零开始开发 iPod。我除了必须盯紧日常的设计和工程工作，还要管理高管的预期，与销售和营销部门合作以确保不重蹈在飞利浦的覆辙。此外，我还要飞到中国台湾监督制造情况，确保我的团队能正确处理压力，每天与乔布斯和其他高管讨论。当然，我也偶尔要补充一下睡眠。

要把所有事情都记在脑子里是不可能的，总会出现一些新的危机，而旧的忧虑刚走，新的忧虑马上就到。有各种各样需要处理的小事，而它们往往又是一环套一环，牵一发而动全身。这一切就像是一只没有完工的钟表一样，每天都在敲打着我的耳膜。

我需要冷静下来，找到自己的空间，分清轻重缓急。

当时很多人都觉得我疯了，到现在仍然有人这么认为。我当时走到哪里都会带着几张纸。这些纸上写的是我们面前每个领域里最重要的里程碑，以及为了达到这些里程碑我们所需要做的一切。这些领域包括工程、人力资源、财务、市场营销，以及设备等各个方面。

我们所有最重要的问题都列在了这些纸上。因此当我在开会或者和人谈话时，我可以快速地浏览这些问题。我们的主要问题是什么？我们的客户有什么问题？这个团队目前面临的最大障碍是什么？下一个重要的里程碑是什么？我们的团队在期限方面做出了何种承诺？

然后是最精彩的想法部分。每当有人提出了一个好的但无法现在实现的想法，每当有人提出了对产品或组织的改进建议，我就会把它们记录下来。所以，在每周的待办事项和任务列表的旁边，我都设置了一块区域，专门用于记录我们迫不及待想要实现的一些想法。我会定期回顾这些内容，看看它们是否仍然适用。这些内容赋予我灵感，令我兴奋，也让我时刻专注于未来。这对团队也是一件好事。他们会看到我很在乎他们的想法，并且知道我会持续地评估这些想法。

于我而言，捕捉所有信息的唯一方法就是每次在会议上做笔记。我会把好的想法、优先事项、遇到的障碍、承诺的交付日期，以及未来主要的内部和外部心跳等记下来，用手写，不用电脑（见第13章）。

对我来说，手写非常重要。我无须盯着屏幕，也不会因各种邮件分神。隔在你和团队之间的电脑或者手机会严重影响注意力，而且这些东西也在向会议上的所有人发出明确信息：我在屏幕上看的东西比你说的话更加重要。

即便只是在电脑上记笔记，也是不可能的。有时候当我在打字时，我真的就是在……打字。不管我在电脑上写了什么，这些东西都没有进入我的脑子。但是有那么多事情摆在我面前，我不能走神，不能听不到我的团队说的每一个字。

所以先用笔记，然后重新打字和编辑，这就迫使我学会了运用不同的方式来处理信息。

每个周日晚上我都会浏览我的笔记，重新评估、调整所有任务的优先级，把好的想法再捋一遍，然后我在电脑上做更新，并打印出用于下周工作的新版本。不断地重新确定优先级使我能够缩小范围，识别出那些可以合并或消除的东西。它让我发现了不少我们用力过猛的地方。

就在那些整理笔记的晚上，我终于意识到为什么我们会如此不堪重负。我们对太多的事情说了"是"，我们需要开始说"不"。接下来便是一项艰难的工作：确定哪些事情需要委派下去，哪些需要延迟，哪些需要从清单中划掉。我不再是想到哪里就是哪里，而是被推动着必须根据事情的真正重要性来确定轻重缓急。这使我能够专注于更高的目标和里程碑，而不只是看到眼前的那点急事或者是某些我们在产品功能方面的突然心血来潮。

在周日晚上，我会把整个清单通过邮件发送给我的管理团队。每一项内容都做了名称标记。任何人都可以查看列表的头部内容，以便知晓下周的工作重点、他们要负责的事情，以及下一个重要的里程碑是什么。

我们每周一的会议，也会围绕这张清单展开。

所有人都讨厌这个东西。当我掏出这些清单，开始逐项询问各件事情的进展时，我能看到大家都面露难色。"这件事儿我还记着呢，因为它还没有被从清单上划掉。""6 月 3 日，你说它会在月底前准备好。现在已经是 7 月了，你这个项目处于什么状态？"

这不是过度管理，而是为了让大家负起责任，也是为了让我能牢记所有的事情。一切需要记住的事情汇成了一道洪流，而正是它于波涛汹涌之中拯救了我宝贵的生命。

一开始这只是一页纸，后来增加到 8 页、10 页。这是一项劳动密集型工作，它神秘晦涩、没有止境，但很有用。后来我的团队逐渐喜欢上了它。它让我（相对）保持冷静，帮我集中了注意力。没有人再需要猜测我的心思，人人都知道我最关心的是什么，因为我已经将优先事项都写出来了，并且每周更新。

我团队的很多人都学会了这一招，后来他们的下属也开始使用这一方法。每个人都对清单、邮件和会议感到害怕，但如果脑子里有太多事情装不下，他们就会寻找一种管理这些事情的好方法。

我不认为这种方法适合所有人，绝非如此。每个人都需要找到自己的管理方法。你确实需要对任务进行优先级排序，好好整理和组织一下自己的想法，并为你的团队创建一个可预测的日程表，以使他们能够及时了解你的这些想法。

你还需要休息。

那种真正的休息。散步、读书、陪你的孩子玩玩、举举重、听听音乐，或者哪怕只是躺在地上盯着天花板。只要能让思绪别再围着工作疯狂打转，你随便干点什么都行。在对任务优先级做出安排的同时，你也需要好好考虑自己的身心健康。我发现这件事说起来容易，做起来难。你的创业公司或者你领导的项目都是你的"孩子"。孩子总会滚下楼梯，啃延长电线，需要我们持续关注。

这就是工作给我们的感觉。如果你正在进行一项重大项目，那么你可能很长时间都不会休假。即便你休假了，你也会觉得像是头一次把孩子丢给保姆一样。你确定他们不会有任何问题，但为了以防万一，你还是觉得有必要给家人打个电话，一个小时之后又打一次。此时你可能都已经在回家的路上了，你突然又想起来，自己是不是没告诉保姆孩子睡觉时会打喷嚏，最好再打个电话问一下。

当然，最终你会相信保姆。最终你会知道团队可以在没有你的情况下把事情做好。iPod 推出数代之后，我也踏踏实实地休了几次假。

我本以为自己和史蒂夫·乔布斯不一样。我觉得自己非常在意家人，在意我个人的情绪，并且愿意花时间放松自己。实际上并非如此。我同样也把所有的精力都放在思考公司的未来上，只不过在日常办公之外，我会用一种不同的更为发散的方式进行思考，就是漫无目的地思考一些事。

休假期间我也不会给任何人打电话或者发邮件，只有在非常紧急的情况下，我们才会进行一些讨论。

每次我去休假时，我都会把管理职责交给另外一个向我汇报的人："伙计，现在都是你的事情了！是时候让团队进一步学习一些管理技能了。"休假是一个打造团队未来能力的好办法，你也可以借机观察谁有在未来几年接替你职位的能力。人人都觉得他们可以干得比你好，但是骡子是马，只有遛遛才知道。所以即便你的工作压力很大，也要休假，这件事对你的团队非常重要。

休假正是你睡个好觉的最佳时间。在漫长的工作中，你基本不可能连续几天都获得足够的睡眠。

在 1992 年之前，我一直保持着良好的睡眠——非常好的那种。那是一个还没有全球电子邮件的时代，更不用说互联网和推特了。从那之后，几乎总有在某个时区某个地方的人想要在凌晨 4 点和我说话。

如果不强迫自己，你就不可能获得休息。所以，在上床睡觉前一定要把他们嘱咐你的事情都做到：不喝咖啡因饮料，不喝含糖饮料，别把温度调太高，别开灯，还有看在上帝的分上，不要把手机放在床头。你是一个"瘾君子"，我们都是，所以要对自己狠一点，把手机放在另一个屋里充电。不要变成一个在床头柜上放着威士忌酒瓶的酒鬼。

在日程表里给自己留一点可以喘息的空间。人一不小心就会连轴转地开会，连吃饭和上厕所的时间都没有，更别说休息时间了，但你必须给自己喘息的空间。我是很认真地说这个，你必须这么做，否则你会崩溃。我们都见过（或亲身经历过）新生儿父母处于彻底崩溃边缘的那种状态，就是这种感觉。因为工作而发狂，然后把气都撒到团队身上，这不应该是你工作的一部分。

史蒂夫·乔布斯总是在会议间隙和会议期间走来走去，这其实是有原因的。这可以帮助他思考，保持创造力，天马行空地想象，这也迫使他花一点时间去……走走路。在开会时，你可以离开座位休息一下，哪怕只有几分钟的时间。

所以看看你的日程表，好好规划它，设计它。

把接下来三到六个月要干的事情写在纸上。

写下典型的一天会是什么样的。

坚持一个月。

再坚持六个月。

现在开始重新规划你的每天、每周、每月的日程表，把时间花在感受人类的情感上。它可能是你在吃完午饭十分钟后读了一篇有趣的灵媒文章，也可能是六个月后你在一棵棕榈树下休了一个星期的假。你必须规划你的日程安排，包括休息时间。当人们试图打乱它时，你一定不要动摇。

几天内或者每一两周内你打算做什么？

每 8 到 12 周呢？

每 6 到 12 个月呢？

从长远来看，你需要规划休假。在短期内，我的建议如下。

- 每周 2~3 次——在工作日排除部分日程安排，以便有时间进行思考和反省，进行冥想，阅读你专业之外的主题新闻，什么都可以。它可以与你的工作稍稍沾点边，但绝不应该是完完全全的工作。给头脑一点慢慢思考的时间，学习，保持好奇心，不要总想着工作上各种要处理的麻烦或会议，那些事情永远干不完。

- 每周 4~6 次——锻炼。起床后，去骑车、跑步、举重或上综合训练课，或者只是散散步。我在飞利浦时开始学习瑜伽，并且坚持了 20 多年，它非常有帮助。你必须让周围的一切安静下来，并专注于做瑜伽的正确姿势。你会对自己的身体更敏感，因此你会立即知道自己是否在状态。找一些类似的事情去做，你会注意到你的身体或情绪是否处于崩溃边缘，并且有机会在事情变得不可收场之前进行自我纠正。

- 好好吃饭——你是一名极限运动员，只不过你的运动是工作，所以要给自己补充能量。不要吃得太多，不要吃得太晚，少吃精制糖，少吸烟，少喝酒，尽量不要让自己的身体感觉像垃圾一样。

有可能这一切只是理论上看起来很棒，实践中完全难以执行，因为你有太多要处理的邮件，更不可能抽出时间去健身房或者充分调整几个月的时间。如果真是这样，你就需要把一件事加到你的待办事项中：招聘一个助理。

如果你是一家相当大规模公司的高层（总监或更高级别），管理着一个相当大规模的团队，那么你应该考虑请一个助理。如果你是一家公司的 CEO，那你绝对需要一个助理。

很多年轻的领导者都不喜欢聘请助理，我年轻时也是如此，聘请助理就像承认自己软弱，更是一名高管装腔作势和完全脱离一线的明显标志。你也不想占别人的便宜，强迫你的助理去做你本该自己做的"繁忙"工作。而且不管怎么说，你也不能在还没找到工程总监或者先把销售岗位填满之前就先招个助理，你有其他的重要事情要办。

但作为领导者，你也有自己要做的工作。如果你把大量的时间都用在安排工作会议和整理邮件上，抑或你连这些都没做好，那问题就大了。每个人要么遇到过这样的领导，要么自己就曾经是这样的领导，就是那种工作赶不上进度，两个星期不回邮件，准备参加三场连轴转的会议，结果自己一次都没来的人。他们在日程安排方面毫无章法，以致最后无法完成任何工作。这些人不仅会搞乱自己，也会把团队弄得一团糟，更把整个公司搞得乌烟瘴气。

不要变成这种人。

如果担心外界对你的观感，你可以只让助理变成一项共享资源。一个能干的助手可以支持三至五个人。他们也可以成为你整个团队的资源，比如帮助安排行程、计算支出或执行一些特殊任务。他们可以帮助每个人。

请记住，没有那种可以立即读懂你心思的完美助理。你要找的人不应说你或公司的闲话，但会和团队里的每个人搞好关系，这样他就能把令人担忧的流言蜚语都通报给你。你要找的人应该学习能力很强，只要和他说一次就会都把什么都记住。随着时间的推移，他还要能预知你的需求，并且能够在引起你关注之前就把各种问题解决掉。他可能需要三到六个月的时间来学习如何最有效地为别人提供帮助，届时你会有获得了新的超能力的感觉，就好像你又长了一条腿，或者一天又长了六个小时。

助理不仅仅是你的雇员，也是你的合作伙伴，所以不要被那些把助理当奴才使用的电影蒙骗。我有一个非凡全能、聪明善良的助理叫作维姬，她曾经的雇主有一天突发奇想，说是要吃有机哈密瓜，而且必须马上就吃。当时他在一个非常偏僻的地方，然后维姬就为了一个哈密瓜出去找了好几个小时。助理是一台能够延长你人生的宝贵时间机器，所以这种做法绝对不是一种对待他们的正确方式。

有时，即使有一个出色的助理，也不够。有时，压力和焦虑以及没完没了的清单与会议会压得你喘不过气。遇到这种情况，你要赶紧离开，出去走走。

有时，当我知道事情正在不可避免地走下坡路时，我会离开办公室，重新安排我的会议，并对自己说："今天只是众多日子中的一天，不要让它变得比现在更糟。"

有时，你根本无法像一个人那样工作，更别说做一个领导者了。你需要认识到这种状态，并且抓紧走出这种状态。不要因为沮丧和劳累过度而做出糟糕的决定，要保持清醒，以饱满的热情迎接第二天的到来。

这些都不是什么革命性的理论。你可能在小学就学过这些：把你需要做的事情写下来，深呼吸，如果你心烦意乱，就先安静一会儿，多吃蔬菜，多锻炼，多睡觉。但你可能很健忘，我们都很健忘，所以要拿起你的日历，制订计划。有时，你必须没日没夜地工作。没关系，不可能永远如此。但你不能总是用同一把锤子来解决你的所有问题，是时候让你的大脑发散开来了。你可以去找根棍子，或者找台推土机，给你的头脑一些喘息时间。

在睡前，你要远离自己的手机，或许还可以做会儿瑜伽。

第 20 章　应对危机

你无论如何都会遭遇危机，每个人都是如此。如果你没有遇到过危机，那说明你没有做任何重要的事，也未曾突破任何边界。当你在创造一些颠覆性新事物时，你会在某个时刻被一场彻底的灾难弄得措手不及。

这可能是一场你无法掌控的外部危机，也可能是一场内部失误，或者只是每家公司都会遭遇的那种成长之痛（见第 22 章）。无论如何，当危机到来时，记得遵循以下 5 条基本规则。

1. 专注于如何解决问题，而不是追究责任。追究责任是之后的事情，一开始不能被这些事情分散太多的注意力。

2. 作为领导，你必须抓好各项细节。不要担心过度管理，随着危机的深化，你的职责就是要告诉大家该做什么以及如何去做。当每个人都冷静下来并恢复常态之后，你就要立即下放权力，让他们赶紧各司其职。

3. 要从善如流。要听取来自导师、投资者、董事会，或者任何你认识的有类似经历的人的建议，不要试图单枪匹马地解决问题。

4. 当大家从最初的震惊状态中恢复过来时，你仍然要持续和他们保持沟通。你需要（与你的团队、公司其他成员、董事会、投资者以及潜在媒体和客户）不停地讲述，然后要不停地倾听（以便了解你的团队正在担心什么，以及有哪些正在出现的问题，要安抚惊慌失措的员工和倍感压力的公关人员）。不要担心会出现过度沟通的问题。

5. 无论这次危机是由你的失误、你的团队还是偶然事故引起的，你都要为它对客户造成的影响承担责任并道歉。

Nest Protect 烟雾和一氧化碳警报系统的核心功能之一叫作"挥手即关"。这个功能的设计初衷是，如果你因为烧焦了早餐而引发烟雾警报，你不用手忙脚乱地在那儿挥动毛巾或扫帚，你只需要站在它下面平静地挥几次手就能把它关闭。

"挥手即关"的使用体验非常好，客户非常喜欢。更关键的是，Nest Protect 是在为客户提供真正的帮助。它解决的不仅仅是恼人的假警报问题。我们听到了许多家庭逃离火灾并避免一氧化碳中毒的惊险故事。我们为这款产品和它为拯救生命及家园所做出的贡献感到无比自豪。

然而，产品推出的几个月后，在一次实验室的常规测试中，一道猛烈的火焰突然蹿起。我们之前从来没见过这么大的火。只见它在那里升腾、飞舞、挥动，真的是在那里挥动，然后警报器就被它的挥动关掉了！

我不确定我当时有没有说出"大家别怕"这样的话，但我确实是这么想的。我的心一下子就像沉入了水底。我感觉自己的肚子被揍了一拳。我们不得不拿出我们的危机应对策略：首先要了解这是一个什么级别的问题。它是可复制的吗？这是否只是一次偶发性的被搞砸的测试？这种情况具有真实性吗？如果是真的，那它发生的概率有多大？千分之一还是十亿分之一？因为如果这个情况是会真实发生的，而且非常具有危险性，那么下一步对我们来说会非常残酷：我们必须召回产品，向消费者发出警示，通知监管当局。更糟糕的情况是，这种疯狂的火焰已经导致一场真实家庭火灾的发生。它可能在人们最需要警报的时候关闭了警报。

我们不得不竭尽全力找出多种情况之下的所有可能性。

1. 我们需要召回所有 Nest Protect。这可能会毁掉我们的产品、品牌声誉和所有的销售额。

2. 我们可以通过软件更新解决这个问题。

3. 这只是一个测试错误。

这时，你绝对不能站在一边，只让团队自己想解决办法。我需要确保所有人都明确知道自己应该干什么，并确保他们拥有尽快找到解决方案的工具。我必须做好指挥工作，掌控全局。在危机之中，每个人都有自己的职责。

- 如果你是一名个体贡献者，你需要执行前进指令并且马上启动。做好你的核心工作，同时寻找其他解决问题的方法，提出建议，尽量不要胡乱猜测，不要到处说三道四。如果你有顾虑或怀疑，向上级报告，然后回去工作。

- 如果你是一名管理者，你需要传达来自领导层的信息，不要给你的团队造成过大的压力，也不要分散他们的注意力。每天都要和团队进行一两次交流，注意不要过度骚扰大家（每小时发一次信息这种行为会让所有人抓狂）。你需要在他们身边，不仅要保证工作顺利完成，还要确保大家都有稳定的情绪。你是抵御倦怠的第一道防线。压力、焦虑、眼睛里的血丝，以及半夜里糟糕的食物都可能会对大家造成影响。你可能需要让每个人都休息一下，即使在危机期间也是如此。

  记住要设定期望和限制。你们可能得周末加班。好吧，这种事经常会有。要把你的计划清晰地告知你的团队："我们需要在周六拼搏，每个人都必须在下午 5 点离开办公室，然后我们要在周日晚上核实各项工作的进度。"

- 如果你的团队规模比较大，或者你是一家大公司的领导者，你可能已经好多年没有做过过度管理的事情。如果你现在已经陷入危机，那是时候重新做回一个过度管理者了。

你需要深入细节，而且是所有细节。你不可能自己做所有决定，也不可能单枪匹马解决所有问题。你有专家，所以你需要授权给他们。每个需要采取的小步骤都需要先征得你的同意，但你也要允许他们在没有你的情况下执行这些工作。把汇报安排在早上和一天结束的时候，而不是像往常一样按一周或两周的频次报告。开始参加他们的每日例会，你必须亲自到场，去倾听，去提问，实时获得各种必要信息。你可能需要把这些信息传达给公司的其他人员、投资者、记者或者其他像鹰一样密切关注事态进展的人。你必须能够解答他们的质疑。你必须让他们对你们保持信心，让他们相信你们正在取得进展。

取消日程表上那些不必要的会议，专注于解决问题。不要让自己失去平衡，你毕竟是个人。不要失去理智，不要忽略那些有助于你保持头脑清醒的行为，否则事情会变得更糟。你可能需要锻炼、休息、与家人一起吃顿饭，甚至是躺在办公桌下的地板上唱十分钟的歌，或者做任何有助你保持头脑清醒的事。也要记住，你的团队也都是人，他们也需要回家，需要睡觉，需要吃东西，需要获得一种事情正在好转的感觉。

所以，要让他们专注于你的解决方案，而不是关心谁是让你陷入困境的罪魁祸首。每个人都会经历如下的这些心理波动：如果是这个团队的错该怎么办？他们是在投机取巧吗？流言蜚语将与指控一起传播，但查明问题的根源不是你团队的工作，这甚至不是你的工作，起码不是你一开始的工作。

追究责任是早晚的事情，但你首先得走出困境。你需要找出问题，找出解决问题的办法，然后追究相关的责任人。

不要忘记，即使最初的震惊消退，每个人都平静下来并重新开始工作，他们也可能会像你一样内心感到恐惧。尤其是如果现在还要承担救公司于水火的重任，他们就会感到更加紧张。要确保这类人拥有和你或者其管理者进行沟通的畅通渠道。指挥工作和掌控局面并不意味着别人只能服从，也不意味着忽视他们的需求。

你不仅要在一艘航空母舰上同时降落十几架喷气机，还得举行新闻发布会，偶尔还要负责心理咨询。你肯定会忧心忡忡，但不能因此就把自己的头发扯掉。当然，我建议你还是早点秃顶。你唯一能做的就是平静地说："是的，我非常担心，和你一样。这事儿太可怕了。但我们会挺过去。我们过去一起经历过那么多困难，最后不也是取得胜利了吗？这是我们的应对方案……"

我在 Nest 的时候就是这么一遍又一遍地说，听起来跟念咒一样："我们会挺过去的。我们以前就是这么过来的。这是我们的应对方案。我们会挺过去的。我们以前就是这么过来的。这是我们的应对方案。"

值得庆幸的是，我们从未在实际生活中见到那种又高又细的离奇火焰，它只是在测试中出现了一次。结果证明，这是一个我们无法预见或设计的意外事件。没有人做错任何事情。这在现实世界中发生的可能性非常低，但这并不重要。

我们的解决方案是，在调查期间，我们会把所有 Nest Protect 产品下架。此外，我们通过软件更新关闭了"挥手即关"功能。你仍然可以通过手机将警报声静音，但你再也不能通过挥手控制它。我们把事情原原本本告诉了我们的客户，没有任何掩饰："这是我们的错，如果你需要，我们可以退款。"

我们的方案奏效了——Nest Protect 和我们的品牌幸存了下来。

我们总不免会觉得可以用法律措辞混淆或掩饰一切，例如，我们可以承认"出现了错误"，但却永远不承认这是我们造成的。这种做法肯定是不行的，人们最终会发现真相，会变得非常恼怒。

如果错误在你，你就要告诉他们你到底做了什么、你从中学习到了什么、你会如何防止此类事情再次发生。你不要逃避，不要埋怨或者找借口，做个成年人，扛起自己的责任。

每一次失败都是一次学习经历，彻底崩溃则堪比一个博士项目。

你会挺过去的，但请记住，你不必从头到尾全靠自己。在危急时刻，与可以为你提供有用建议的人交谈至关重要。不管你多么见多识广，也不管你有多优秀，但总有人比你高明，可以帮你找到一些解决问题的新办法。他们有亲身经验，他们可以为你指出一条冲出黑暗、走向光明的道路。

有时，你所面临的那些看似恐怖、无解且不可预测的危机，实际上是大多数成长型公司都会经历的阵痛，而这些问题实际上都有明显的解决方法，只是你当时看不到而已。你可能只是成长过快，需要规范一些企业文化，增加管理层，或者换个方式发送会议记录而已（见第 22 章）。

因此，每当你看到大水蔓延时，抓紧去和你的导师、董事会或者投资人交流。

作为领导者，你的职责不是独自应对灾难。不要把自己单独锁在房间里，手忙脚乱地试图靠一个人改变一切。不要躲闪，不要玩儿消失，不要以为连续工作一周不睡觉就能靠自己神不知鬼不觉地解决问题，去听听别人的建议，深呼吸，并制定应对方案。

然后穿上你的雨鞋，走进风浪。

乐观的情况是，一旦危机过去，你将拥有一个历经磨难的团队，并因此变得更加强大。当然，这是假设你能够挺过来。接下来你会有时间弄清楚：为什么会发生这种事？我们该怎么做才能避免这种事再次发生？这可能意味着有人会被解雇，有的团队会被重组，你们彼此的沟通方式会发生剧烈变化。这个过程可能既漫长又痛苦。

当这一切结束后，你应该庆祝一下，办个派对，把整个故事讲出来。

你几乎被大浪冲走，但团队靠齐心协力最终力挽狂澜。这就是你的故事，这就是你从任何一场危机中所能获得的最有价值的东西。这个故事需要成为你公司的基因，变成一种可以永久回顾的传统。

你在未来会遇到更多的磨难，分崩离析的时刻还会有很多。如果你能够一直传诵这个故事，那么任何即将到来的危机都不会像你征服的第一个危机那样让人感到无望，因为你总是可以对你的团队说："看看我们曾经一起经历了多少磨难。那么大的困难我们都挺过来了，这次我们肯定能渡过任何难关。"

这是一个很有用的工具，可以提醒人们可能发生什么、你学到了什么，以及如何在未来避免类似的灾难。这个工具在管理上便于使用，也可以作为对企业文化的检验。最重要的是，你的团队已渡过难关，这千真万确。现在，他们可以征服任何困难。

第五部分
经营的细节

到 2016 年我离开 Nest 时，这家公司已在帕洛阿尔托有了三栋大楼，在欧洲也有两座办公楼。我们有近 1000 名员工、多条生产线，以及在多个国家不断扩展的销售伙伴和数百万客户。我们的墙上挂着宣扬公司价值观的巨幅海报，节日里还会举行盛装派对。虽然经历了收购和快速增长等种种考验，但 Nest 仍感觉自己是最初的那个 Nest。

这完全是因为一件事——人。

所有 Nest 文化的源泉，即其成功的关键，是我们的员工，是他们创造的文化，也是他们思考、组织以及合作的方式。团队就是一切。

组建团队并带领其完成众多转变，始终是构建一切事物过程中最为困难和最具价值的部分。Nest 从一开始就是如此，在我们拥有客户和产品之前就是如此。

那时，我们唯一拥有的是一群松鼠。

它们经常参加我们的会议。当然，下雨也是个问题——我们经常得在地板上摆满水桶。一刮风，车库的门就会发出可笑的噪声，而整个团队需要共用一间瘆人的粉红色大理石卫生间。那些 20 世纪 80 年代的破旧椅子真是糟糕透顶，尤其那些巨大的人造革面行政椅。我觉得可能没有一把椅子的四条腿能同时着地。

这正是我们想要的。

那是 2010 年夏天的帕洛阿尔托。我们租的车库周围全是科技巨头空旷而美丽的园区，而无数熠熠生辉的初创企业则正在以豪华的办公室、免费啤酒，以及灵活的工作时间招徕员工。

这些对我们都不重要。马特和我都很认真、专注，我们聘用的人都有同样的使命感，不会被各种浮华、奢靡或办公室的台球桌迷惑（见第 31 章）。我们都过得很开心，但没有一个人是来这儿混日子的。

那时整个团队有 10~15 人，是 Nest 的真正起步阶段。很多早期员工都来自苹果，有些人我在通用魔术时就已认识。另外一些人我更是在大学时代就已结识。我们的营销副总裁是我在飞利浦的一个朋友的朋友。大多数团队成员在职业生涯中已经取得巨大成功。

但我们都在同样的破椅子上摇摇晃晃，家具、零食和装饰都需要钱，更重要的是需要时间。得有人坐下来好好想想我们的沙发是该买棕色的还是蓝色的？水果买哪种？奶酪呢？啤酒呢？我们不会在任何与业务无关紧要的事情上浪费一分钱或一分钟。我们要告诉我们的投资人，这是一个世界级的团队，我们可以用少量的钱创造大大的奇迹。我们把每一次松鼠入侵和天花板漏雨都当成是我们团队的宣告：我们与那些把大把钱花在办公室上却什么都做不出来的硅谷初创公司不一样。所有人一心一意致力于同一件事情，那就是我们的使命。

那些在车库里的人以及想证明我们愿景的迫切冲动，构成了一种锐意进取、使命驱动型文化的内核，正是这种文化内核定义了 Nest。

以正确的方式发展团队与打造正确的产品具有同等重要性。发展团队意味着厘清如下问题：我们需要什么样的人，如何找到这样的人，如何创建团队的各种流程和思维方式。

我们从我们喜欢的公司和文化中借鉴了部分结构与规范，其余的则是从零开始创建。我们在前行中不断摸索，不断调整，直至我们所创建的团队和文化能够共同创造真正的奇迹。

如果你正打算组建团队，想厘清如何招聘以及招聘哪些人的问题，以下便是我对于大多数初创公司核心团队及相关能力要求的见解：

- 设计
- 市场营销
- 产品管理
- 销售
- 法律

除此之外，我还会谈及我从这些团队不断扩张中所学习到的一些经验。

第 21 章　好的招聘

一个近乎完美的团队是由聪明、热情、不完美却可以互为补充的人组成的。当这个团队的规模超过 10 人、20 人或 50 人时，你需要：

- 让求知若渴的新毕业生和实习生向经验丰富、百炼成钢的老员工学习。你花费时间培训的每一个年轻人都是一项有助于公司长期健康发展的投资。
- 建立明确的招聘流程，确保应聘者能够同公司内所有与其有直接工作关系的人面谈。
- 确立一种完善的人员增长方式，以避免公司文化因人员扩张而被稀释。
- 建立各种流程，以确保新员工从第一天开始就能融入和立足于公司文化。
- 确立一种方法，以确保你的领导团队及其下属的管理团队始终将人力资源和招聘放在首位，并将其列为每次团队会议的首要议题。

你还需要学会解雇员工。不要害怕解雇员工，但也不要冷酷无情。要给他们足够的警示和纠正错误的机会，也要按公司规章办事，不可徇私留情，但也要帮助他们找到更好的机会。

..

伊莎贝尔·盖内特是继我和马特之后第一批加入 Nest 的员工之

一。22 岁的她刚从大学毕业，才华横溢，善解人意，心地善良，并且时刻准备改变世界。我们之所以招聘她，是因为我们需要有人研究一大堆我们不知道的事情：美国存在的数百种供暖系统都是什么样的？大多家庭的墙里装的都是什么样的电线？

虽然她不懂怎么制造恒温器，但这并不重要，因为我们所有人都不知道怎么制造。这就是问题的重点，我们需要学习，于是她加入了我们。

她有超强的学习能力，后来她成了我们的产品经理，并在五年内成功推出了三个版本的恒温器（见第 25 章）。

伊莎贝尔之所以成功，是因为她聪明，有好奇心，而且非常能干。但她的部分成功，也是因为她很年轻。她可能没有意识到摆在她面前的任务有多么艰巨，她只是把它当成自己的工作，而且做得很开心。

最好的团队都是跨年龄、跨世代的，比如 Nest 员工的年龄就在 20~70 岁。有经验的人拥有丰富的智慧，并且可以把它们传递给下一代。年轻人则可以推翻一些根深蒂固的偏见，他们往往能认识到机遇就蕴含于对困难任务的完成之中，而有经验的人看到的可能只是困难本身。

年轻人还可以和你的公司一起成长。那些在最初就加入你公司的久经考验的员工，终有一天会离去。每个人都终将离去，但在他们离开之前，你可以指望他们指导和培训一大批年轻人。你用这样的方式保持公司持续向前，你也在用这种方式创造属于自己的精神遗产。

你不会希望公司在成立 10 年后，没有一个 35 岁以下的员工。

Nest 的政策是一直招收应届毕业生，并且持续推出实习生项目。这样的政策并不总是受欢迎，特别是一开始的时候。招聘经理对此总是一肚子意见，他们想要雇用有丰富经验的人，把一堆工作扔给他们，让他们自己研究。

这也是有道理的。团队中应该总有一些曾经成功过，并且能够再次成功的人。这样的人应该有很多才行。

当你审视一个有前途的年轻人或充满热情的转行者时，如果你只想到培训他们有多么费时，只想到他们可能无法胜任以后的工作，那么你就相当于忽略了一个雄心勃勃的人才所具备的实力和驱动力，实际上，他们只是暂时还没有搞清楚自己想要成为什么样的人。

有人也曾在你身上冒险。有人也曾引导你走出误区，花时间和精力助你成长。为下一代创造这样的机遇不仅仅是你的责任，还是一项有助于公司取得长期胜利的优质投资。

在我们每年招聘的实习生中，每10人中就有1~3个会被我们正式录用或得到第二年暑假再来公司实习的邀请。

即使是那些没能再回来的实习生，也在这里干了很多实事，交付了不少实用功能，并且对自己想要什么有了更为清晰的认知。在明白了最初的职业选择会对个人的未来有何重要影响之后，有些实习生甚至改换了自己的专业。他们也会把自己的经历告知朋友们，然后大家口口相传。就这样，在短短的几个夏天之后，我们就突然拥有了一批来自世界顶尖名校的优秀人才。

这时，招聘经理再也不抱怨了。

这是一场杰出人才的发掘战。当你正打算招兵买马的时候，你绝对不能忽略任何一个类别的人群。因为无论是年轻人、老年人、女性、男性、跨性别人士、非二元性别人士，还是黑人、拉丁裔、亚裔、东南亚裔、中东人、欧洲人以及原住民，他们中都不乏会对你的公司产生深远影响的优秀人才。

不同的人有不同的思考方式，而你带入企业的每一种新的视角、背景以及经验，都有助于企业发展。他们会加深你对客户的理解，照亮你之前看不见的地方，创造很多机会。

拥有一个多元化且才华横溢的团队可谓创业成功之必需，这样的重要性会让你有一种必须亲自面试每一个应聘者的冲动，但你不能这么做。你一天只有 24 小时，晶种只能工作这么长时间（见第 16 章）。你终究要相信团队，并让他们做出自己的选择。

这不意味着人人都可以参与招聘，你还是需要一个流程。我见识的很多招聘流程其实都不太让人满意。

公司通常采用以下两种招聘方法。

1. 老派招聘。招聘经理找到一个候选人，安排团队中的几个人进行面试，然后发出录用通知。这个方法简单、直接，但十分愚蠢。

2. 新派招聘。是否录用某个人的决策在一堆（随机的）员工和一种花里胡哨的招聘工具之间分配。所以一个候选人会和一群人面试，后者会将他们的面试反馈输入一张评估表格，招聘工具据此生成一个面试总结，如果候选人达到所有标准，招聘经理就会给他们发录用通知。这个方法理想化、新颖，但同样愚蠢。

老派的招聘方法忽视了公司里太多的人。新派做法则又让太多没有足够背景做出周全决策的人参与其中，而且搞得大家都非常疲惫。随着公司的扩张，招聘不能再依赖内部员工的推荐，因此为了填补一个空缺，你可能需要引入起码 15 名候选人。让太多的人负责面试这些候选人，他们就会对此心生憎恨和厌倦，会糊弄地填完那些评估表，然后赶紧回去忙自己的工作。

其实，让候选人和正确的人进行交流才是招聘的关键。

没有人在真空中工作。每个人都有自己的内部客户，他们需要对这些人完成交付任务。例如，应用程序设计师要为工程师创建可执行的设计。在这种情况下，工程师就是他们的客户。所以如果你是在招聘应用程序设计师，最好确保面试他们的是工程师。

这就是我们在 Nest 的系统，我们叫它三皇冠体系。以下就是它的工作原理。

1. 皇冠 1 是招聘经理。他们得到了职位招聘许可，并负责寻找候选人。

2. 皇冠 2 和皇冠 3 是候选人内部客户的管理者。他们从团队中挑选出一两个人负责面试候选人。

3. 三皇冠会收集、分享和讨论各方反馈的信息，然后开会决定雇用谁。

4. 马特或我负责监督这一切，并会在三皇冠产生分歧的极少数情况下做最后决策。如果非到这一步，我们的答案通常都是："不用看了，通过。"

即使我们接受了候选人，也始终知道人无完人，总是有批评和挑战。因此，招聘经理从一开始就要了解潜在的问题，与领导层和候选人就此进行沟通，并应当竭力指导这些新团队成员应对各项挑战。

没有什么神秘之处，也没有什么暗箱操作，一切都记录在案，所有人也都有明确预期。

我们做出承诺并录用他们。尽管可能存在一些担忧，尽管还有不少可以改进的地方，但在一开始时，我们会给予他们百分之百的信任。一旦你对某个人做出了清晰评估，完成了背景调查，并最终决定录用他们，你就必须信任他们。如果你对他们的信任为零，还怎么指望他们向你证明自己。

无论你将开启何种旅程，无论你迎来的是一名新员工、一份新工作还是一段新的合作关系，你必须相信其会给你带来预期的结果。你要相信人们会公平公正地对待你。当然，失望在所难免，有的人或许会把你对他的信任降低到 90%、50% 甚至是零。如果你让这些东西毁掉了你对别人的信任，你将永远不知道自己会错过哪些重要的机会和关系。

这是你无法承受的代价。招聘太重要了，你需要尽可能多地得到别人的助力。

这就是为什么我们需要优秀的招聘者。我们需要那种和你一样热爱产品和公司的优秀招聘者。

我们在 Nest 的第一位招聘负责人是何塞·聪。我们知道必须把何塞挖过来，因为在苹果的时候，是他给我们 iPod 和 iPhone 团队招到了大量精兵强将。Nest 怎么可能没有他呢？何塞的与众不同之处有两点：他对人才有着敏锐的捕捉能力，他对工作有着一种深沉、从容却又磅礴的热忱。这种热忱不仅富有感染力，更是一种发自内心的真诚。他百分之百确信 Nest 将会改变世界，他会满怀热情和喜悦地讲述我们的创业初衷，以我们公司的故事来真正激励和激发那些来面试的候选人（见第 10 章）。

何塞把一个又一个优秀的候选人带进我们的大门，剩下的事情则由我们决定。我们需要搞清楚他们是否适合这个团队并面试他们。

因此我们制定了一些基本规则。团队中的每个人都知道我们面试的目的和我们关心的是什么，所以他们可以根据不同的情况对大致相同的内容进行调整。我们期望应聘者有使命感，脚踏实地，适合公司文化，对客户充满热情。我们还有个“不招浑蛋”的政策。这无须多做解释，但确实非常有用。如果一个人拥有丰富经验且非常符合我们设定的标准，但又表现出令人难以忍受的傲慢、轻蔑、控制欲或政治斗争欲望，那么这个人的简历肯定会被我们扔掉。

当然，要想知道你面试的人是不是浑蛋，你首先得知道面试他们的技巧。

这说起来确实也没有什么石破天惊之处，但我绝对不是这个世界上最好说话的面试者。我会非常深入地探究候选者的心理，甚至还要给他们一些压力，以观察他们的应变能力。每个人都有自己的风格，你也不能过于谦和，以致无法触及表面之下的东西，永远无法了解面试者的本质。面试不是随心所欲的闲聊，你所做的一切都是有目的的。

在面试时，我最关心的永远是三件基本的事情：他们是谁，他们做过什么，他们为什么要做那些事情。我通常会从最重要的问题开始入手："你会对什么感到好奇？你想得到什么收获？"

我还会问："你为什么要辞去上一份工作？"这虽然是一个老套的问题，但他们给出的答案很重要。我想听到的一个干脆利落的故事。如果他们抱怨自己的领导，或者觉得自己是办公室政治的受害者，我就会接着问他们是如何应对的，为什么他们没有选择更坚决的对抗。

他们是否给前东家留下了一堆烂摊子？他们为工作的顺利交接做了哪些工作？（见第 8 章）他们为什么想要加入我们公司？这个理由应该和他们离开前东家的原因完全不同。此时他们应该就他们对什么感到兴奋，他们想和什么样的人一起工作，以及他们想如何成长和发展等问题讲述一个新故事——一个引人入胜的故事。

另外一种非常好的面试技巧是进行工作模拟。不要问他们如何工作，而是和他们一起工作。挑出一个问题，然后尝试一起寻找解决方案。选择一个你俩都熟悉却又都不是很精通的主题。如果你选了一个属于对方领域的问题，他肯定就会显得很聪明。如果选了一个你熟悉的领域，那你肯定会胜出。其实这个主题并不是很关键，重要的是观察他们思考的过程。找一块白板，把这个过程记下来。他们问了什么类型的问题？他们提出了什么样的解决方案？他们会询问客户的情况吗？他们看起来是那种有同理心的人还是比较漠然的人？

你面试不仅仅是为了看一个人是否能胜任今天的工作，还要试着了解他们是否具有一种与生俱来的思考能力，能够应对那些你尚未预见的问题和职责，包括那些他们在未来要承担的各种职责。

初创公司总是处在演化之中，其中的人也是如此。正是基于对此的了解，对团队的信任，以及一个真正招聘流程的创建，我们才一步步地把 Nest 的员工规模扩张到了 100 人、200 人、700 多人。

我们非常谨慎，不想扩张得过快。我们想保持初创团队的基因——一个在车库的破椅子上摇摇晃晃的小团队所独有的紧迫感和注意力。做到这一点的唯一方法就是以合理的速度将新员工融入文化，这样他们就可以通过实践、观察、与团队共事并有机地吸收文化来学习。人与人之间的交流是分享和植入文化基因的最好方式。当你的公司在快速成长的时候，你刚刚雇用的新员工也可能要承担一些招聘工作，所以对他们仅进行一周的入职培训肯定是不够的。

如果你本来有 50 个理解公司文化的员工，但新来的 100 个员工却没有理解你的公司文化，那么你的公司文化将不复存在。这只是简单的数学问题。

所以在引进新员工，尤其是新的高管时，你不应该只是扔给他们一堆难题，给他们发一台名牌笔记本，然后就觉得万事大吉。前一两个月至关重要，应该是一段积极的过度管理时期。不要担心管得太多或者没有给他们足够的自由，一开始不存在这个问题。一个新员工只有得到尽可能多的帮助，才能真正融入新公司的环境。要详细说明你们做事的方式，这样他们就不会犯错误，也不会立即疏远团队中的其他成员。告诉他们怎么做才行，怎么做不行，如果是站在他们的立场上你会怎么做，哪些事情是被鼓励的，哪些又是被禁止的，应该找谁寻求帮助，又应该对哪些人保持恭敬态度。

这是让一个人融入团队文化、风格和流程的最佳方式。要给他们所需的推动力，让他们与团队一起奔跑，而不是把他们放在起跑线上阅读说明文档，然后盼着他们能自己追赶上来。

要记住，加入一个新团队是一件很可怕的事：谁也不认识，也不知道自己能否融入，更不知道自己是否能成功。

这就是我为什么要搞一个和 CEO 一起吃自带午餐的活动。马特也有同样的举动。每 2~4 周，我们会召集 15~25 名新员工和现有员工一起吃一顿非正式的午餐。我们尝试让来自公司不同部门的人在一起互相交流，以实现更好的融合。午餐时没有管理者，没有高管，也不需要做主题演讲。这只是为了让他们有机会了解上层的"凶神恶煞"，也为了让我有机会了解他们。他们会针对我们的产品、公司的政策、我和马特本人，以及我们在苹果的经历提出各种问题。他们会问我们公司为什么不提供按摩，以及我们为什么有那么多代号（见第 31 章）。我则会问他们对什么感到兴奋、他们在做什么，以及他们为什么加入公司。

我可以借此机会强调他们角色的重要性，并告诉他们各个团队的小目标会如何推动我们整个公司的目标。我还会谈及公司的文化、我们的产品和新项目，以及什么进展得很好、什么进展得很糟。新员工可以借此机会直接向我提问，他们也可以有机会认识现有员工。现有员工深受公司文化熏陶，能够为新员工提供帮助并以身作则。

所有员工拥有一年内五次参加该活动的机会。每一次午餐都是一种文化接种，一种抵抗淡然和冷漠的疫苗，能够预防那种觉得自己做的事情无关紧要以及高层没有人知道你是谁的消极思想。

我们因此不断成长。每个团队都在不断开枝散叶，独当一面。个体贡献者成长为经理，经理则成长为更高级别的负责人。

有许多人奋起迎接挑战。有许多人超出所有人的预期。有些人的表现则不尽如人意。有时，你会发现，随着公司的成长，早先聘用的一些人已经不再适合团队。有时，你还会发现，自己一开始就请错了人：招录了一些碌碌无为者，雇用了一些不适应公司文化的人，尽管他们在其他方面都很出色。

有时，你招聘的人就是无法在你的公司里做出成绩。

你要解雇他们。

重要的是，要记住，虽然这种矛盾的心态总让人痛苦，但那一刻会很短暂，而过于执着于此也不是你的工作所在，你不能困于此事太久。你必须快速地从"这么做不行"转变为"现在我要竭尽所能帮你找到一份你喜欢的、更适合你的工作"。这的确违反直觉，但把一个人从他不胜任和完全不适合的职位上清除出去，也不失为一种异常有益的经历。如果不能让这些人和公司双赢，我断然不会解雇他们。

有时，生命就是一个被淘汰的过程。有时，被炒鱿鱼可能是件好事。但永远不要把解雇变成一种让对方措手不及的事情（除非他们犯了罪，那时感到措手不及的就是你了，而且这种事我在职业生涯中遇到过很多次）。

在正常情况下，没有人会对自己被解雇感到震惊，也没有人会问为什么会这样。当然，他们可能会对此持有异议。针对那些工作进展不顺的员工，你应该就这些问题每月和他们进行一两次一对一交流。通过交流，你们可以开诚布公地讨论问题，尝试寻找解决方案，并且后续要跟进，看看哪些解决办法起作用了，哪些没有，以及接下来该怎么办。

员工加入时对公司做出了承诺，你也对他们负有责任。如果你是一家公司的领导者，你就有责任帮助员工认清他们的困难所在，并给予他们改进空间。你应该帮他们改进，或者帮助他们在公司内找到一个可以做出成绩的位置。

即便带着全世界所有的善意，你和对方也会遇到各种无法解决的问题，团队会对他们失去信心，而这个世界又充满其他精彩的机会，你又乐于帮他们找到更适合他们的工作。在这种情况下，他们自然会离开，而且通常都是自愿的。

这个过程会持续一个月，也可能持续两三个月，但通常结局是皆大欢喜的，是多方共赢的。

不过，有时，你会发现你招聘了一个浑蛋。

一家小创业公司里的浑蛋可能会导致创业终结。当然，在任何成长阶段以及任何规模的公司内，浑蛋都是会给团队和产品带来毁灭性打击的毒瘤。队伍越大，浑蛋越容易潜伏进来，并制造麻烦。

如果你面对的是一个小气且不值得信任的暴君，那么你下意识的反应是应尽快切除这样的毒瘤。你要一步步来，对他们晓以利害，给他们一个扭转局面的机会。解雇员工的法规会因居住地差异而各有不同，因此了解并严格遵守这些法规非常重要。如果有人认为他们遭到了错误解雇，他们会起诉你。许多你认为很优秀的人最终会拖累整个组织。

这是成长过程中最痛苦的事情之一。刚开始时，你有一群杰出的核心成员，你知道他们可以和你共攀高峰。但是这个阶段不会一直持续下去，最终你需要为团队招聘越来越多的成员。有时，你会把事情搞砸，招聘一些浑蛋，或者那些无法做出成绩、不能适应公司文化的人。但给成长带来真正冲击的是，随着时间的推移，你经常会招聘很多资质平庸的人。相对于早期的优秀员工，这些人看起来就没那么让人满意，大部分都是那种素质还好、具备良好团队精神并能把工作完成的人。

不过这也不是世界末日。随着公司的扩张，你需要招聘各种不同层次、不同类型的人。

你不可能给每一个空缺职位都找到一个完美的 A+ 级候选人。精英中的精英并不总是想加入一个庞大的团队，要么是他们有其他要务在身，要么是你付不起他们要求的薪水或者给不了他们想要的头衔、职位。

有时，那些你原本不指望会给你带来惊喜的人，那些你认为只是 B 和 B+ 水平的人，反倒会彻底颠覆你的世界。他们以可靠、灵活的优秀导师和队友的身份，将整个团队凝聚在一起。他们谦逊、和善、只会埋头苦干。他们是另一种类型的"摇滚明星"。

目前为止，公司成长中最困难的部分是如何找到各种不同类型最优秀的人才，如何把他们招进来，以及如何让他们快乐工作和茁壮成长。

不要因此而畏惧退缩，要把它当成你的首要任务，让它成为每个人的优先事项。

我发现在许多公司，人力资源事项要么会变成团队会议中最后一个议题，要么被拿出来在单独的人力资源或招聘会议上研究讨论。但团队和它的健康与成长理应是你的优先处理事项。最好的方法就是把它作为每周会议的第一项议程。

在 Nest，每周一早晨的管理层会议都是这样开场的：谁是我们要招聘的优秀人才？我们是否制定了招聘目标或录用指标？如果没有，问题出在哪里？有哪些障碍？团队的表现如何？员工有什么问题？绩效评估进展如何？谁需要奖金？我们应该如何庆祝成就，以让团队感到被重视？最重要的是，有员工离职吗？原因何在？我们如何让这份工作比其他工作更有意义、更充实、更令人兴奋？我们如何帮助员工成长？

只有在完成了这个重要的主题之后，我们才能继续做其他事情，比如我们到底要创造什么产品。

各个团队的管理者认识到我对此事的重视程度，因此他们也开始组织团队内部的每周会议。这变成 Nest 的一个规矩——以人为本，永远如此。

你正在创造的东西永远不会像你和谁一起创造那么重要。

第 22 章　增长断点

规模增长会破坏你的公司。随着越来越多的人加入，你的组织设计和沟通风格需要跟上，否则你将面临疏远团队和破坏公司文化的风险。

断点几乎总会在你需要增加新管理层时出现，这不可避免地会导致沟通问题、认知混乱和发展减速。在公司的早期，当大多数人都是自我管理的时候，一个人能够直接有效管理 8~15 名全职员工。随着公司的发展，这一数字将缩减至 7~8 名。当团队接近这一点时，你需要先创建一个管理层，最好是从内部提拔，然后将系统部署到位以确保有用和高效的沟通。

为了防止断点会给你的公司带来实质性伤害并导致员工集体辞职，你应当尽早实施管理变革，与团队就新计划展开研讨，并在他们进行角色转换时给予指导。

..

如果你有一个 6 人组成的团队，那么一年中可能会有 6 天是某个成员的生日。

你会买蛋糕并在生日当天下午为员工搞庆祝活动，这很好。

当你有了一个 300 人的团队，那就相当于可能每天都会有人过生日。我们还应该每次都搞庆祝活动吗？整个团队不可能每天都休息一个下午。你还需要买蛋糕吗？蛋糕对你公司的文化有那么重要吗？你想为团队做力所能及的一切，但现实很残酷：工作有最后期限，花钱要看预算，人们还在拿钱去买该死的蛋糕。

蛋糕其实是增长这个更大问题的一个缩影，我也确实是在说蛋糕本身的问题。事实证明，人们对蛋糕有一种奇怪的防御心理。停止为员工举办全公司规模的生日派对总会引发一场小型危机。

规模增长会让你措手不及，因为一切总会在你最春风得意的时候分崩离析。断点通常出现在一切顺风顺水之时——你的业务蒸蒸日上，或者起码产品开发的进展非常顺利。看上去你已经打通任督二脉，并在持续精进。

这就像养育孩子。就在你觉得已经掌握一切的时候，就在你为教会他们吃饭，能哄他们睡觉，并且看着他们学会走路（以及其他一切）而兴奋时，你的孩子突然长大了。这个阶段结束了，走路已经不是什么新鲜事。以前那些一步步积累起来的东西，现在却彻彻底底打败了你。

这种事情总是在不断发生，永远如此，而你唯一能做的事情就是接受它。

我曾与许多企业家就此事交谈过，他们告诉我，他们讨厌公司员工超过 120 人，所以他们不会让自己的初创公司出现这种情况。我从未见过这种方法奏效，对任何成功的企业来说都是如此。

要么成长，要么死亡。静止就是停滞，改变是唯一的选择。

这并没有让事情变得更容易。

断点出现在团队规模发生变化的过程中。无论是对于独立企业，还是大公司内部的团队，在不同规模之间的转换从来都是一件难事。

15~16 人规模

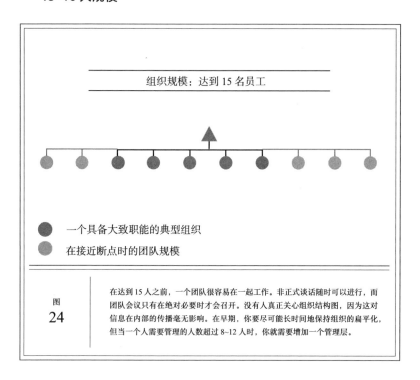

组织规模：达到 15 名员工

● 一个具备大致职能的典型组织
● 在接近断点时的团队规模

图 24

在达到 15 人之前，一个团队很容易在一起工作。非正式谈话随时可以进行，而团队会议只有在绝对必要时才会召开。没有人真正关心组织结构图，因为这对信息在内部的传播毫无影响。在早期，你要尽可能长时间地保持组织的扁平化，但当一个人需要管理的人数超过 8~12 人时，你就需要增加一个管理层。

组织：每个人都负责做一点事情，而几乎所有的决策，无论大小，都由集体共同做出。无须管理，因为团队领导者虽然负责推动愿景和决策的落地，但其地位并非高人一等。

沟通：自然进行。每个人都处在同一个房间（或聊天室），听到的可能都是相同的对话，因此不存在信息瓶颈，也不需要定期开会。

40~50 人规模

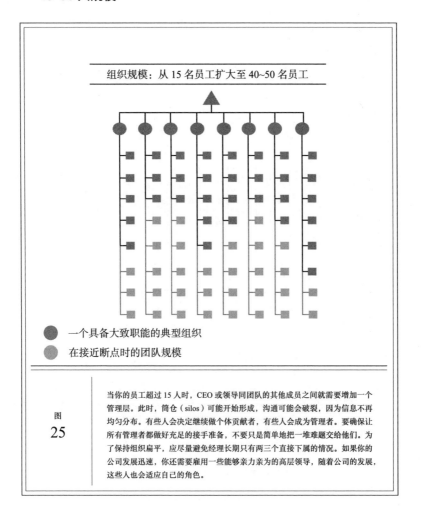

组织规模：从 15 名员工扩大至 40~50 名员工

● 一个具备大致职能的典型组织
● 在接近断点时的团队规模

图
25

当你的员工超过 15 人时，CEO 或领导同团队的其他成员之间就需要增加一个管理层。此时，简仓（silos）可能开始形成，沟通可能会破裂，因为信息不再均匀分布。有些人会决定继续做个体贡献者，有些人会成为管理者。要确保让所有管理者都做好充足的接手准备，不要只是简单地把一堆难题交给他们。为了保持组织扁平，应尽量避免经理长期只有两三个直接下属的情况。如果你的公司发展迅速，你还需要雇用一些能够亲力亲为的高层领导，随着公司的发展，这些人也会适应自己的角色。

组织：当你的团队超过 15~16 人时，7~10 人的子团队开始形成。你最初的核心团队中的一些人将不得不减少他们的职责并开始负责管理工作，但团队仍然很小，所以一切都保持非常灵活和非正式的状态。

沟通：你将第一次参加不是每个人都能参加的会议，所以有些人可以获得其他人不能获得的信息。你需要稍微规范一下你们的交互方法——记笔记，发送更新，确保每个人都保持同步。

120~140 人规模

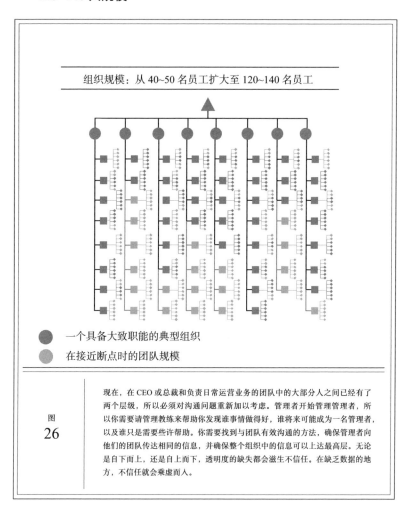

组织规模：从 40~50 名员工扩大至 120~140 名员工

● 一个具备大致职能的典型组织

● 在接近断点时的团队规模

图
26

现在，在 CEO 或总裁和负责日常运营业务的团队中的大部分人之间已经有了两个层级，所以必须对沟通问题重新加以考虑。管理者开始管理管理者，所以你需要请管理教练来帮助你发现谁事情做得好，谁将来可能成为一名管理者，以及谁只是需要许些帮助。你需要找到与团队有效沟通的方法，确保管理者向他们的团队传达相同的信息，并确保整个组织中的信息可以上达最高层。无论是自下而上，还是自上而下，透明度的缺失都会滋生不信任。在缺乏数据的地方，不信任就会乘虚而入。

组织：当你的员工超过 50 人时，有些人会成为管理者的管理者（这与仅管理个体贡献者完全不同），人力资源也将第一次真正发挥作用。你需要适当的流程来处理晋升，定义工作职责、等级和福利水平。你还需要厘清各种职位头衔。

职能团队在成长，更大的团队中的子团队也在形成。每个团队开始围绕他们所做的工作类型发展自己的工作风格。专业化越来越成为一种必需。许多团队成员开始选择专一路线并专注于特定区域，再也无法拥有成为多面手的奢侈（这也是一把双刃剑）。

沟通：团队内部的沟通必须正式化，与领导的会议也是如此。走廊上的谈话已经不再有效，你需要定期召开全体员工会议，让团队成员相互了解情况，并号召高管们团结、影响和启迪员工。

在这个阶段，公司的高管必须确定他们的沟通风格：如何与领导团队联系并确定优先事项，如何召开会议，如何向整个公司传递信息。领导开始每周与人力资源部会面，以管理人员激增的问题。

350~400 人规模

组织：在这个阶段，你可能有多个项目在竞争同一资源。领导同实际产品的距离更加遥远，多数时间都花在了管理组织结构图和团队间的优先级冲突上。

沟通：会议可能会失控，信息会成为瓶颈。你需要调整会议结构，重新考虑你的沟通方式。全体会议将越来越少，而且所有会议都是为了加强公司的愿景，而不是分发战术信息，这意味着需要有其他方式让员工更容易地获取和传播相关信息。

在今天这个全球化办公的时代，这一切仍是真理，甚至变得更加重要。当饮水机消失，自发、非结构化的沟通也随之消失时，你必须更加周密、严谨、有意识地制定沟通策略，必须为大家提供相互联系的路线图。

要记住，增长不是一个阶跃函数。不是说你在 119 人的时候做得很好，但是到 120 人的时候，一切都会崩溃。你必须在到达断点之前就尽早开始制定应对策略——起码要在其到来两三个月之前未雨绸缪，在断点出现后还要进行长达数月的跟进。仔细思考你的组织设计和沟通方式，认清你是否需要培训个体贡献者成为管理者或引进新鲜血液，调整会议，看看人员规模是否出现了变化。你必须与员工交流，广泛交流。

关键是要做到连贯有序。无论你是在一家大公司领导一个项目，还是经营自己的创业公司，你都必须指导整个团队完成这些过渡。你的公司正在经历青春期，但在第一颗痘痘被发现之前，你需要进行一些尴尬却至关重要的对话。你甚至可以使用千篇一律的语言：这发生在每一个成长、蓬勃发展的企业中，是很自然的，不用担心。

你也要开诚布公地面对这种转换给员工、你以及公司造成的恐惧感。要承认你会失去一些东西，而且要承认这些损失会带来不小的痛苦。要让管理者和个人也参与这个过程，这样就不会让他们感到错愕，不会觉得像是一些无法控制的事情正降临到他们头上。你需要他们的帮助才能把事情做好，这样他们才能定义、拥抱和接受这些变化。

如果你能看到未来，你就能设计未来。

首先，你得克服恐惧。下面是最让人们害怕的事情，以及应如何帮助他们渡过难关。

专业化

每一个有机体都是从一个单细胞开始的。那个细胞先是一分为二，之后再分裂为 4 个、8 个、16 个……一开始，每个细胞都是一样的，但很快它们就会爆发并个体化。这个会变成神经，那个会变成肌肉。有机体越生长，每个细胞的分化程度就越高，系统就会变得越复杂。但细胞也会变得更具有复原力，能够存活数年甚至数十年之久。

商业同样如此。但人不是干细胞，有时你会遇到那种特别愿意集中精力干好一件事的专家，但对大多数人来说，缩小职责范围这件事并不能让他们觉得顺其自然和理所应当，相反这会让他们感到恐惧。这个过程在最开始时尤其可怕，因为在这个阶段，公司几乎不存在管理层，大家只要在大方向上达成共识就开始冲刺，大家已经习惯一人多能。但这种事情在后期仍会陆续出现，即便在大公司甚至巨型公司，也是如此。

令人恐惧的是，过去所有人都可以去做这些很酷、很不一样的事情，现在有人会半途插进来，把这一切都揽走。

因此，要让员工更多地把目光转向机遇：要让他们对自己职责的变动感到好奇，而不应该总是担心失去什么东西。他们想成为一名管理者吗？想成为团队负责人吗？他们是想更多地了解其他业务领域，还是想更深入地研究他们真正喜欢的东西？他们想学什么？

第一步是帮助他们了解，关于这份工作、公司以及企业文化，他们真正热爱的到底是其中的哪些东西。之后他们可以与其管理者合作，努力保留他们喜爱的东西，清理掉他们根本不喜欢的东西。他们也可以利用这一机会开启一些全新的事业。

你要不断提醒大家，这是他们选择自己道路的机会。他们掌握着对自己事业的选择权。告诉他们设想自己的未来，弄清想成为什么样的人以及想做些什么。

组织设计

公司发展需要员工专业化，团队也是如此。当你只有一款产品时，你可以按职能进行组织设计，比如一个硬件工程团队、一个软件工程团队等。但当产品线不断增加时，这样的组织结构就会成为发展的阻碍。它可能在只有两款产品时出问题，也可能在有五款产品时出问题。不管怎样，它最终都会出问题。

问题通常出在最高层身上——团队领导只能在头脑中记住这么多项目。他们可以专注于3~5个项目，但到了六七个项目时，他们的脑袋就炸了。他们每天的时间都不够用了，所以一些项目就会被搁置，直至最后杳无音讯。

你需要将组织按具体产品分组，以便使得每款产品都能获得应有的关注。比如这个组是研究恒温器的，另外一个组则负责研究烟雾警报器。之后你可能还需要再做一次细分。在 Nest，我们最后创建了一个配件团队。没有这个组的话，那些配件永远不可能被制造出来。主线产品团队总是说他们会负责，但配件项目从来不是他们的首要任务，所以他们不可避免地会优先考虑其他事情。

亚马逊、Square（美国一家移动支付公司）、Stripe（美国一家线上支付公司）、Twilio（美国一家提供云计算解决方案的公司），几乎每个拥有多条产品线的团队都不得不以这种方式进行重组。

每个产品系列都有一个专门的工程团队、一个专门的营销人员，以及一个专门的设计师和文案。这就把他们变成企业内部的一个个更灵巧、更机动和更自主的小型初创公司。决策的速度变快了，每个人也都有了明确的目标，再也不用从副项目上争抢资源。

虽然这个模式更有效率，但这并不意味着人们会喜欢它。和个体贡献者不同，各个产品组并不乐见自己的职责范围被缩减。

你同个体贡献者关于其个人发展轨迹的对话，同样可以用在产品组轨迹缩减之时。以这种方式对事务进行分解可使组织扁平化，减少大量开销，并创造出更多的增长机遇，并且更有机会找到自己擅长以及被认可的东西。

员工可以在任何情况下更换团队：发布旧产品的另一个版本，然后切换到新产品的研发；尝试一下恒温器相关的工作，然后转到烟雾警报器。只要他们有劲头，愿意投入，那就永远有回旋的余地。

从个体贡献者转变为管理者
工作成绩优异者常常会被要求领导一个新的成长型团队（见第 5

章）。有些人会欣然接受这种转变，也有些人会因恐惧而退缩。这可能是出于对变化的恐惧，也可能是缺乏安全感，还可能是因为他们真的很喜欢自己的工作和公司的现状。在这些时刻，要帮助他们理解增加一个管理层的必要性，要告诉他们团队已经变得太大，需要专业化，需要为进一步增长做好准备，之后再给他们提出如下两个选择。

1. 继续做一个个体贡献者，但要接受另外某个人的领导。这未必是坏事。他们的新上级可能是一位已在这家公司工作多年的老朋友。或者你可以从外部引进一位出色的领导者，他们可以向他学习。如果他们选择了这个方案，那么他们就必须接受这样一个事实，即他们将被以不同的方式管理，而对于团队的发展他们也将不再具有往日的影响力。

2. 进行一场管理试验。让他们尝试管理者的角色，看看他们感觉如何。你可以去度假，并把管理权移交给别人，告诉大家此人是负责人。或者带他们参加管理会议，并让他们做陈述。让他们领导越来越大的项目。给他们分配一些任务，让他们看看这项工作的真正意义。让他们帮忙处理人力资源的细节。带他们参加规划会议。

然后问问他们是否想要一次真正的试运行。送他们接受管理者培训。如果你的公司太小，不能进行适当的培训，那么就指派一位有经验的管理者担任他们的教练（必须把这件事正规化，而且要把它当成教练的一项季度目标与关键成果，也就是 OKR。要把这件事当成一项需要实现的关键目标，而不能只是随随便便地说一句："你帮帮这个人好吗？"）。

然后和剩下的团队成员进行一对一面谈，告诉他们你正在考虑提拔某个人。首先，你要注意不要搞得大家都不舒服。你可以说："先这么试试看。如果你们有任何问题，来找我。"要让每个人都接受你这个提议，并且要给候选人展示自己的时间。

等到这些候选人对自己的能力有了些许信心，并且团队也能适应这些人扮演的新角色，你再让他们做出自己的选择。

尽早开始进行管理者培训，并确保他们可以和其他经验丰富的管理者进行交流。要让他们乐于研究如何才能成为一名优秀管理者，同时要向他们解释，管理的关键之一就是帮助团队找出解决难题的创造性方案。你不见得要亲自参与这些工作，但你肯定是确保其成功的关键。

很多有才能的领导者就是通过这种方式崭露头角的。你也应该知道，有些人并不能胜任管理者的职责。有些人会崩溃，有些人会辞职，有些人会讨厌这份工作，有些人的表现会很平庸。那时，你有责任帮助他们在公司内部或外部找到其他机会。他们进行尝试但失败了，也意味着他们有所收获。没什么大不了的，生命就是一个被淘汰的过程，现在他们可以自由地尝试新事物了。

从个体贡献者的管理者转变为管理者的管理者

在 120 人左右的公司，你需要设置总监职位，也就是管理其他管理者的管理者。总监需要像 CEO 一样思考，不能像个体贡献者一样思考。

他们必须更加信任下属的团队，委派给他们更多的任务，同时承担起教练的职责。他们与团队关系密切，但与产品的距离变得更远。他们要对重大的战略变化负责，又并非完全独立。不管怎么说，他们仍然对结果负责。

所以在让这些新总监承担重任之前，他们也应当得到有力的支持。他们应该从一开始就接受培训并有相应的教练。教练可以是你，也可以是别人，但一定要把这种关系正规化。要让这些新总监认识到，没有人期待他们刚上手就洞悉一切。

会议

当公司快速发展时，大多数人抱怨的第一件事是越来越排不开的会议（以及电子邮件和消息，但主要是会议），如团队会议、管理会议、全员会议、人力资源会议。在某种程度上，这是无法避免的。人们必须相互交流，所以在各种反作用日渐凸显之前，会议只能越来越多。你需要开会，无论是面对面，还是其他方式。

你也需要不时地停下来重新评估会议和沟通流程，并在它们不再有效利用时间时做出改变。你可以把一些会议变成状态更新报告，减少参加会议的人数。那时，你又要小心报告泛滥的问题，你肯定不希望团队把大量时间都浪费在写一大堆没有人阅读的文字上面。这是一场持续的战斗。管理者们应该时刻关注团队用于开会的时间（包括团队内和团队间），并要尽力控制这些数字。

全体会议就是一个很好的例子。这些是公司中每个人都要参加的会议。一开始，当你的员工少于 40~50 人时，这种会议可能每周或每隔一周开一次。一开始是非正式的超级战术聚会。在接下来的一个小时里，大家会坐在地板上，分享一些柠檬方糕，讨论每个人都需要知道的代办事项，提出下一个里程碑，讨论每个人正在做的有意思的事情，并了解一下对手的情况。在必要时，你会在这种会议上发布一些重磅信息。

通常情况下，你们都是在往前看，你们会谈论公司使命和相关进展，并且在最后搞搞团队建设。随着越来越多的人加入团队，全员会议已经无法做到与每个参加的人都高度相关，也无法涵盖你想涵盖的所有主题。所以你开始减少全员会议的频率，其内容也开始发生变化。它不再关乎当前正在发生的事情，而更多关乎公司的大愿景和正在规划的大变动。

那种全员坐在满是面包屑的地上，可以互相打断，每个人手上都沾着面包屑，这种每周一次的乐趣，只能在公司规模较小的时候才会有。

如果不承认这一点，你就会陷入困境。就像谷歌一样，直到最近，谷歌的 14 万名员工每周还要参加一次 2~3 小时的全员会议，即著名（或臭名昭著）的 TGIF 会议。TGIF 是"感谢上帝，今天已是星期五"（Thank God it's Friday）的缩写，但它实际在星期四举行，因为亚洲的员工也要参加（另一个无法扩展的例子）。

除了高管们开开玩笑，TGIF 会议的大部分议程都是用于公司各个团队展示他们的工作内容。有时，这些内容真的很有意思。有时，并非如此。这个会议本身的目的，就是希望通过一种有效的形式传递相关信息，早在很多年前就已经面目全非。在整整三个小时的时间里，大多数谷歌人都只会无所事事地在一个名为 Memegen 的内部应用程序中制作关于会议的各种表情包。虽然这对企业文化很有帮助，也是一种团结员工的好方法，但地球上没有人敢说这是一种高效的沟通方式，或者认为它能够帮助任何人改进工作。

这种会议的成本很高。就算不考虑公司一众人等每周集体花三个小时制作表情包的成本，也要看看会议的筹备成本。谷歌有一个专门负责 TGIF 会议的数十人团队，他们每周需要把数百个小时的时间用于此会议的各种事项准备。

所以，若非必须，不要召开全员会议。要让全员会议具有特殊意义。要保持会议的规律性，要降低其频率，鼓励小规模的团队之间通过聚会分享相关信息。他们甚至可以坐在地板上吃柠檬方糕，但是会议的目标必须清晰明了，人们在工作时间上的支出不能漫无目的。

人力资源 / 员工

在开始时你并不需要专门的人力。当你的团队仅有 5 人、10 人甚至 50 人时，你可以只借助外部招聘人员扩充团队，并通过交流解决出现的各种问题，你还可以将医疗保健、401（k）①等基本职能外包出去。

当你的员工数量达到 60~80 人时，你就需要将人力资源引入内部。因为你面对的不仅仅是 60~80 个人，实际上是 240 个人或 320 个人。大多数员工都有家庭，有配偶、伴侣或者家属。这一群体中的每个人都会出现一些需要你去应对的问题：他们会生病或怀孕，需要戴牙套，想请假，甚至只是对自己的福利待遇有疑问。

这时，将人力资源外包的成本会越来越高，会占用你太多时间。

所以要在公司内部创建人力资源职能，并提醒员工人力资源的责任是保护他们和公司文化。人力资源会在女性员工生育时提供帮助，确保大家按时领到工资，确保大家的安全感。增加一个正式的人力资源部门并不会带走任何东西，只会给员工及其家人提供更好的资源。

教练 / 导师

在断点出现之前获得教练和导师的帮助至关重要。特别是在员工增长到 30~40 人，并需要设置管理者岗位时，以及达到 80~120 人，需要设置总监职位时。

记住，教练和导师是有区别的。

教练为你的业务提供帮助。一切都关乎业务：这家公司，这份工作，此时此刻。

导师则更加个人化。他们不仅为人们的工作提供帮助，还为他们的生活和家庭提供指导。

教练之所以有用，是因为他们了解公司；导师之所以有用，是因

---

① 一种由雇员、雇主共同缴费建立的基金式养老保险制度。——译者注

为他们了解你。

最理想的当然是这两种角色集于一人，一个人可以同时了解两个世界。一位教练兼导师，既可以帮助人们以更广阔的视角看待业务的需要，也能帮他们看到个人的需要。

在创业早期，作为领导者的你就是导师。你需要让员工为重大的转变做好准备，并指导他们渡过难关。随着团队的发展，你需要聘请正式的导师或者教练来承担部分指导责任。在团队规模达到 120 人时，你需要高管教练，他们可以指导你的领导团队履行新职责，贯彻沟通和组织策略。

文化

文化是最难确定、最难保存的东西。即使在小公司中，每个团队通常也会发展出自己独特的文化。当这种文化中珍贵的一部分消失时，你的很多员工可能也会随之消失。

因此，为了保留你所热爱的那些价值，你要让你的团队写下他们最看重的东西，并制定规划以保障其延续。请记住，把员工和公司联系在一起的并不一定是那些显而易见的东西，而常常只是一些小事，甚至是一些愚蠢的事。在 Nest 刚刚起步时，一些团队成员就开始在停车场组织烧烤。这是一件很棒的事情，能够让每个人心情放松地聊天、吃东西。随着团队的扩大，烧烤就变得不再容易。毕竟给 15 个人烤牛排和给 50 个人烤牛排不是一回事，更别说 500 个人了。所以我们就把烧烤当成一桩生意进行了投资。后来烧烤规模变得越来越庞大，菜品越来越精致，成本也越来越高昂，但我们还是坚持让它运营下去。因为这件事对我们文化的延续至关重要，我们要给每个人出去溜达的机会，无论他们是高管还是普通员工，是设计师还是工程师，是客服团队还是技术支持人员。这虽然只是一顿烧烤，但它非常重要，而且它的扩展性要比全体会议好得多。

文化以有机的方式产生，之后需要通过规范化方式延续。

所以，记录你公司的价值观，并将其张贴在公司的各种实体和虚拟的墙上。与新员工分享这些价值观，让它们成为每次面试中的一部分。每个人都应该知道哪些事对公司至关重要，哪些东西定义了公司的文化。如果你没有明确地了解自己的价值观，你就无法传递、维护、发展它们，也不能以其为准绳进行招聘。

让每个团队记录他们的工作方式：营销流程是什么？工程流程是什么？如何分阶段制造产品？如何一起工作？它不能只留在人们的大脑中。人是会走的，新员工则会不断进来。如果你的团队正在所有方向同时以几何级数增长，那么你就需要一个强大稳定的核心。有经验的老员工必须教会新员工该如何行事，否则所有人都会迷失方向。

我投资的企业中，有数百家都曾被这些断点困扰。当我在近30万员工的飞利浦试图创建一个新团队时，当苹果的员工数从3000增长到8万时，我也亲身经历了这种情况。断点似乎总是让人措手不及，没有人愿意把他们的目光从蓬勃发展的业务、蒸蒸日上的愿景和新产品上移开，停下来思考并实施重组。

在应对其他所有事情之外，为应对某个断点而制定规划也是一件工作量非常大的事情。最糟糕的规划往往十分混乱、棘手、极度恼人，总把问题搁置在一边，改天再处理。

其实，"没坏就不用修"这套理论在这里并不适用。如果你不为断点做准备，你不对团队发出警告，不以"角色第一、个人第二"的姿态有计划地开展重组，不增加新的管理者，不重新评估会议和沟通工具，不给员工提供培训或者聘请教练，不积极维护公司文化，那么结果显而易见：

- 为了哄员工开心，我看到一些领导者没有首先弄清楚何为最佳组织结构并让团队适应相关角色，而是围绕现有员工建立组织。
- 结果角色和职责重叠，上层有大量冗余，他们必须发明很多奇怪的新头衔，而且没有人知道他们应该做什么。
- 工作慢得像爬行。
- 员工抱怨公司文化已死。
- 员工陆续离职。
- 恐慌袭来，感觉即将爆发一场全面危机。

这通常需要 6~9 个月才能恢复。一般来说，公司必须舍弃所有超过断点的新扩张并重新开始，而且要用正确的方式。此时，你必须用正确的方式。那些试图忽视断点的企业要么无法生存，要么停留在当前的规模上，陷入停滞。

你需要知道，即使你把每件事都管理得很完美，也可能失去一些员工。优秀的人也会离你而去。有些人只是喜欢规模更小的公司。有些人不喜欢这些改变，即便他们尊重这种改变的必要性。尽管已经得到很多预警和指导，但有些人还是会讨厌管理层扩大。眼睁睁地看着可信赖的队友和朋友离开是一件很痛苦的事，但其损失也是可控的。这不会是一场灾难，你的文化和公司将会延续。

最后，当你安抚完员工，培训了管理层，通过 100 万次的一对一谈话消除了大家的焦虑，规范了公司的价值观和流程，并且通过在有规律（但不频繁）的全员大会上发表演讲构建和强化了企业文化之后，你得花点时间想想自己的事情。

你可能也很害怕，你应该如此。如果你不害怕，那说明你可能没有认真对待。

断点的情况不仅会发生在公司身上，也会发生在你身上。作为一名 CEO、创始人或大公司的领导者，你的组织规模越大，你就会变得越孤立，离产品也会越远。起初，你可以帮助招聘所有人，认识所有人，可以参加很多会议，能够与团队并肩作战，共同钻研。但当团队增长到 120~150 人时，一切都发生了改变。你开始看到一些你不认识的面孔——这些人是我们的员工？是合作伙伴？还是来吃午饭的朋友？你再也无法详细掌握事情的进展。你要是随便闯进一间会议室，肯定会把大家吓坏了。"为什么 CEO 要来这里？出了什么事情了？"

所以当你遇到断点时，请记住你是如何安抚自己的团队的，并应该接受你自己的建议：你知道它们即将到来，因此要做好准备。你可以和你的导师谈谈。在每次转变之前，先搞清楚你的职责所在，并为此做好规划。要记住，改变带来发展，发展就是机会。你的公司是一个有机体，它的细胞需要分裂，只有这样，才能繁殖，它们需要分化才能成为新的东西。不要担心你会失去什么，而要去想想未来你会是什么样子。

第23章　一切都是设计

所有需要创造的东西都需要设计，这不仅仅是产品和营销，还包括流程、经验、组织、形式以及材料。从本质上来说，设计就是思考一个问题并为其寻找到一个优雅的解决方案。任何人都可以做设计，所有人都应该做设计。

成为一名优秀的设计师，与其说关乎其绘图方式，不如说关乎其思维方式。设计师不仅仅是要把东西变得漂亮，还要让它们可以更好地发挥作用。如果没有专业设计师，你可能无法创建一件完美的原型，但如果你能遵循如下两个原则，你可以靠自己走得更远。

1. 运用设计思维：这是创新设计公司 IDEO 的大卫·凯利提出的一个著名策略，它鼓励你识别客户及其痛点，深入理解你试图解决的问题，并系统地发现解决问题的方法。

例如，有人抱怨他们有太多的电视遥控器。与其立即着手将所有遥控器组合成一个巨大的、复杂得可笑的遥控器，你不如先花时间了解你的客户：当他们坐在沙发上时，他们会做什么？他们在看什么？他们什么时候看？谁和他们一起看？他们使用每个遥控器的目的是什么、频率如何？他们把它们放在哪里？当他们拿错遥控器会怎么办？

从这里你开始了解客户的实际问题：他们回家晚了，不想打开几盏灯吵醒家人，所以他们想在黑暗中打开电视，却永远找不到正确的遥控器。好的，我们可以为此找到解决方案。

2. 避免习惯化：每个人都会习惯一些事情。生活充满了微小和巨大的不便，但你早已对它们视而不见，因为你的大脑已经将其认定为不可改变的现实，并对其进行过滤。

想想杂货店在农产品上贴的小贴纸。你现在不能直接吃苹果，而是要先找到这块贴纸，把它撕下来，然后再用指甲刮掉那些胶质残留物。你在最初几次遇到贴纸时可能会很生气，但现在你几乎不会留意这个问题。

当你像设计师一样思考时，你就会意识到工作和生活中的许多事情可以变得更好。你会找机会改善人们长久以来都认为非常糟糕的体验。①

··

词汇有时候会成为障碍。

设计不仅仅是一种职业。

客户不仅仅是一个买东西的人。

产品不仅仅是你出售的一种实体商品或软件。

你可以将设计思维应用于你所做的一切。

假设你正翻箱倒柜找衣服，为即将到来的工作面试做准备：你的客户就是你的面试官，你的产品就是你自己，你正在为了面试设计服饰。你应该穿牛仔服吗？还是穿正装衬衣？公司文化偏向正式还是非正式？你想把自己塑造成什么样的人？决策本身就是一个设计过程。获得最佳结果需要设计思维，即使它是一个无意的举动。

现在你得到了这份工作，恭喜你。牛仔服是个不错的选择，但办公室在 10 英里外，你又没有车。欢迎来到今天的设计过程——现在的客户就是你自己。

---

① 如果你有兴趣深入研究习惯化，可以看看我关于习惯化的 TED 演讲（在线观看）。

你可能不会跑出去随便买一辆车。你会仔细考虑你的选择。你真的需要一辆车吗？或许你可以乘坐公共汽车或骑摩托车、自行车。如果你真的买了一辆车，你会用它做什么？你的预算是多少？你应该买一辆混合动力车还是一辆电动车？你会遇上堵车吗？你会把车停在街边还是车库里？你会开车送家人、朋友、同事或宠物吗？你周末会自驾游吗？

设计思维迫使你真正理解你要解决的问题。在这种情况下，问题不是"我需要一辆车去上班"，它实际上要广泛得多："我想如何出行？"你正在设计的这款产品，实际上是你生活中的移动策略。

从字面上看，制作真正好的产品的唯一方法是深入挖掘，分析客户的需求，并探索所有可能的选择（包括意想不到的选择：也许我可以居家工作，也许我可以搬到离工作地点更近的地方）。不存在完美的设计，约束永远存在，但你可以从外观、功能和必要的价格等角度做出最好的选择。

这是一个设计过程。这就是我设计 iPod 的方式。这就是我设计一切的方式。

这就是一些人所认为的"非设计师"不可能做到的事情（见第 7 章）。

多年来，我与许多才华横溢的设计师合作过，但我也与那些坚信设计只属于设计师的高傲设计领导者发生过冲突。他们认为，当面对严峻的挑战时，你永远需要听从一位专家的意见。专家就是那些有着高级审美和耀眼学历的人，最好找他们。我见过很多设计师都看不上工程和制造领域的想法，因为他们认定非设计师根本无法理解客户的需求，也无法找到周全的解决方案。只要不是他们想出来的解决方案，就根本不能叫解决方案。

这简直要把我逼疯了。

尤其是因为这种思维方式具有传染性。根据我的经验，大量初创公司在遇到设计方面的困难时，会马上想着用招人解决这个问题："我们懂的知识不够多，我们没有专业知识，我们需要请人为我们做这件事。"

但在思考把问题外包之前，你应该试着自己解决问题，尤其是当解决问题对你的业务有至关重要的影响时。如果这是一个关键功能，你的团队必须强化对整个过程的理解，并且要自己把它完成。

在 Nest 创立之初，很明显营销将成为我们的主要差异化因素。所以，当我一开始聘请安东·奥宁负责营销时，我就要求他将着力点放在产品的包装上。安东是一个直觉敏锐、善解人意的市场营销人、讲故事的大师、客户体验方面的王者，但他不是一个设计师。他也不写文案。他曾说："大概是我到 Nest 的第二周后，托尼就让我设计外包装并撰写文案。'什么？ 呃，行吧。我这就给我之前一起共事过的自由设计师和文案打电话'。'不行，必须让我们内部人来做，这是个秘密项目'。'啊！哈哈！好的！我这就去办'。结果证明，这是我职业生涯里遇到过的最能释放我天性的要求。"

他边做边学，结果失败了，于是重新来过。我们重做了 10 遍包装的设计，同时还开发出一套信息传递的流程和框架（见第 24 章图27）。在他对包装可能是什么以及它固有的局限性有了一个基本的了解之后，在他从骨子里了解了何为信息传递之后，他与设计师和文案共同合作，最终交出了满意的答卷。如果不是他自己先尝试，这一切就不会发生。他只是需要被助推一把。通常来说，每一个聪明能干的人都需要经历这些，只有这样，才能真正有突出的表现。

你甚至可能不需要任何人绘图或做出审美选择。例如，取名字这件事。这是所有企业都面临的问题。但是与其找一家命名或品牌机构来为你挑选一个名字，不如坐下来像设计师一样解决这个问题：

- 谁是你的客户，他们会在哪里遇到这个名字？
- 你想让你的客户对你的产品有什么想法或感觉？
- 你最想用这个名字突出哪些品牌属性或产品特征？
- 这是一个产品系列的组成部分还是单独类别？
- 下一个版本会叫什么？
- 这个名字是应该能唤起一种感觉或想法，还只是简单描述？
- 一旦你想出一堆备选项，那就可以在上下文中使用这些名字。
- 如何在语句中表现它？
- 如何在印刷品中使用它？
- 如何以图形方式使用它？

你可能想不出一个自己喜欢的名字，但通过亲身尝试，你至少能感受和理解命名的过程。它将为你提供与代理机构合作所需要的工具，并可以让你从他们的取名方法中学习到很多技巧。有时，你确实需要聘请专家。有时，优秀的设计师可以为你建造一把梯子，帮助你的团队走出他们为自己挖的坑洞。在这个过程中，你的团队应该持续观察、学习并提出问题，只有这样，他们才能在未来创造自己的梯子。

各个团队、各个级别的人都可以按此方法，在日常工作中运用设计思维。设计思维可应用于包装、设备、用户界面、网站、营销、订购、听觉、视觉、触觉、气味等各个方面。他们将开始精心地设计从支付流程到客户退货在内的一切环节。

从整体上看，你的团队将开始注意到他们的被动处境，摆脱对现状的习惯，并开始让一切变得更好。你的团队不再一直盯着其他公司的做法和惯例并照搬照抄，而是开始像他们的客户一样思考："这就是我想要退回此产品的方式。"然后他们会从零开始设计整个过程，而这正是产品本该有的设计方式：

- 在每一步都要问为什么——为什么现在是这个样子？怎么能变得更好？
- 像从未使用过该产品的用户一样思考，深入了解他们的心态、痛点、挑战、希望和欲望。
- 将其分解为几个步骤，并预先设置所有的约束条件（见第13章）。
- 理解并讲述产品的故事（见第10章）。
- 在整个过程中持续创建原型（见第9章）。

不是每个人都能成为伟大的设计师，但每个人都能像设计师那样思考。设计能力并非与生俱来，而是需要学习的。你可以请教练和老师，也可以通过课程和书籍来拥有正确的思维方式。你们可以一起做设计。

即使是世界上最伟大的设计师，也不能独立完成全部设计。大多数人看到苹果的设计会说："这是史蒂夫·乔布斯的作品。这是乔纳森·艾夫的作品。"事实远非如此。设计从来不是一种靠一两个人在速写本上喷涌天资，然后交给低级员工去执行的东西。事实上，有成千上万的人在为苹果做设计，而正是这些团队齐心协力，才创造出那些真正独特而美妙的东西。

要成为一个伟大的设计师，你不能把自己锁在一间屋子里，你必须与你的团队、你的客户和他们所处的环境以及其他可能有创新想法的团队建立联系。你必须了解客户的需求以及满足这些需求的所有不同方式。你必须从多个角度看待问题。你必须有一点儿创造力，并且必须首先注意到问题。

最后一点听起来好像没什么大不了的，但它非常关键。这就是初创公司的员工和创始人之间的区别。

大多数人已经习惯家庭生活或工作中的问题，以致不再认为它们是问题。他们只是日复一日地上床睡觉，闭上眼睛，才想起厨房的灯还开着，然后脾气暴躁地下楼关灯。他们从未想过："为什么我的卧室里没有能关掉所有灯的开关？"

如果你没有注意到它们的存在，你就无法解决这些有意思的问题。

我之所以认为 iPod 能够获得成功，是因为 CD 太重了。那时的我热爱音乐，而且收藏了数百张 CD。每张 CD 都被小心翼翼地装进塑料盒，然后和其他 50 张风格最接近的专辑一起放进我的手提箱。为了消遣，我会在周末的派对上做兼职 DJ，而这些 CD 竟然比我的音箱还重。

20 世纪 90 年代，几乎每个人都随身携带 CD。几乎每个人都得在车里放一个专门装 CD 的破旧皮盒子，因为它们太笨重了，根本没办法随身携带。但几乎没有人认为这是一个需要解决的问题。每个人都认为这是生活理所当然的一部分——如果想听音乐，就得带上 CD。

注意到周围的问题并想出解决方案的人大多是发明家、创业者和孩子。年轻人会审视世界并提出质疑，他们不习惯做 1000 遍同样的蠢事，他们不认为一切必须如此。他们会问："为什么要这样？"

保持大脑年轻是关键所在。看到被其他人掩盖的问题很有益，使用设计师的词汇和思维过程为这些问题提出解决方案则非常有价值。用史蒂夫·乔布斯的话说就是"永远做一个初学者"。他不断告诉我们要用新鲜的眼光看待我们正在制造的东西。我们不是为自己设计 iPod，而是为那些从未体验过数字音乐的人设计它。人们带着音响和随身听，车里装着破旧的皮革 CD 盒。我们试图向他们介绍一种完全不同的思考音乐的方式。对这些人来说，每一个微小的细节都很重要。当面对一件全新的事物时，他们很容易手足无措，感到沮丧。这个东西必须易于使用。它需要给人一种很神奇的感觉。

乔布斯希望人们会把这个漂亮的小东西从盒子里拿出来，并立即爱上它、理解它。

这当然是不可能的，没有任何事情能如此轻而易举。那时，所有带硬盘的消费电子产品都需要充电才能使用。你买了一个新设备，把它从盒子里拿出来，然后你必须充电一个小时才能开机。虽然这很烦人，但这就是生活。

乔布斯说："我们不会让这种情况发生在我们的产品上。"

为了确保正常工作，电子设备通常需要先在工厂里测试运行半个小时。iPod 的测试时间则长达两个多小时。工厂的生产速度因此受到限制，产量大幅降低。制造团队对此怨声载道，成本也开始上升。但这额外的时间不仅让我们能对 iPod 充分测试，也给了电池充分充电的时间。

现在这已经变成必需的工序。所有电子产品在出厂时都必须充满电。在乔布斯意识到这个问题后，其他人也开始注意到这个问题。

这似乎是一件小事，但却很有意义，也很重要。当你打开盒子时，你的 iPod 就在那里等着你，准备好改变你的生活。

这就是魔法。

那种任何人都可以施展的魔法。

你应该自己发现问题，不能等着别人为你解决问题。

第 24 章　营销之法

营销不见得要柔性和模糊。良好的营销固然以人际关系和同理心为基础，但创建和实施营销计划可以而且应该是一个严谨的分析过程。

1. 营销不能拖到最后再进行。产品管理和营销团队在构建产品的最初阶段就应该协力合作。在构建产品的过程中，你应该持续运用营销来发展企业故事，并且保证营销团队在产品发展方向方面拥有发言权。

2. 使用营销来打造产品叙事的原型。创意团队可以帮你将产品叙事变得有形化。这应该与产品开发同时进行，双方要互相供给养料。

3. 产品就是品牌。客户对你的产品的实际体验比任何广告都更能巩固你的品牌。无论你是否意识到，市场营销都是每个客户接触点的一部分。

4. 没有任何东西存在真空中。你不能只做了一个广告就以为万事大吉。广告会引导你进入一个网站，该网站会把你送到一家商店，你在那里购买了一个盒子，里面有帮助你安装的指南，然后你会收到一封欢迎邮件。整个体验必须统一设计，不同的接触点要用于不同部分的消息传递，而这都是为了创造一致的、有凝聚力的体验。

5. 最好的营销就是说真话。市场营销的最终工作是找到讲述产品真实故事的最佳方式。

..

许多人认为，营销只是事物创造最后阶段的一点小事情，是那些与产品开发无关的人设计的可爱小广告。就像可口可乐用一只快乐的北极熊来说服你喝小甜水一样。

同样是这些人，他们将营销视为不必要的无用之物或必要的罪恶。他们认为这是在哄骗别人，是在想方设法地洗劫他们口袋里的钱。创造产品是好的、干净的，但是为了卖掉它，你就得使用些许肮脏的手段。

其实，好的营销不是哄骗，不是胡编乱造、虚构故事，不是为了夸大产品的好处并掩盖其缺点。

史蒂夫·乔布斯常说："最好的营销就是说真话。"

如果信息的传递真实可信，营销也会有更好的效果。你无须铃铛、口哨、特技和跳舞的北极熊，你只需要尽可能用最佳方式解释你在制造什么和为什么要制造。

你还要讲故事：你要与人们的情感相联系，这样他们就会被你的故事吸引。你也要诉诸他们理性的一面，这样他们就能让自己相信，买你的东西其实是一种明智之举（见第 10 章）。

为了让故事真实可感知，你需要将其形象化。你需要建立一种信息传递的架构。

首先，你要解析客户正在承受或已经习惯的痛点。

每一个痛点都是一个"为什么"，它给了你的产品存在的理由。

"止痛药"就是"怎么办"，即那些能够解决客户问题的功能特性。

"我为什么想要它"一栏解释了客户的感受。

"我为什么需要它"一栏涵盖了购买该产品的理性缘由。

整个产品叙事都应该在其中：每一个痛点，每一种止痛药，每一种理性和情感的冲动，每一种关于客户的见解。它需要包含所有内容：

我为什么想要它		我的痛点是什么	我为什么需要它	我的痛点是什么
我陷入了困境。我渴望获得些许灵感	死水	我还在上学，或者还在我的第一个办公隔间。我可能想辞职，或者开创自己的事业，但我不知道下一步该怎么办	《创造》帮助我再一次找到人生的火花。每个人都必须找到自己的生命之火。《创造》给我指明了寻找的方向	火焰
我不知道如何开始，也不知道这把罗盘指向哪里。我想要找到自己的方向	内卷	我总是在做别人做过的事情。我越来越沉迷于对日新月异稀缺资源的竞争	《创造》帮我为未来立了一个框架，并教我如何规划通往未来的最短路径	跃迁
我无法对扎克伯格、马斯克等创始人感同身受。我想和我一样的那些人那里得到切实的建议	遥不可及	我想向能与我产生共鸣的人学习，而不是一个哈佛或斯坦福辍学生	托尼的硅谷之路令人心有戚戚焉。他分享了在此过程中所犯的错误，这样我就可以完全避开它们	可实操
不想多一本自助商业图书！我需要的是一个公认的实事求是、直言不讳的作者	僵息	不要纸上谈兵的东西。不奢望立竿见影。我需要那些看似很小，但随着时间推移会产生巨大持久影响的东西	此人白手起家。他走向成功的每一步都是在激情和常识驱动下的积极进取	耳目一新

图 27　这是我们在 Nest 创建的信息传递架构的模板。现在我把它传递给了无数初创公司。它被用于从医疗诊断工具到虾农传感器的所有领域。现在我们用它来指导本书的写作。

1. 它对产品开发至关重要：产品管理和市场营销的运作从最初开始就要基于信息传递架构。为了创造一款优秀的产品，我们必须充分理解每一个痛点，并以某种产品特性作为解决这些痛点的止痛药。产品特性及其功能构成了基本的产品信息传递，而信息传递架构正是产品特性及其功能列表的姊妹文本。这两者需要同时存在：它们分别对应着"是什么"和"为什么"。

2. 它是一个活的文档：随着产品的进化和团队对客户理解的不断深化，信息传递架构也会持续发展。

3. 它是一套共享资源：负责任何客户接触点的每个人都应该查看此文档，而不仅仅是营销人员，工程、销售和支持都需要遵循其指导。每个团队都应该就"是什么"和"为什么"，以及整个故事展开思考。

其实，信息传递架构只是第一步。

针对 Nest 故事的每一个版本，我们都要找出其最常见的问题，并提出我们的解决方法，比如我们要利用哪些数据，把人们带到网站的哪个页面，要提及哪些合作伙伴，放上哪些客户评价等。我们要搞清楚可以将哪些故事放在广告牌上，哪些故事则可以向我们的长期客户讲述。

在说服别人购买和使用你的产品的过程中一定要尊重客户，并且了解他们在不同用户体验点的具体需求。就像你不能在面试、午餐、约会时简单地将简历递给某人，你也不能只是在广告牌、网站和包装上向人们喊出你的十大功能。当然，你这是在向他们提供重要信息，但客户旅程中的不同时刻，你需要运用不同的信息传递方法。

你的信息需要符合客户所处的情景，而不能简单地生搬硬套。

因此，当我们思考如何让恒温器触达我们的客户时，我们列出了人们能发现我们品牌的所有不同方式：广告、口碑、社交媒体、评论、采访、店内展示、发布活动。

然后我们规划流程的下一步，也就是找出他们可以通过哪些渠道了解我们的产品，比如宣传册、我们的网站、包装等。

然后我们创建了一个信息传递活化矩阵。

当我们要决定把什么投向什么方向时，关键是我们需要知道客户在旅程的不同节点会接触故事的哪些部分。

- 顶级的广告牌只用于展现一种新型恒温器的概念。
- 包装将突出六大功能，以及产品如何连接到你的手机。
- 网站会用于强调节能特性，并展示 Nest 能如何融入你的日常生活。
- 包装内的使用指南将提供更多关于如何训练学习算法和节能技巧的细节。
- 支持站点将更深入地提供所有功能的准确说明和详尽解释。

这就是信息传递转化为营销的关键。此时，我们希望让人们了解的事实变成广告、视频和推特文字。此外，这也是律师开始介入的时刻。

创意团队的重点是要有创意，要提炼出最优雅、最引人入胜的那些真相，精彩地讲述你的故事。但不受约束的创造力会让你吃官司，你肯定不想在没有律师在场的时候遇到这种情况。

许多小型初创公司跳过了这一步。它们以为自己可以夸大事实，不会引起别人的注意。如果你获得了成功，别人总会注意到你，尤其是那些集体诉讼律师。在你的营销中，即便是一个无害谎言的曝光，也会玷污你所做的一切，你可能会立刻失去客户的信任。

这就是为什么在很长一段时间内 Nest 都不在营销里鼓吹自己能够节能。我们能做的，就是用白皮书来解释我们的模拟模型，并把相

	网站	新闻发布	销售平台	产品说明书	包装	社交媒体发帖	在线横幅广告
使命 / 愿景	✔	✔					
功能 / 益处 1	✔	✔	✔	✔	✔	✔	✔
功能 / 益处 2	✔	✔	✔	✔	✔		
功能 / 益处 3	✔	✔	✔	✔	✔		
功能 / 益处 4	✔		✔	✔			
功能 / 益处 5	✔		✔	✔			
科技	✔		✔				
应用	✔		✔			✔	
产品规格	✔		✔	✔	✔		
案例研究	✔	✔	✔				
客户评价	✔	✔	✔		✔		
关于我们	✔	✔	✔				

图 28 信息传递活化矩阵应当成为你在何时何地包含何种信息的指导，如此在客户通过客户旅程中的多个接触点时，你就不会出现令客户不知所措或者对客户教育不足的情况。

关链接挂到我们的网站上。后续我们得到了越来越多的真实客户数据，我们的模拟也得到了验证，我们的恒温器确实能够节省能源。

即使有些事是真的，它也不意味着你可以直接说出来。

当创意团队写下"Nest 智能恒温器非常节能"这一句话时，法律团队马上出手，把它改为"可以节能"。创意团队写的是"客户节省了 20%~50% 的能源费用"，法律团队则掏出红笔，把它改成"一般用户可实现高达 20% 的节能"。这时，创意人员翻了个白眼，又提出另外一种方案。他们就这样来回拉锯，直到找到双方都能接受的语句（见第 27 章）。

然后他们把写好的文案拿给我看。

我会批准所有的这些对外展示方案，尤其在一开始时。

营销不是我的专业领域。我曾亲眼见识过史蒂夫·乔布斯推销 iPod 和 iPhone，见识他如何与营销部门通力合作，但我从未有过这方面的经验。因此，我掌握营销的唯一方法就是全身心投入其中，亲自踏上客户旅程，亲身感受每一个接触点。因此，所有呈现在我面前的都是有相关前后背景的东西。我总是希望知道之前发生了什么，之后又会发生什么。我需要了解我们正在讲述的故事，我们在向谁讲述故事，以及对方正处在客户旅程的哪个位置。一则广告如果没有明确的展示位置和明确的指向，客户就无法理解。一个网页如果没有搞清楚自己的用户对象是谁，他们有什么需求和目的，以及那些号召性的用语会把他们带向哪里，那它就不会得到认可。一切都互相关联，所以我们必须把所有事情放在一起思考。

这也不是过度管理，而是在表达关注。我在客户旅程的开始和结束时都投入了同样多的精力与时间。对于一些不习惯这么做的人来说，这让人紧张而且毫无根据，但这就是我的工作（见第 28 章）。我希望我们用来描述产品的文字和图像与产品本身一样出色。我希望整个体验都很出彩。我希望营销团队与工程和制造团队一样严于律己。我希望这种严谨能让他们学着像我鞭策他们一样鞭策自己，甚至还要加倍努力。

我知道营销必须成为我们的差异化因素之一，它能让我们超越任何其他恒温器制造商的雄心，所以关键是要对它给予时间和关注，当然也少不了金钱投入。

钱很重要。我们是一家资源有限的小公司，但我们还是选择在市场营销方面进行投资。我们投资于创造美好的事物，因为我们知道我们会从中得到巨大回报。我们在上千个地方投放照片，其中每一张都昂贵且绚丽。我们尽可能地在所有地方都使用高质量视频。这个团队会挑选出我们可以重复使用多年的最具冲击力的元素，然后重金投入，以求把事情做好。

时至十年后的今天，谷歌 Nest 仍在使用我们于公司成立之前创建的部分照片和资产。

原因在于，营销从一开始就是整个过程的一部分。没有人会忽视它，没有人会忘记它。我们知道它很有用，所以我们充分运用了它。

这种视角和聚焦让我们能够在 Nest 上做出一些独特的事情：在产品开发的同时，营销也在对产品叙事进行原型设计。

关于此的最清晰表现，就是我们在 nest.com 上的"我们为什么要制造它"的页面。

"我们为什么要制造它"清晰地和"人们为什么要买它"联系了起来。我们必须把产品做好，这既是为了客户，也是为了我们自己。

设计这个页面花了我们好几个星期的时间。随着产品的演化，这个页面也在不断进化。我们的营销始终在场，以确保在工程和产品管理对产品做出调整时，我们仍能对"我们为什么要制造它"做出强有力的回答。

这使得营销在产品开发中拥有宝贵的发言权，因为产品的任何重大变化都会迫使故事发生变化。营销人员的工作是弄清楚这种变化是否会破坏包装、网站以及我们所有的产品叙事原型。一旦出现任何问题，营销人员就需要站出来说话。他们要与产品管理和工程人员交流，要弄清楚是否有办法继续让营销发挥作用，弄清楚一些变化是否站得住脚。

"我们为什么要制造它"只是营销叙事原型的一个组成部分。它为"人们为什么都应该购买 Nest 智能恒温器"提供了理性的论据，因为常规的恒温器浪费能源，而浪费能源无论对你，还是对地球，都有害。我们也需要对感性论据进行原型设计。为此，创意团队制作了一个视频和一个"与 Nest 一起生活"的网页。我们通过这些手段来赞美产品的美丽和简洁，使其成为一件令人艳羡之物，一件能够让你的家更美好、更温馨的墙上艺术品。

网站的每个部分都突出了产品故事的不同部分。这迫使我们从骨子里了解这个故事，切身实地感受它、体验它，这样我们才能以最清晰、最诚实的方式把它传递给别人。

找到产品或功能的最佳、最诚实的表达方式并不容易，这就是为什么有一个完整的团队致力于此。产品管理可以创建信息传递，列出最重要的特性，陈述各种问题，但如何找到向客户讲故事的最佳方式却是一门艺术。它既是艺术，也是科学。这就是营销。

当然，这并不是说我们总能把事情做对。

如何推销恒温器这种即便用过 100 万次，也不会被主动想起的东西？我们没有成功的模式可以复制。我们不知道哪些东西能让客户产生共情，哪些不能。对于需要花费 250 美元购买，还得自己动手安装的恒温器，我们不知道人们是会嗤之以鼻，还是会爱上它。

图 29

我们真的把恒温器产品开发的核心"为什么"放在了我们网站的首页上。Nest.com 的首批网页之一就是"我们为什么要制造它"。这是我们与持怀疑态度的受众建立直接联系的地方,在那里我们列举了大量常见的疑惑(见第 10 章)。我们解释了人们为什么认为恒温器无关紧要,它们为什么被遗忘忽略,然后我们告诉客户,实际上它们对人们的房屋、家庭账单和全球环境都有着巨大影响。

所以我们尝试了很多办法,也失败了很多次。我把事情搞砸的次数不可胜数。

在别人知道我们的产品之前,我们就推出了昂贵的纯品牌广告。我们制作的网页信息太过密集,几乎没有人愿意看。我们想象中的客户并不是真正购买我们产品的客户。他们形形色色,有着不同的需求,有着不同的期待,他们不愿意在我们辛苦写就的文案上停留半秒钟,却会对很多我们没有想到的东西进行深入钻研。

其实,把事情搞砸正是我们不断提升的方法,这就是我们学习的方法。品牌广告满足了我们的虚荣心,但它们并没有推动销售(除非你的产品很优秀且已经行销多年,否则客户不会仅仅因为品牌而购买一种产品)。网站需要简洁温馨,并且要把产品置于人们的日常生活背景之下。我们的支持网站需要更容易被搜索到,因为人们根本不会按照我们设置好的路径找到它。

通过在每一次营销活动上的日积月累,我们对营销逐渐有了更好的理解。我对营销也有了更好的理解。整个公司的营销也有了更好的效果。信息传递架构和活化矩阵将一门柔性艺术变成人人都能理解的硬科学。当人人都能理解营销时,它的重要性也就得到了更多认可。

第 25 章　产品经理的要义

就我合作过的大多数公司而言，它们即便知道产品经理这个角色的存在，也往往对其充满误解。他们认为这是营销（错）、项目管理（错）、媒体关系／传播（错）、设计（错）、产品财务（错）、创始人或 CEO 应该负责的工作（不确切）。这种混淆主要是因为产品管理存在于许多专业的交叉点，而且不同公司的产品管理看起来往往天差地别。但这也是愚蠢缩写导致的问题。 一个被称作 PM [①] 的人可能是以下几类人。

1. 产品经理或者产品营销经理（product marketing manager）。产品营销和产品管理本质上是一回事，至少应该是一回事。产品经理的职责是弄清楚产品应该有的用途，然后为其创建具体规范（对其如何进行工作的描述），以及信息传递（你希望客户理解的事实）。之后他们要与业务的几乎所有部门（工程、设计、客户支持、财务、销售、营销等）合作，将产品规范化，进行产品研发，并最终将其推向市场。他们要确保产品忠于其最初意图，且全程保持这种意图不会打折扣。最重要的是，产品经理要传递客户的声音。他们对所有团队进行监督，以确保他们没有忘记让客户开心满意这个终极目标。

2. 项目经理（project manager）负责协调任务、会议、日程和资产，以确保单个项目能够按时完成。需要注意的是，项目经理的角色不仅仅是光荣的记录员，如果说产品经理是产品的代言人，那么项目经理就是项目的代言人。他们的工作是提醒团队注意可

[①]　产品经理在英语中为 product manager，缩写为 PM，但在英语里，PM 代表的不一定是产品经理。——译者注

能导致项目停滞或脱轨的潜在问题，并帮助寻找解决方案。

3. 项目集经理（program manager）负责监督项目组和项目经理，关注长期业务目标和短期可交付成果。

让问题更加复杂的是，一些公司对产品经理使用了不同的头衔。例如，微软就把产品经理叫作项目集经理。此外，还有一些与产品管理近似，但并不完全相同的工作，尤其是在技术之外的行业领域。像高露洁棕榄这样的消费品集团，其品牌经理无须为产品确立规范，但他们仍然要传递客户的声音，并负责塑造产品的未来。

为了消除对 PM 这个缩写词的混淆，我们可以对这几个词的缩写适当进行区别：

PdM = 产品经理

PjM = 项目经理

PgM = 项目集经理

..

当还有 CEO 告诉我他们不知道产品经理是做什么的时，我总是会想起 20 世纪 80 年代的设计。

因为当时大多数科技公司都没有设计师。

那时的各种东西显然也是经过设计的，设计在当时和在当下具有同等的重要性，但以前确实没有人会雇用设计师来构建用户体验。设计意味着让东西看起来很漂亮，它就发生在你开发产品的过程中。机械工程师会负责一些绘图工作，但如果你想让产品看起来更花哨，你还可以把绘图外包给代理。

以前没有设计学校，也没有正式培训。设计师即使获得聘用，也是二等公民。他们没有权力挑战那些试图偷工减料的工程师，后者总是会耸耸肩说："行了，设计师要求的东西我们都做得差不多了。我们不可能完全按照要求来，我们没时间，而且成本太高了，就这么着吧。"

到了90年代，苹果、青蛙设计、大卫·凯利、IDEO，以及以设计为导向的思维开始出现，设计的地位也得到提升。设计师不再向工程部门汇报工作。社会上也有了设计学校。该专业作为一门正式学科而自成一体，得到理解并备受尊重。

产品管理现在正走在这条路上，但可惜的是，它目前仍未获得类似的地位。

直到最近5~10年，自从iPhone和应用程序经济出现以来，一些公司才开始真正理解产品管理并认识到它的价值，但许多公司仍未具备这样的认知。

我在很多初创公司和大公司的项目团队中都看到过这个问题——创始人或团队领导通常在一开始就扮演产品经理的角色。他们定义愿景并与业务的所有部分合作，以使其成为现实。但当团队壮大到40人、50人甚至100人时，麻烦就来了（见第23章）。这时，领导者必须离开构建产品的日常业务，将相关管理权限移交给其他人。

他们无法想象把自己的"孩子"交给他人护理。别人怎么可能理解它，热爱它，并且尽心尽力帮助它成长呢？那个功能又怎么能起作用？它会在什么环境下成长？如果创始人不再是产品经理，他们如何保持对产品的影响力？那么创始人的工作到底是什么？（见第28章）

同样的事情也发生在大公司，它们也很困惑。工程师决定要做什么，销售团队也会告诉工程师客户需要什么，那产品管理到底是干什么的？

当我在2021年撰写本书时，谷歌正采取行动，在历史上首次赋予产品经理更多权力。谷歌一向是以技术和工程为主导，但现在它正在对搜索业务进行架构调整，使其更支持产品经理而不是工程师。这是一项重大举措，也是一次戏剧性的文化转变。

原因很简单：客户需要在团队中找到代言人。工程师喜欢使用最酷的新技术来构建产品。销售人员希望制造能够让自己赚到很多钱的产品。产品经理的唯一关注点和责任是为客户打造合适的产品。

这就是他们的工作。

棘手的是，产品经理的职责在不同的公司是完全不同的。产品管理与其说是一个定义明确的角色，不如说是一套技能。它存在于万事万物之间，是一个顺应客户、业务需求和相关人员能力而变化的空白空间。

优秀产品经理的工作涉及面虽然很广，但要重点做好如下几件事。

- 详细规划产品用途和未来发展的路线图。
- 确定并维护信息传递矩阵。
- 与工程部门合作，按照规范构建产品。
- 与设计部门合作，使产品令目标客户易感且有吸引力。
- 与营销部门合作，帮助他们理解技术上的细微差别，以便有效且创造性地传达信息。
- 向管理层展示产品并从高管那里获得反馈。
- 与销售和财务合作，确保该产品有市场，最终能够赚钱。
- 与客户支持一起编写必要的说明，帮助管控问题，并处理客户的请求和投诉。
- 与公关合作处理公众感知，撰写模拟新闻稿，并经常充当发言人。

此外，还有一些更加不明确的职责。产品经理要找出客户不满意之处，要在工作过程中化解难题，发现问题的根源并与团队合作解决问题。为了推进项目，他们要做任何必要的事，例如，在会议上做笔记，查找漏洞，总结客户反馈，整理团队文档，与设计师一起画草图，甚至与工程师一起开会深入研究代码。他们的职责会因产品而异。

有时，产品经理需要非常懂技术。这通常发生在 B2B 的环境中，因为这类产品的用户也非常具有技术特点。如果你向汽车公司销售刹车系统，你最好真正了解刹车。深入了解刹车知识是你与客户建立联系并了解他们关心什么的唯一途径。

如果你是为普通人造车，则无须知道刹车工作原理的每个细节。你的信息只要达到能和造车工程团队进行沟通的水平即可。至于这些刹车是否会成为你对客户讲述的营销故事的重要组成部分，则需要你做出决定。

大多数科技公司将产品管理和产品营销分为两个独立的角色：产品管理定义产品并构建产品；产品营销则负责撰写信息，也就是你想要传达给客户的事实，以便让产品能够销售出去。

以我的经验来看，这是一个严重的错误。这两者是且应该永远是一项工作。产品会是什么和如何对其进行解释，这两者不应该有任何分离。你的故事必须从一开始就完全连贯统一。

你传递的信息就是你的产品。你讲的故事塑造了你制造的东西（见第 10 章）。

我从乔布斯那里学会了讲故事。

我从格雷格·乔斯维亚克那里学会了产品管理。

乔斯维亚克是我的校友，来自密歇根州。他总体来说是个非常好的人，自 1986 年离开安娜堡后一直在苹果公司工作，并从事产品营销工作数十年。他的超能力就是同理心（这也是所有真正伟大的产品经理所具备的超能力）。

他不只是了解客户，简直就是客户的化身。他可以完全跳脱那些关于产品的深刻无趣知识，像新手和一个普通人一样使用产品。有太多的产品经理跳过了这个非常必要的步骤，忘记了应该倾听客户的意见，获得洞见，理解他们的需求，然后在现实世界中实际使用产品。对于乔斯维亚克来说，这是他理解产品的唯一方法。

因此，当乔斯维亚克对即将面世的新一代 iPod 进行测试时，他会像一个新手一样摆弄它。他几乎不看产品的任何技术规格，但有一个例外，那就是电池续航。

没有人希望自己的 iPod 会在飞行途中、在派对上播放或在跑步时没电关机。但是，随着 iPod 从经典的 iPod 进化到 iPod Nano，我们也陷入一场持续的拉锯战：它变得越小巧、越优雅，电池的体积就越小。如果你必须不时把它从口袋里掏出来充电，那所谓的"将1000 首歌装进口袋"岂不变成了一句空话？

一次充电必须续航几天，而不是几个小时。

客户非常在意电池续航。史蒂夫·乔布斯对此也很重视。你不能跟乔布斯说："下一版 iPod 的电池续航只有 12 小时，而不是像上一个版本那样为 15 小时。"你会被赶出会议室的。

所以乔斯维亚克和我给乔布斯带去的不是数字，而是客户。像莎拉这样的通勤者只在上下班时使用 iPod，像汤姆这样的学生则会全天使用它，但在课间或篮球比赛时使用得更为高频。我们创建了典型的客户角色，然后历数他们在生活中使用 iPod 的各个时刻——慢跑时，聚会时，坐车时。我们向乔布斯展示说，即使工程部门给我们的数字是 12 个小时，这 12 个小时实际上也可以持续一周时间。

没有客户的数字是空洞的，不讲情境的事实毫无意义。

乔斯维亚克总能深刻理解情境，并能将其转化为有效的叙事。这就是我们能够说服乔布斯、记者还有客户的方式。这就是我们能够把iPod销售出去的方式。

这就是产品管理必须掌握信息传递的原因。规范显示的是产品的功能及其运作细节，但信息可以预测人们的担忧并找到减轻担忧的方法。它回答的是"客户为什么会在乎我们的产品"这个问题。这是在所有人开始工作之前就必须得到解答的问题。

弄清楚应该创造什么以及为什么是创造中最困难的部分。一个人单枪匹马是完不成这些的。产品管理不能只是将一份规范扔给团队的其他成员，实际上整个业务的每个部分都应该参与其中。这并不意味着产品经理应该按照众人意见来创造产品，但在创造产品之前，工程、市场、财务、销售、客户支持和法律部门都会提出各自的想法和有益洞见，这些想法有助于产品故事的塑造。随着产品的发展，他们还会不断改进这种叙事。

规范和消息传递并不是一成不变的指令。它们灵活多变，会随着新想法的引入或新现实的出现而变化。制造产品不像组装宜家的椅子。你不能只给人家发号施令，之后就撒手不管。

开发一款产品就像创作一首歌。这支乐队由市场营销、销售、工程、支持、制造、公关和法律部门组成，产品经理则是制作人，负责确保每个人都知道旋律，没有人走调，每个人都各司其职。他们是唯一可以看到和听到所有片段是如何组合的人，因此他们可以判断出什么时候巴松演奏过多，什么时候鼓独奏时间过长。当功能出现失控，或者人们过于沉浸在自己的项目而忽略大局时，他们也会做出提醒。

他们也不是在指挥一切。他们的工作不是成为CEO，也不是某些公司所称的"产品负责人"。他们不能独断专行地决定做什么或不做什么。有时他们需要做出最后的选择，有时他们不得不说"不"，有时他们必须站在前面指挥。但这些应该是一种罕见的情况。大多数情况下，他们只是给团队赋能。它们帮助每个人理解客户需求的情境，然后一起做出正确的选择。如果一个产品经理包揽了所有决定，那么他就不是一个好的产品经理。

最终是团队中每个人的贡献勾勒出旋律的轮廓，他们合力将噪声变成一首歌。

当然，这首歌并不总是很动听优美。

工程师们可能想要在他们的产品上有更多的发言权。他们可能会说产品经理不够了解技术，或者只是说自己懂得最多。市场营销人员很少会墨守成规，他们想要扩展和创新，因此可能使用一些在无意中会曲解产品的文字或图像。人们不会总是和睦相处，由观点驱动的决策将会让讨论变得剑拔弩张。团队会步调不一致，人会生气，产品则会遭到来自相反方向的拉扯。

所以产品经理必须是谈判和沟通大师。他们必须在无管理权的情况下对他人施加影响。他们必须提出问题，注意倾听，并且要运用超能力，也就是对客户和团队的同理心，去搭建桥梁，修正路线图。如果需要唱白脸，他们也会提高声调，不过他们也知道这张牌不能打得太频繁。他们必须知道为何而战，哪些战斗则应该留到以后再打。他们必须出现在公司各处的会议上，在各个团队为各自的利益、进度、需求以及各种问题发声之时，只有他们在为客户利益着想。

他们必须讲述客户的故事，确保每个人都能感同身受。这就是他们改变战局的方法。

有一天，我和索菲·勒古恩进行了沟通。索菲是 Nest 的产品经理，思维极其敏锐，也非常善解人意。

她告诉我，她很早就和工程团队开会，讨论了新 Nest 安全系统的"为什么"问题。对于以男性为主的工程团队来说，"为什么"很简单："我想要一个安全系统，能够在我外出时保护我的家。"

但索菲在采访了一些人后发现，男性关注的往往是房子没人住时的情况，而女性关注的则是房子有人住时的情况。当在家独处或与孩子在家为伴时，女性希望能得到额外保护，尤其是在晚上。

索菲的工作是通过讲述他们的故事，让一个独居单身工程师能够认识到一个为人父母者的问题视角。之后她的工作就是根据这种视角，创建适用于整个家庭的产品功能。这个家庭有安全需要，当他们走进家门时，他们期望安全系统会马上运转起来，同时他们又不想感觉是被囚禁在家里。因此，当 Nest 安全系统面世后，你就会发现我们的动作传感器都有一个小按钮。无须停用整个安全系统或引起响亮的假警报，房主（或他们的孩子）只要按下按钮就能在房间里面打开一扇门或者窗。

客户故事有助于工程师理解痛点，他们因此而开发出能解决这种痛点的产品。然后营销部门精心设计一个故事，以让每个深感此痛的人都产生购买该产品的欲望。

将所有这些人、团队、痛苦以及欲望联系在一起的正是产品管理。对于每一个成功的产品和公司，你业务所有部分最终都会指向他们，都会集中于一个中心点。

这就是为什么产品经理是最难招聘和培训的人。这就是为什么优秀的产品经理是如此宝贵，如此受人爱戴。因为他们必须理解一切，并弄明白其意义。他们独自撑起了一片天。他们是公司中最重要的团队之一，也是规模最小的团队之一。

由于每个产品和公司的需求各不相同，所以这本身就是一项极难解释清楚的工作，更不用说实际招聘了。它往往没有固定的职位描述，你甚至无法对此职位提出一套适当的招聘需求。许多人认为产品经理必须懂技术，但这绝对不是必须的，特别是在 B2C 公司。我遇到过很多优秀的产品经理，他们能够在没有任何技术背景的情况下与工程师建立信任和融洽的关系。只要他们对技术有扎实的基本理解，并乐于学习新知，他们就能找出与工程师合作共创的途径。

大学不开设产品管理专业，你也找不到关于这个职业的明确招聘渠道。出色的产品经理通常来自其他职位。他们一开始可能是营销、工程或支持人员，但因为他们非常关心客户，不满足于仅仅执行他人确立的规范或消息传递，他们开始参与产品的改进和重新定义。他们关注客户，也清楚这最终是一项业务，因此他们会深入销售和运营领域，试图理解单位经济和定价问题。

他们创造了成为优秀产品经理所需的体验。

要找到这样优秀的人不啻大海捞针。他们是结构化思想家和有远见领导者的不可思议的结合，他们兼具难以置信的热情和坚定的跟进行动，他们既充满活力，又沉迷于技术，他们是强大的沟通者，不仅会与工程部门合作，还会思考营销，关注商业模式、经济学、盈利以及公关等问题。他们必须锐意进取却又不动声色，他们必须知道什么时候该坚持、什么时候该放手一搏。

他们非常稀有，极度珍贵，有能力也有意志力帮助你的企业实现预定目标。

第 26 章 传统销售文化之死

传统上销售人员的收入主要来自佣金。这意味着当客户完成一笔交易，销售人员就可以拿到占销售价格一定比例的钱作为报酬，或者可以收到一笔交易完成赏金，也就是奖金。交易额越大，完成的交易次数越多，他们的薪资就越高。一般来说，佣金需要在月末或季度末全额支付。

通常来说，这是使业务目标与销售团队目标保持一致并实现收入目标的最佳方式。通过完成收入目标，企业也可以向投资人展示自己的真正进步。大家经常会说，尤其是销售人员会告诉你，要想组建一支像样的销售团队，这就是自古以来的做法，这就是唯一的办法和路径。其实，这些人的观点是错的。

尽管表面看起来一切行之有效，但传统的佣金模式在全面实施的过程中，仍然会暴露很多缺点。最值得注意的是，它会滋生激烈的竞争和利己主义，它刺激人们去赚快钱，但却不能确保客户和企业的长期成功。

有一种不同的模式，可以实现长期客户关系和短期业务目标的协调。这就是基于授予佣金（vested commissions）的模式。

与其在一笔交易完成后即时奖励销售人员，你不如改用逐期授予佣金的模式，这样你的销售团队就会得到激励，他们不仅会继续带来新客户，还会保持与现有客户的合作，确保客户的当下满意度和持久满意度。你要建立一种基于关系而不是交易的销售文化。

以下就是在你的企业里确立这种制度的方法。

1. 如果你在筹建一个新的销售组织，记住不要再采取传统的月度现金佣金模式。最好是在公司实行全员统一的薪资模式，并给销售人员提供有竞争力的薪资，至于销售业绩奖金则改为逐期授予额外股票期权的形式。股票提供了一种内在激励，让销售人员有动力留住并拓展对业务有利的长期客户。

2. 如果你正在尝试向关系驱动型的销售文化过渡，你可能无法立即取消传统的佣金。在这种情况下，你作为佣金提供的任何股票或现金（股票仍然是最优选择）都应该改为逐期授予。首先支付 10%~15% 的佣金，几个月后再付一部分，过几个月再付一部分，依此类推。如果出现客户流失，销售人员将拿不到剩余佣金。

3. 每一次销售都应该是团队销售。所以如果你有一支客户成功团队（customer success team，对销售给客户的产品进行实际交付、装配和维护的团队），那么它应当是每笔交易的确认人。销售团队和客户成功团队应该接受同一个人的领导，处于同一个筒仓，并实行统一的薪资模式。在这种情况下，销售人员就不能把客户抛到一边，置之不理。如果没有客户成功团队，那么销售人员应该与客户支持、运营或制造部门密切合作，共同组建一个委员会，以负责批准每一项约定。

··

我不是在通用魔术学到这一切的，也不是在飞利浦、苹果或者 Nest 学到的。

我是从我父亲那里学到的。

20 世纪 70 年代，他是李维斯的一名销售员，当时李维斯的牛仔裤风靡全球。他本可以把李维斯的烂设计卖给零售店然后马上走人，并借此大赚一笔，但他是一个伟大的推销员。年复一年，他赢得了所有的销售奖项，而我也亲眼见到过他带回家的奖杯和奖章。他的目标从来不是短期利益，而是赢得信任。

所以他会向客户展示所有的产品系列，并告诉他们哪些卖得好，哪些卖得不好。他引导他们选择潮流产品，远离那些没人买的东西。如果他手头没有客户想要的东西，他还会把能生产相关产品的竞争对手介绍给客户。

那些客户会记住他。等下一季、下一年甚或十年之后，他们还会给他打电话。他们会不断下单，年复一年。

我的父亲是拿佣金的，但他经常会为了建立个人关系而牺牲销售收益。最好的销售，即使不能立马赚钱，也一定要维持长久关系。

这也是你想在团队中拥有的那种人。如果你把事情做对了，他们就会真正成为团队的一员，而不是像雇佣兵一样，急匆匆为钱而来，然后又急匆匆跳槽到下一家热门公司，身后还留下一堆烂摊子。

传统以佣金为基础的销售模式的危险在于，它创造了两种不同的文化：企业文化和销售文化。这两种文化中的员工薪酬不同、思维方式不同，关心的事情也不同。往好处想，你公司里的大多数人或许都专注于使命，他们目光集中于一起实现伟大的目标，并愿意为一个共同的大目标而努力奋斗。但很多销售人员却对你的使命嗤之以鼻，他们关心的是每月赚多少钱，他们想的是达成交易并拿到报酬，根本不在乎卖什么，只要能卖出去就行。

你的公司越大，这两种文化就会越分裂。巨额佣金，销售奖励，在周末，以开销售会议的名义把所有人召集到海岛上狂欢痛饮，这可能会让你的销售团队感到棒极了，但他们可能会拖累公司其他部门的士气。"为什么我们在这里工作，忙着赶东西，而他们却在夏威夷喝得烂醉，拿着年度最佳销售的奖杯狂欢？"

这并不是说销售不重要，销售至关重要。它带来了维持公司生存绝对必要的客户和现金。但它并不比工程、营销、运营、法律或你业务的任何其他部分更重要。它只是众多关键团队中的一员，而一切的辉煌都源于所有人的共同努力。

如果放任销售自行其是，只是让他们稳步实现每月的业绩目标，而不管他们几乎脱离公司的现实，那就会滋生一种孤立的交易文化。在这种文化中，对待顾客的方式可能是非常残酷的，即便是在那些你认为销售只有善待客户才能赚钱的地方，也同样如此。

我也曾经做过一次赚佣金的工作。当时我 16 岁，在一家叫马歇尔·菲尔德的百货公司卖水晶和瓷器。我做得很好，老太太们都很喜欢我。她们会捏我肥嘟嘟的脸颊，询问我母亲的情况，向我要寄圣诞贺卡的地址，最后抱着一大堆水晶玻璃、餐具和古怪的精美瓷器雕塑离去。这完全激怒了其他的销售人员。我们大概每两周发一次销售佣金，而我这个乳臭未干的孩子无疑是在抢他们的饭碗。所以每当有好心的老太太朝我走来，他们就想着把她抢走，不让我做成生意。即便客户已经站在我们面前了，他们还会互相争抢到底这算谁的业绩。他们不在乎顾客是谁，也不在乎他想要什么，他们只想得到 5 美元或10 美元的佣金。

这就是在该死的马歇尔·菲尔德发生的事。随着金钱和压力的增长，这种令人憎恶的感觉也被成倍放大，竞争变得更加残酷，人则变得更加恶心。

有很多关于糟糕的销售文化的电影，比如《抢钱大作战》《华尔街之狼》《拜金一族》等。这些电影当然有不少夸张之处，但也并不完全出格。在这种激烈竞争之下，人们表面上惺惺作态地互给面子、互相示好，但到了脱衣舞夜总会，每个人都试图把对方灌醉到桌子底下。理智的人困于其中，觉得他们必须保持光鲜的外表，而不理智的人则完全失控，他们会在酒店大堂呕吐，被警察拖出公司的假日派对。

这种现象随处可见，从硅谷到纽约再到雅加达，从小企业到大公司。公司认为它们可以控制最坏的情况。一个小小的不良行为只是一个强大销售团队的代价。如果每个人都达成销售目标，这些事情又算什么？

问题是总有一天会出状况。比如出现了和你产品有关的问题，而业务也因此受到影响。在你最需要支援的时候，你的销售团队却抛弃了你。他们赶着去那些销售火爆的地方。如果你不能让他们立刻赚到钱，他们干吗还要继续跟着你？

或者你可能会发现，他们提供的那些光鲜的数字其实并不那么光鲜。也许他们一直在善意地对你团队的能力或你产品满足客户需求的能力撒谎。也许他们向所有流入你公司的客户出售了一些你根本不能提供的东西，而现在客户很生气。

在你刚创业时，你的第一批客户是非常宝贵的。他们是最爱你的人，他们甘愿为你冒险。他们可以成就你的公司，也可以毁掉你的公司。他们是你所有最初口碑的来源。刚开始的时候，你会觉得你知道每个客户的名字、面孔和推特账号，但随着企业的发展和传统销售文化的扎根，这些客户不再被视为个体。它们变成了数字，变成了金钱的符号。

他们仍然是人，即使你处于飞速发展之中。你与他们建立的关系仍然是有意义和必要的。真正伟大、开明的销售人员会致力于保持这些关系，但许多销售人员不会这么做。

如果你的销售文化是由交易驱动的，那么销售人员培养的任何关系都将在客户签字后立即消失。你和自动取款机不会产生关系，你只是走到它那里取钱。一旦客户感觉自己像个自动取款机，你就很难把他们抢回来。你得拿出把自己拧成麻花的力气才有可能让他们回心转意。客户成功或支持团队只能不断地向客户道歉并做出让步，他们私下里则会对销售团队咬牙切齿。

即便如此，你可能也留不住客户。

这也说明基于关系的销售文化并非天真或者头脑简单的想象，实则是必须的。它们是被验证过的。这就是我们 Nest 的销售文化。这也是我权力主张数十家初创公司采用的文化。它的效果越来越好，每次都有所提升。你的客户会对你更加满意。你会拥有更为快乐的销售文化。你的团队会更善于合作，更加聚焦，你们也会更加接近目标。

在理想情况下，你可以从一开始就以这种方式开展业务。每个人都有工资、股票和绩效奖金，销售、客户成功、支持、营销、工程，所有人都是如此。这并不是说他们的报酬都会一样，而是说他们的薪酬模式都是相同的，所有人都一样。

销售从来不是单独完成的。在销售过程中，客户成功或支持团队以及任何与客户售后有密切关系的人都会给予销售人员支持。这些团队都会在协议上签字。人人都知道为了签下一个客户，团队需要有怎样的付出，这里并无任何特殊情况。一旦交易完成，销售人员也没有消失。他们会作为客户的一个联络点继续存在，出现任何问题，他们都会以销售身份再度介入。

如果你的公司已经是一个以交易为导向的销售组织，想要转变为一个以关系为基础的销售组织，这就比较麻烦了。有人可能会因此离开，很多人会说你疯了。其实，这种转变是可以实现的。

你首先要建立一个由客户支持、客户成功、运营等其他团队组成的小型内部委员会，以负责每笔销售交易的批准。这就为将独狼式的销售人员转变为团队一员做好了思维转换的准备。然后开始讨论改变佣金的发放策略。你不能说你要放弃佣金模式，那只会扰乱人们的头脑，你只要说打算用不同的方式来处理这个问题。佣金的额度要提升，但要改为逐期授予模式。要告诉销售团队，如果出现客户流失，他们将拿不到剩余部分的佣金。如果他们要求授予股票而非现金，那佣金的额度可以再提高一点。

一旦改为偏重于客户关系维护的分期授予佣金模式，很多原先销售文化中固有的丑陋现象就会消失。销售会更认真地定位客户，激烈的竞争也将缓和。互相溜须拍马的气氛消失了，团队的期望和目标取得了一致。

这种模式会更有效，对所有人都是如此。

旧的佣金模式早已不合时宜。它已成为过去时，激励的都是所有最糟糕的行为。但它仍对一件事情有用，那就是淘汰浑蛋。

对于分期授予佣金的模式，相信会有不少的优秀销售人员存在疑虑，但愿意了解更多细节。还有一批人，他们只会嘲笑你，对你翻着白眼说："你这样永远也别想招到销售。"他们也拒绝听你解释，而是选择直接走人。他们觉得自己比你更懂销售，并认为你完全疯了。

不要聘用这种人。

去寻找那些对分期授予佣金模式感兴趣的人。寻找那些意识到他们可以通过这种方式赚更多钱的人。寻找那些擅长做销售的人。寻找那些关心你的使命并为他们在实现这个使命过程中发挥重要作用而感到兴奋的人。

这可能并不容易，尤其是在人才竞争非常激烈的情况下。在某些情况和行业中，建立全新的销售文化和组织是行不通的。这时，你只要找到一个这样的人，就足矣。去找一个理解并重视客户关系的人做销售负责人，而这个人必须是一个不会容忍利己主义或残酷竞争的人，一个不会雇用浑蛋或雇佣兵的人。该领导者将塑造公司文化，使其更加以关系为导向。等到这个世界赶上你的脚步时，你就可以如愿实施分期授予佣金计划。

现实中肯定存在这样的人。他们也厌倦了交易型文化，希望为客户做正确的事。他们希望感觉自己是团队的真正一员。你要找到这样的人，并雇用他们。

第 27 章　聘请律师

　　你的公司通常需要各种类型的律师，他们负责签订合同，保护你免受诉讼，防止你犯下愚蠢的错误或陷入你从未预见的陷阱。早期你可以把这些事情交给外部律师事务所打理，但这最终会变得成本过高（坦率地说，会高得让你惊掉下巴），所以你还是需要聘请内部律师。

　　但请记住，如果你正经营一家企业，每一个涉及法律问题的决定都应当由业务驱动，纯粹法律驱动的决定只会出现在法庭上。你的法律团队负责传达你的选择，而不是为你做出选择，所以法律上的"不"并不是谈话的结束，而是开始。一位优秀的律师会帮助你识别障碍，助你绕过它们并找到解决方案。

..

　　大多数律师只擅长两件事：说"不行"（或"也许"）和向你收费。这不一定是因为他们是坏律师，只是因为他们的整个系统就是如此设置的。

　　律师事务所一般都是按时计费的。他们与你通话的前 15 分钟可能是免费的，但之后他们会按每 15 分钟收费，甚至按每 5 分钟收费。他们会因为在淋浴时考虑了你公司的事情而向你收费。他们会向你收取复印费、差旅费和邮费（还有额外的手续费）。每次需要请一个具有特定法律专业知识的人来时，他们都会额外收费。因此，如果你的律师带你参加一个有另一个律师在场的电话会议，你就等着收到一份令人瞠目结舌的账单吧。

我曾经有一个律师，他每次谈话都以"家怎么样""最近都是什么天气"这样的话开场。我不想显得太粗鲁，于是和他闲扯了几分钟。但这种非常礼貌、正常的闲聊意味着，那些本应在15分钟或更短时间内回答的问题，现在却需要30分钟甚至45分钟，而这个律师每小时的收费是800~1000美元。所以我仅仅因为聊了一下孩子的音乐会就多付出了好几百美元。谈了三四次之后，我终于明白过味儿来，于是解雇了他。我甚至觉得在电话还没接通的时候他就已经开始计时收费了。

当你在聘用外部律师时，你需要找到一个语速快且不关心你孩子的律师，至少在他们上班时不关心。

好消息是，一些律师事务所正在转向一种新的模式，那就是和你事先就价格达成一致，并签订固定价格合同或者限定价格合同。一些律师事务所在协助你成立一般性公司和提供法律样板文件时只会收取少量费用或索要些许股权。现在还兴起一种将许多重要法律文件进行"开源"的新运动，也就是制作通用法律文本以供大多数企业使用。

即使使用开源法律文件，你也需要一个律师来处理细节，那个律师可能还是会在淋浴时向你收费。

因此，为了充分利用你的律师，你需要了解他们的运作方式以及工作模式。律师们接受的训练是从竞争对手、政府、愤怒的客户、合作伙伴、供应商、员工或投资者的角度思考问题。他们会看着你做的事情说："你这么干肯定会惹上麻烦。"当然，如果哪天他们心情恰巧特别好，他们也许会说："这么做可能会让你吃官司，但我们可以把它解决掉。"

你永远不会得到一个纯粹、痛快的答复："没事，继续，没有任何风险。"因为我们确实没有办法完全阻止诉讼出现。任何人都可以起诉你，至少在美国是这样。顾客会因为你改变了他们喜欢的某些东西而起诉你。竞争对手则把诉讼作为一种可以让你关门大吉的商业策略。这和事情的是非曲直毫无关系，他们就是要用令人讨厌的诉讼来敲打你，榨干你的金钱，耗尽你的意志。

如果你在一些颠覆性的事情上取得了一定的成功，你可能会成为诉讼目标。如果你变得非常成功，那你一定会吃官司。

因此，遭遇诉讼的可能性应该是你永远要考虑的风险。但被起诉并不是世界末日，律师嘴里的"也许"甚或"不行"在任何时候都不能成为阻止你继续推进事业的理由。你必须在他们的意见与你的业务需求，以及你为了创新和获得成功而进行的冒险之间做出权衡。这并不意味着你不应该听从法律建议，这里只是在说法律不应该是你唯一的考虑因素。

当然，这不适用于任何真正非法的事情。它也不适用于谎言，或者任何你需要律师来处理的基本事项，比如合同、人力资源或应用程序上的保护和隐私条款等。在这些事情上你不要任性，要认真听取律师的意见，明确遵循他们的建议。如果你的公司没有律师，那就雇一家律师事务所来处理这些事情。你不会希望你的企业死于某个愚蠢的错误，比如你搞砸了雇用协议或者你的条款和条件声明。

对于灰色地带，对于棘手的事情，对于决定公司发展方向的由数百万个细微观点驱动的决策，你要记住，律师生活在一个非黑即白的世界，他们眼中只有合法和非法、可辩护和不可辩护两种概念。他们的工作是告知你法律条款和解释风险。

你的工作是做出决定。

我第一次处理诉讼是在苹果公司的时候。当时的我感觉就像是一只被车灯照到的鹿。仅次于 iPod 的第二大流行音乐播放器的制造商 Creative 起诉了我们，理由是我们通过 iTunes 界面将歌曲传输到 iPod，而且在这一过程中我们使用了它的相关技术。我们对是否真的侵权以及是否能打赢官司都不十分清楚，乔布斯对此很忧虑。我们为苹果打造了多年来的首款伟大的新产品，现在却因此遭到起诉。

负责苹果公司所有知识产权法律工作的奇普·卢顿与我以及iTunes副总裁杰夫·罗宾共同负责为此事寻求解决方案。我们提出了很多种修改产品的方法，但最终乔布斯决定寻求和解。最终双方以一亿美元的价格握手言和，这比Creative当初要求的金额还要高数千万美元。乔布斯希望它永远别再来找我们的麻烦，永远消失。

这是关于胜利意味着什么的有趣的一课。这不是一场正当的法律胜利，我们从未为自己辩护，从未上过法庭。但这对乔布斯来说是一场胜利。对他来说，更重要的是不要再把一丁点的时间用于担忧这场官司，而不是省钱和要面子。

在推出Nest智能恒温器后不久，我们就被霍尼韦尔起诉了。这是一场截然不同的诉讼。它坚定控告我们的目的只有一个，那就是消灭我们。它的策略就是对小公司实施碾轧，为了蝇头小利而窃取他人的技术。我们的法律团队相信我们能赢，因为这个诉讼很可笑、很无聊，是一个用来拖住快速增长竞争对手的常用招数。但我从苹果的经历中得到了教训，那就是我不能把做什么的决定权交给法务。

律师喜欢赢，他们永远不会放弃战斗，甚至愿意战斗到死。但这是生意，死亡是不可接受的选择，死亡不会带来高投资回报率。

当你在进行任何涉及法律的谈判时，你都要先确定基本交易点，比如你愿意花多少钱、合同的有效期是多长，以及排他性等问题，然后你再请律师介入。先大致通过条款清单，之后再让律师抠法律细节，否则谈判可能会永远拖延下去，而那个为你的律师与他们的律师无休止争吵买单的人只能是你。

没有人愿意面对这种情况。

这就是为什么即使在我们与霍尼韦尔的诉讼即将取得胜利时，我们还是选择了庭外和解。那时谷歌已经收购我们公司，霍尼韦尔是它的主要客户。我们是对的，霍尼韦尔是错的，但这件事已经不重要了，这只是一个商业决策。谷歌认定向霍尼韦尔支付赔偿金并维持这种关系比上法庭更可取，尤其是因为和解的费用来自 Nest，而不是谷歌。

这让我们很恼火。我们本来可以赢，结果却是 Nest 要赔一大笔钱。这令人愤怒，但对谷歌来说这是正确选择。

最好的律师都明白这个道理。他们不仅仅像律师那样思考，还运用所有的训练和知识，也会权衡业务目标。他们可以帮助你了解风险，也对怎么做最有利一清二楚。

他们会给你合理的建议，而不是告诉你什么能做、什么不能做。他们知道自己的声音也是大合唱的一部分。

随着你们的合作加深并互相了解，他们也会更加理解整个竞争格局，更加熟悉你的合作伙伴和客户，到那时，这些优秀的律师也会变得稍微松弛。大多数律师需要数月甚至数年时间与一家公司合作，才能真正了解哪些风险值得担心，哪些风险则可以几乎全然忽略。但是能拥有一位经验丰富、具有商业实践能力且能够有效识别风险的律师，终归还是物超所值。

这样的律师通常需要你自己招聘。一般来说，当你觉得法律外包费用已经过于昂贵时，就是你应该开始招聘内部律师的时候。在这个阶段，你往往需要把大量时间花在处理同样的问题和协议上，有大量法律事务的来来往往，你还要寻找一些非常特殊的专家，这些事务的外包成本都非常高。

一个内部律师不能满足你的所有需求（税务、人力资源、融资、并购、知识产权和专利、政府法规等），因此你需要聘请更多专家。当你找到这些人之后，他们还可以帮你就花费方面的问题进行讨价还价，因为谈判总是有余地的，尤其在律师和律师之间。一个了解律师事务所商业模式并懂得它们各种花招的资深律师会在看到账单时发出如下各种疑问："为什么这项任务要花这么长时间？为什么这次对话要用这种方式收费？"

在考虑你的第一个法务雇员时，你可能会想着找一个多面手——一个可以做任何事的人。你认为这将减少聘请外部专家的需要，事实恰恰相反。

这时，你还不能考虑人员能力覆盖面的问题。你需要了解公司的核心是什么，你的业务最终是关于什么的，然后针对这些业务的具体法律需求招聘相应人才。

我经常见到一些公司，它们明明是以知识产权为最大的差异化因素，但却聘请了一名常规的合同律师来管理法律团队。这是一个代价高昂的错误。这样的律师最终会把所有的知识产权法律工作外包，这不仅没能带来任何成本节约，他自己甚至都没有能力为外部律师提供指导。如果你的第一个法务雇员缺乏关键领域的经验和专业知识，那么整个法务团队最终会变得更加羸弱。他们会更厌恶风险，更缺乏灵活性，更没有能力与其他业务人员一起创造性地解决问题，以及为公司建立有效的长期法律战略。

在 Nest，我们从一开始就知道一切法律问题都会集中于知识产权领域。Nest 的独特之处永远在于我们的技术创新，而为了防止这些创新落入竞争者手中，我们必须积极地为其申请专利。

我们招聘的第一个律师是奇普·卢顿，就是和我一起处理 iPod 诉讼案的那个人。

我们需要的是一位对我们业务的核心问题已有深刻理解的领导者，他能够从第一天起就以这种方式思考，并以这种视角构建团队。我们需要一个能充当道德指南针的人，一个能与高管、工程师和营销人员正面交锋的人。

我们需要的是一位有领导能力的领导者。

我们需要的是一位深受尊重、思想成熟，能够积极参与产品开发的领导者。

奇普和他的团队从不只是做后台工作。他们总是一边和我们在一起思考产品特性一边想方设法捍卫公司的专利，一边检视我们的营销文案一边击退各种诉讼。他们还经常和我争辩。

比如关于孩子的那件事。

2015 年 6 月，我们推出了 Nest Cam，一款用于安全保障，也可以用作宠物摄像头或婴儿监视器的摄影机。在美国，任何打算在婴儿房使用的电子产品都必须附有如下图所示的警告。

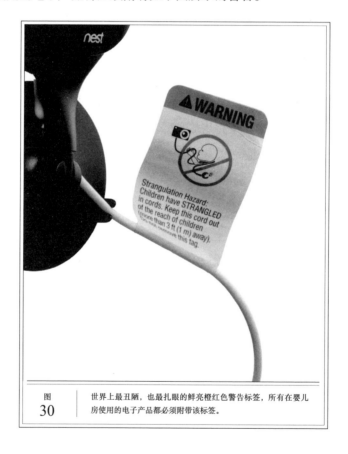

图
30
世界上最丑陋，也最扎眼的鲜亮橙红色警告标签，所有在婴儿房使用的电子产品都必须附带该标签。

但我说："没门儿！我们推出的新产品上绝对不能带有窒息婴儿的图片。"

我们已经在整个应用程序中，在安装说明、手册以及设置中放置了窒息警告。我们已经让这个问题不可能被忽视。任何竞争对手的产品都没有做到我们这个程度，而且它们用的电线都一样！

我很恼火、很生气，怒气冲冲地在房间里走来走去。我说："不行！绝对不行！"

奇普平静地告诉了我不遵从相关法规的后果："最好的情况是巨额罚款和产品召回，最坏的情况是联邦政府采取法律行动。"

这个标签还不能缩小，不能有任何改动，甚至不能是其他颜色。

在这里没有细微差别，没有灰色地带，没有讨论余地，法律规定得很严格。这无法成为一个基于观点的决策，我不能让法律只担当合唱中的配角，我也无法听从自己的直觉。在这种情况下，忽视奇普的建议不是一个战略性的商业举动，而是一个愚蠢的错误。这种冒险不会带来回报。

在生活中，有时，你就必须把一张濒临致命风险的婴儿图片贴在你的新产品旁边。如果想把 Nest Cam 作为婴儿监视器进行营销，我们就必须贴这个标签。

即便如此，奇普还是和我一起找到了解决办法。他从来不会只是说个"不"字，然后走开，他总会帮助我们找到一种折中方案、一个新机会，以及一个不同的方向。

我们最终的方案是反其道而行之。我们把它做得比实际需要的还要大、还要难看，然后我们把它贴到了产品旁边，这样它就不可能被人忽略了。我们知道每个人都会把这个该死的玩意撕掉，所以我们就把它做得非常容易撕下来，而且不会留下任何胶痕。为了保证能把它成功撕掉，我们甚至还为此进行了很多次测试（难道你不希望你的新

床垫也能如此吗)。

奇普确保了我们在法律上的安全。

他是一位出色的律师，也是一位了不起的合作伙伴。

这就是你最终要找的人。你肯定不希望那些只以风险提示为唯一己任的律师成为你前行中的障碍。所以要招募那些能帮助你找到新道路的人，招募那些能修路搭桥的人，招募一个不只是像律师那样思考的律师。

第六部分
成为 CEO

有了 Nest Protect 烟雾和一氧化碳警报器，互联家庭将真正进入蓬勃发展阶段。

Nest Protect 将充当 Nest 智能恒温器的温度和湿度传感器，这样你就可以实现分房间控制。运用其运动传感器，它还能监测到家中何时无人，而恒温器在收到信号后，会立即关闭暖气或空调以节省能源。而且除了警报，Nest Protect 还可以做很多其他事情。我们的愿景是把它变成一个真正的播放器。既然房子里的每个房间都有一个烟雾警报器，那么我们可以用它来播放音乐，甚至可以用作对讲机。你在厨房里对着 Nest Protect 说："晚餐已经准备好了。"在卧室里的孩子就可以通过另一个警报器收到信息。

现在再添置一个摄像头或智能锁，你就有了内置的安全系统，每个房间都有传感器，整个房子都有警报器。你每安装一个新的 Nest 产品，你的旧 Nest 产品会同时变得更好，可以做更多的事。它带来了新的便利和可能性，而且这一切都不需要你多做什么事情，它自会兼容运转。

互联家庭的关键正在于它的省时省力——让你的房子照顾你，而不是你照顾它。当 Nest 恒温器展示出它的无限可能性后，我们并没有对周围涌现的数十种其他互联产品充耳不闻。我们没有将它们视为有待碾轧的竞争对手，而是使用一种名为 Thread 的低功耗网络技术来培育生态系统。如果你开发了一款不错的智能设备，你可以将其连接到 Nest 系统，并使其与 Nest 产品兼容。比如你的智能吊扇可以连接到我们的恒温器，或者 Nest 可以告诉智能灯你在度假，这样它们就可以把灯光调节成你仍然在家的样子，迷惑那些可能上门的窃贼。

Nest 要打造一个平台，一个由我们自己和第三方产品组成的生态系统。在这个生态下，所有产品都由一个应用程序控制。这个系统将把互联家庭提升到一种真正神奇的境界。我们将编织一幅技术织锦，从根本上改变家的样貌。

这当然只是我们的愿景。

谷歌在 2014 年以 32 亿美元收购了这一愿景。

谷歌从一开始就在接近 Nest。在我们正式推出产品之前，我就向谢尔盖·布林展示了一些原型，而谷歌在 2012 年就想收购我们。它希望帮助我们更快地实现我们的愿景。当我们表示拒绝时，它又提出要投资。

2013 年，当我们成功获得另一轮融资时，谷歌再次提出收购我们。

我知道，如果它真心想收购 Nest，那就意味着它已经下定开发智能家居硬件的决心。如果谷歌有了这个决心，那么苹果、微软、亚马逊、脸书和其他科技巨头也会把目光投向这个领域。Nest 最早滚动了这个雪球，而现在它正在引发雪崩。

只要稍有不慎，我们就会很快被掩埋。

Nest 发展得非常顺利，我们的产品一生产出来就能立刻卖出去。我们本可以继续专做恒温器，因为它的影响力甚至已完全超出我们当初最狂妄的预期。人们甚至把恒温器当作圣诞礼物！圣诞节送恒温器！就连大卫·莱特曼和坎耶·维斯特都写信来要求购买我们的产品，当时我们的产品已经售罄。

但我们下定决心要打造一个平台，一个可以持续几十年的、举足轻重的大型平台，而这将需要大量的资源投入。

像谷歌或苹果这样拥有高利润收入流和大量产品的大公司可能很快会用它们自己的平台取代我们。它们所需要做的就是宣布进入互联家庭领域。它们的平台做得好不好无关紧要，一家大公司的高调表态本身就足以引发颠覆效应。它们可能会吸引走我们所有的潜在合作伙伴和开发者，而即便这些大公司只是采取所谓的"观望"策略，也足以让这些人无法全身心地和我们展开合作。

来自小型初创公司的成功产品和平台会因为大公司的介入和扼杀而夭折。这种先例我见过太多。

其实，通过加入谷歌，我们不仅能够保护自己，还能加快达成我们的使命。这才是真正让高管团队兴奋的地方——我们看到了增长的潜力。

所以在经过一番深思熟虑和紧张不安之后，我们以团队名义一致做出决定，现在是出售 Nest 的最佳时机。我们拥有强大的资源，包括充足的资金、更多的投资人以及稳定的单位经济效益。我们的业务精益求精，我们的恒温器业已盈利，另一款产品也即将面世，此外我们还在开发多款其他产品。

谷歌承诺在五年内向我们的互联家庭平台投资 40 亿美元，并提供必要的资源，包括服务器、人工智能算法、开发者关系。按我们达成的协议，它将搁置已着手开发的互联家庭硬件，完全专注于 Nest。双方同意每隔一周就与有技术整合需求的团队举行一次协调会议。

我们很担心会出现文化冲突，但谷歌团队向我们保证，Nest 以使命驱动型的文化将为谷歌树立新的标准，并推动谷歌的文化演变。

它告诉我们，我们的销售将得到巨大提升，我们将能够比独立公司更为快速地实现我们的互联家庭平台梦。

它告诉我们这将是一段美好的婚姻。

经过三四个月的激烈讨论，我们怀抱着可以永结同心的信念，在2014 年 1 月共同步入婚姻殿堂。合作肯定会很顺畅，因为我们会让合作很顺畅。关于未来，两家公司都有着最美的梦想。

所有人都知道通往地狱的道路是用什么铺成的。

就在收购完成后的数小时内，一大波负面新闻便接踵而至。为了平息舆论，Nest 不得不公开表示我们的文化和体系将继续独立于谷歌。但在此之后，器官移植排斥反应出现了。谷歌的天生抗体检测到一些新的、不同的、外来的东西，并尽其所能避免或忽略它。它虽然笑脸相迎，但承诺的会议、谷歌管理层的监督、我们制订的整合计划……都开始分崩离析。

即使是基本的、不费吹灰之力的东西，也被搁置：我们可以在谷歌商店中销售 Nest 产品吗？不可以，至少一年内不行。我们可以离开亚马逊网络服务并进入谷歌云吗？不行，除非做出重大改变，而且实际用谷歌的云服务会更贵。

不过这也不值得大惊小怪，因为被收购后，所有的成本都上升了。

2014 年，就在谷歌收购之前，Nest 每年为每个员工花费约 25 万美元。这包括体面的办公空间、良好的健康保险、偶尔的免费午餐和时不时的趣味额外福利。

在我们被收购后，这个数字飙升至每人 47.5 万美元。部分增长是由于公司的繁文缛节以及工资和福利的增加，但更多的原因是额外福利，比如免费公交车，免费三餐，大量的垃圾食品，配备全套音响设备、光洁明亮的会议室，以及新的办公楼，甚至 IT 也很昂贵。单是将每个员工的电脑连接到谷歌网络这件事，每年就要花掉 1 万美元，这还不包括笔记本电脑本身的价格。

当然，Nest 也不完美。同时进行过多不同的项目导致我们出现消化不良现象。我们推出了第二代 Nest Protect 和第三代恒温器，Nest Security 安全系统的发布则一再被推迟。我们还收购了一家名为Dropcam 的公司，开发了第一款 Nest Cam，并将其添加到 Nest 应用程序。我们将大把时间花在了和谷歌的整合上，比如我们要搞清楚电子邮件地址、企业安全、谁的服务器上有哪些数据，以及隐私政策等。

尽管已经成为谷歌的一员，但我们并不打算真正融入其公司文化，我们不想变得太谷歌。Nest 的一小部分成员来自苹果，而谷歌恰好是苹果的头号敌人，所以我还得劝他们控制好自己的脾气。 我们不想成为谷歌那个样子。我不打算像谷歌新员工那样戴一顶螺旋桨棒球帽。我能理解为什么我们如此扎眼，为什么没有人张开双臂欢迎我们。

即便如此，这次收购也算不上是一场彻底的灾难，这是一项正在进行的工作。

我们的品牌和单位经济效益都很强大，仍在快速增长。事实上，谷歌的收购给了一些零售商信心，这促使他们开始在自己的门店销售 Nest 产品。我们生态系统中的开发者也越来越多。我们和谷歌某些团队的合作取得了一些小的进展，尽管与我们的预期相差甚远。我们还有时间，我们的计划是用五年时间打造一个真正的智能家居平台。谷歌有那么多了不起的人，那么多不可思议的团队在开发不可思议的技术，我们可以和他们合作，共同创造真正伟大和重要的产品。我们必须持续努力，我们肯定能实现目标。

2015 年 8 月，也就是收购交易关闭的一年多以后，谷歌的联合创始人拉里·佩奇把我叫进了他的办公室。他说："我们为公司制定了令人兴奋的新企业战略。这个战略就是成立 Alphabet。我们希望Nest 成为正确践行新企业战略的典范。"

此时他们正在重组谷歌。通过创建一个名为 Alphabet 的伞状公司，他们把谷歌和所有"其他押注"都变成这家公司的子公司。通过这种办法，他们就可以让华尔街看到其他业务并没有影响谷歌搜索和广告业务的财务健康状况。"其他押注"包括 Google Fiber、Calico、Verily、Capital G、Google Ventures、Google X 及其无数"登月"（moonshot）项目，当然还有 Nest——将成为不再隶属于谷歌的独立姊妹公司。Nest 就这样突然成为世界上最大、最公开、最昂贵姊妹公司中的一员。

在过去的 16 个月里，我们一直致力于与谷歌整合并促使其与母舰合二为一。此外，我们也在争取所需的全部滋养，以促进愿景的加速落地。整合和技术获取是我们最初同意被收购的主要原因。但拉里告诉我一切都结束了，现在有了新的方向和战略。

"这件事你考虑多久了？"我问拉里。

"几年了。"他说。

"谷歌有多少人知道这件事？"

"有三四个人吧，他们知道几个月了。你是我第一批告知的人之一。"

我心里想的是："太好了！谢谢！"但我嘴上却说："好吧。我们需要了解细节，以确保我们能步调一致。我们有多少时间深入研究并制订一个具体的计划？几个月？"

我知道在没有具体反驳理由的情况下，最好不要说"不"。但我需要争取时间来想办法解决这个问题，我要让我们的团队得到更好的交易条件。

"我们没有那么长时间。"

"那八个星期的时间有吗？"

"也没有。"

"一个月？"

"我们下周就会对外宣布，"他说，"我们是一家上市公司，如果这件事被泄露给媒体，那将是一场灾难。这只是财务和会计方面的变化，别担心，我们会想办法解决问题的。"

我很震惊，说不出一句话，没办法继续我的延迟直觉。我心想："开火吧！预备！瞄准！"

根本就没有准备任何计划，什么也没有。我完全支持"实践，学习，失败"的理论，但你不能在连个表面战略都没有的情况下就把整个公司搞得天翻地覆。本应由数据驱动的决策变成由观点驱动的决策。

拉里跟我说，他一直在观察沃伦·巴菲特在自己的企业里是怎么做的。他甚至飞到内布拉斯加州向他请教了一番。伯克希尔-哈撒韦会收购一些毫不相关的公司并让它们独立运作，最后效果都很不错。"为什么我们不能这样做？"

我告诉拉里，伯克希尔-哈撒韦收购的都是有 10 年、15 年甚至 50 年历史的企业。这些公司早已成形，收入可观。它们都是健康的成年人。Alphabet 的其他押注则都是些婴儿、学步儿童和试图找到自我的青少年。它们仍在争先恐后地创新，试图找到一条盈利之路。所以两者的基本情况完全不同。

这已经不重要了，压路机已经上路了。

Alphabet 宣布成立后不到 24 小时，谷歌的设施管理人员就跟我们说："你们不再是谷歌的一部分，所以你们得看看这个。"他们同时送来一张百万美元账单，那是他们不久前改造我们的新办公室的花费。

雪上加霜的是，我们每名员工的成本增加了 2.5 倍。但实际上什么都没有变，Nest 的每个人还是在同一个地方做着同样的工作。现在我们需要自己支付各种费用，甚至还要为谷歌提供的任何服务缴纳 Alphabet 企业税。因此，我们赖以生存的基础，包括信息技术、法律、财务、人力资源等，瞬间都变得更贵了。有时，甚至贵得离谱。我们听到的都是这样的说辞："很抱歉，但我们必须这么做。这是财务会计准则委员会的要求。因为我们是一家上市公司，所以没有办法回避这个问题。"

与此同时，那些刚开始和我们整合的谷歌技术团队也愉快地离开了我们。"你们不是谷歌的了。"他们告诉我们。反对者们对我们发动了全面攻击。

他们对优先事项的改变速度竟然如此之快，这确实令人震惊。

最糟糕的部分是对我们的哄骗。

我开始对"周密"这个词过敏。每次谷歌的高级管理层希望我们忍辱负重地接受一些新战略时，他们都会对我们说已经做了极为慎重的考量，当然这只是一些假象。"我们会周密考虑 Nest 和谷歌的整合问题。""我们会周密考虑你们向 Alphabet 过渡的问题。""马特和托尼，别担心，我们已经周密考虑过了。"

当他们心思周密地哄骗我，并希望我把那些扯淡的话传达给我的团队时，我就会想："哦不，怎么又是这一套？"

一年多来，马特和我一直在为整合敲边鼓，但现在我们必须 180 度大转弯，改为鼓吹 Alphabet。我只能跟我的团队说一切进展顺利，但实际上我看到的却是，在过渡已经开启的情况下，谷歌的领导层先是"周密地"制订临时计划，然后又在接下来的几个月里不断更改这个计划。Alphabet 每周都要开执行会议，财务、法律、IT、销售、市场营销、公关、设施、人力资源……简直一团糟。他们今天告知了我们一种关于班车、设施或法律服务的收费方式，过了两周又说要重新考虑一下。

然后，伴随着 Nest 成本的 Alphabet 化，新的财务体制也开始乘虚而入。Alphabet 指导委员会表示，我们需要精简 Nest 的开支以更快地实现盈利。他们指责我们没有达到预期的销售数字。我说那些数字都是他们自己编造的。他们认为 Nest 的产品将在谷歌商店销售，而这将使我们的销量提高 30%~50%。但后来谷歌商店停滞不前，而客户又因担心谷歌的隐私政策而出现流失，所以我们的销售额不仅没有增长，实际上下降了。

当我明确表示不打算让步时，拉里告诉我，我们必须实现盈利。"我需要你拿出勇气和创造力，想办法把所有方面缩减 50%。"他真的是在说"所有方面"，包括员工数、开支和我们的发展路线图。

"什么?！"我问。什么都没变，我们之间的协议没变，我们的计划也没说要改，但现在他们想让我裁掉团队一半的人，其中大部分人还是我们前几个月刚招来的。

拉里告诉我不用担心裁员过多的问题。他说谷歌有很多空缺职位，他们可以轻松转岗。我就想，这家伙这辈子有没有亲自裁过人，你不能这样玩弄别人。

但谷歌希望向华尔街展示，在搜索和广告之外，它仍然有实际上可盈利的业务。它生产的其他硬件产品，例如，手机、Chromebook 笔记本等都在大肆亏钱。Nest 是唯一一项有机会盈利的业务，所以它把所有注意力都集中在我们身上。

让我一刀下去把 Nest 砍掉一半，我做不到，我真下不了手。

我们提出可以进行 10%~15% 的全面缩减，但坚决拒绝改变发展路线图，我们绝对不会放弃我们的使命。

不用说，局面非常紧张。

四个月后，我又被另外一颗重磅炸弹击中。

拉里·佩奇跟我说他想和我们"离婚"——他打算卖掉 Nest。

当然这不是拉里亲口说的。比尔·坎贝尔是我的导师，也是拉里的导师。就在年底假期的前几天，在一次董事会会议结束后，他把我留了下来。等到所有人都离开，屋子里只剩下他、拉里和我三个人。比尔看了我一眼，然后说："我就直奔主题吧。拉里很难说出口，我也不想哄骗你。他想卖掉 Nest。我也不理解这是为什么，但这就是他的意思。"

拉里震惊地看着比尔："好吧，你其实没必要这么说！"

比尔就是这样一个人。他了解我，但拉里不了解我，起码不是真正了解我。我怀疑拉里想让比尔在场，是因为他担心我的反应会过于激烈。他想要一个见证人和一个缓冲，以防我们的分手变得过于激烈。

情况恰恰相反。当拉里在那里试图做出解释时，我只是静静地坐在那里。我想听清楚他们说的每一个字，捕捉他们脸上的每一个微表情。

我说："拉里，你买了 Nest。如果你愿意，你当然可以把它卖掉，但我绝对不能接受。"

我再也没什么可说的了。

比尔看着拉里说："我就知道是这样。我告诉过你，他肯定会这么答复你。"

即使到现在，我也不确定为什么谷歌要出售我们。也许这一切都源于文化冲突，也许拉里认为我们太过独立，太难相容。当我问起时，他们给了我一些司空见惯的理由："我们认为 Nest 不再具有战略意义，它花费了我们太多的钱。"即使谷歌变了心，我们的协议也没有改变，仍在坚持我们的路线图和未来计划。他们在签协议的时候就知道我们是一项昂贵的投资。不到两年前，他们还非常愿意，事实上是非常急切地在为我们的愿景输送资金。

"我们现在有了新的财务战略。"他们说，就是这点儿事。

会议结束后，比尔气得发狂。"你们有受欢迎的产品、稳定的单位经济效益和增长，以及一系列具有真正潜力的新产品。和公司里的大多数项目相比，你们更具成功的潜力。"他双手抱头对我说，"这无论如何也说不通，你们只是刚刚起步！"

尽管他持反对意见，但谷歌还是请来了银行家，并且让我帮着他们"保护资产价值"。既然我已经说了要离开，我唯一能做的就是尽量减少损失，尽可能让我的团队平稳过渡。我沦落到要扮演一个好士兵的角色。我做了他们让我做的事，帮银行家准备出售文件。他们从2016年2月开始出售Nest。

银行家们罗列出潜在的收购者名单，然后有几家公司来到谈判桌前，排在最前面的是亚马逊。

银行家们问拉里是否愿意卖给亚马逊，他说："是的，我想我会这么干。"我再次震惊了。卖给他们的竞争对手？那感觉就像是又被扇了一记耳光。

谈判在继续，我则遵守了我的诺言，离开了Nest，走出了我们的婚姻。他们说想离婚，那我就满足他们。

然而，就在我离开数月之后，谷歌再次改变了主意。

他们最终决定不出售Nest。

事实上，他们认为Nest更适合作为谷歌的一部分，而不是被归为Alphabet的"其他押注"。Nest重新并入谷歌。

这就是他们所谓的当下策略——谷歌收了你，抛弃你，然后又把你收回去。与此同时，Nest的管理团队还得站在员工面前，承诺一切都会好起来。不可否认的是，这种转变是痛苦的，无论对于我们的客户、团队，还是对于他们的家人来说，都是如此。高管层似乎是在彻底无视我们的员工和他们想要完成的工作。

最后，当谷歌在2018年重新吸纳Nest时，它推进了我在2015年底提出的10%~15%的缩减策略。重新加入母舰也消除了在

Alphabet 时的日常管理成本，我们无须再为每人额外付出 15 万美元，也不需要再缴纳数不清的税款，并支付更高的费用。Nest 似乎突然又成为一项伟大的投资。

这都是我解释不了的事情。就像我不知道它出售 Nest 的真正原因一样，我也不知道它为什么又决定把它留下。也许正是亚马逊对 Nest 感兴趣，让拉里意识到 Nest 毕竟是一笔宝贵的资产。也许这完全是一场精心策划的懦夫博弈，目的是让我服从命令，削减成本。也许它从一开始就没有一个真正的计划，而这一切都是因为某个高管一时心血来潮。你会惊讶地发现，这往往是很多重大变化的真正原因。

人们往往会对一个大型业务部门的高管或 CEO、领导者产生一种固有印象。他们认为这个级别的所有人都有足够的经验和悟性，至少看起来知道自己在做什么。他们认为这些人做事情深思熟虑，基于战略，着眼长期，他们认为这些人所达成的都是理性交易。

实际上呢？这些人有时像个高中生一样。有时，他们甚至会和幼儿园的孩子一样行事。

当我第一次进入飞利浦的高管层，当我成为苹果副总裁，当我担任 Nest CEO，当我进入谷歌高管行列时，情况都是如此。所有这些工作给人的感觉都非常不同，但在本质上，它们都是一样的，那就是它和你做什么越来越没有关系，而是更关乎你在和谁一起做这件事。

作为 CEO，你几乎要把所有时间都用在人事问题和沟通上。你得在错综复杂的职业关系和各种密谋中穿行，对董事会若即若离；你要维系公司文化，还要收购或出售自己的公司；你要使员工愿意遵从你，同时又得不断推动自己和团队创造一些伟大的东西——即使你已经几乎再没时间思考你们正在做的东西。

这是一份非常奇怪的工作。

所以，如果你已经爬到公司的山顶，现在却被冻伤，出现了缺氧状况，并且想知道夏尔巴人什么时候能前来营救你，那么以下是我所学到的一些心得。

第 28 章　优秀 CEO 的自我修养

没有比成为一名 CEO 更好的事情，但也没有什么能确保让你为此做好准备。即便你是一个庞大团队或公司部门的负责人、绝对的高管，你也很难理解做 CEO 的快乐与难处。作为一名高管，总有人会在你之上，而承担最终责任的永远都是 CEO。作为 CEO 的你要为公司确立基调。即使有董事会、合作伙伴、投资者、员工，所有人最终的目光也会投向你。

你关注和关心的事情会成为公司的优先事项。最优秀的 CEO 会推动团队追求卓越，并且提供辅佐，以确保他们能够实现目标。最糟糕的 CEO 则只关心如何维持现状。

CEO 一般分为以下三种。

1. 保姆型 CEO 是公司的管家，专注于保证公司的安全和可预测性。承接前任工作的他们通常会负责监督现有产品的成长，但绝对不会冒险做令高管或股东惊恐的事情。这必然导致公司发展的停滞和恶化。大多数上市公司的 CEO 都是"保姆"。

2. 家长型 CEO 推动公司成长和发展。他们愿意为了获取更大的回报而承担更大的风险。像埃隆·马斯克和杰夫·贝佐斯这样的创新创始人都是家长型 CEO。但即使你不是自己创业，也有可能成为家长型 CEO，比如摩根大通的杰米·戴蒙、微软的萨提亚·纳德拉。最近接任英特尔 CEO 一职的帕特·盖尔辛格似乎是自安迪·格鲁夫之后英特尔首位家长型 CEO。

3. 不称职的 CEO 一般要么是纯粹缺乏经验，要么是那些在公司达到一定规模后不再适合领导公司的创始人。他们既不能当合格的保姆，也无法承担家长的重任，公司因此会遭受损失。

这个工作就是对一切都要上心，对一切都要关注。

我记得有一次去阿斯顿·马丁的工厂和其 CEO 开会。当时是早上 9 点，当我们开车经过停车场时，天正下着倾盆大雨。我们在中途不得不停了一下车，以礼让一个穿着亮黄色雨衣和橡胶鞋的人匆匆穿过马路。当我们到达会场时，那个穿橡胶鞋的人走了进来。原来他就是阿斯顿·马丁的 CEO 安迪·帕尔默。安迪会经常在停车场转悠，亲自检查每辆下线的汽车。

CEO 为公司定下基调。每个团队则都向 CEO 和高管团队看齐，以了解哪些是至关重要的事情以及他们需要关注什么。所以安迪就给他们做出了表率。他走进雨中，检查引擎、内饰、仪表盘、排气管，所有的一切。他不想生产出任何不完美的汽车。

如果一个领导者没有全身心地关注客户，如果商业目标和布满数字的股东财务表格变成比客户目标还重要的优先事项，那么整个组织就会很容易忘记自己的核心使命。

所以安迪向公司的所有人展示了他们应该优先考虑的事项。他不在乎达到完美需要付出多少成本，也不在乎一辆车需要多少次重新装配和返工，重要的是准确地交付客户所期望的东西，而且要超预期交付。

要想建立一家伟大的公司，你就得使它的每一个部分都有卓越表现。每个团队的输出都可以决定客户体验的成败，因此它们都应该是优先事项（见第 9 章）。

不能有任何可以被视为次要的职能。如果你能安然接受它的平庸，那只能说明它根本不重要。

一切都很重要。

这不仅仅是你的问题。

如果你的期望是人人都能拿出最好的表现，如果你在看那些张贴在网站上的客户支持文章时，秉持的是和看待工程或设计一样的批判眼光，那么写这些文章的人就会感受到压力，他们会满腹牢骚、精疲力竭，然后写出有生以来最不可思议的客户支持文章。

我不只是在打比方。我阅读过大多数关于 Nest 产品的关键客户支持文章。那些文章是遇到问题的客户第一眼看到的东西。这个客户会非常沮丧、很恼火，已经接近愤怒的边缘。但是，客户支持带给他的良好体验，则可以使他立即化沮丧为喜悦，把他转变成为永远忠诚于我们的客户。我们不能忽视那一刻的重要性，因为那"仅仅"是支持就能带来的成果。所以我会阅读这些文章，还会批评这些文章。事实上，通过这个过程，我了解到不少我之前不知道、不喜欢，也没有努力去改进的关于产品体验方面的事情。

我会在技术支持和工程团队在场时阅读这些文章，我希望我们所有人都能对内容提出疑问，以确保我们的支持网站像我们的营销和销售材料一样简单易懂。我用行动告诉他们，他们所做的事情很重要。我还会读他们修改后的版本。除非这些文章是真正在讲述故事，除非这些文章不是在生硬下达令人困惑的指令，而是能对客户进行平心静气的引导，否则我会把它们全部撕掉。

当你真正上心在意的时候，你会对事情紧抓不放，直至满意；你会对事物吹毛求疵，直至它们变得更好。

员工交给你的东西，可能是他们辛辛苦苦干了几个星期的成果，是他们深思熟虑并为之感到自豪的结晶，可以达到 90 分的水平。但你会让他们回去，继续修订完善。你的团队会因此感到震惊，手足无措，甚至沮丧。他们会说这已经足够好了，他们已经很努力了。

你会说，足够好就是不够好。所以他们会走出你的办公室，回去再改一遍。如果有必要，还可以再改一遍。他们可能会变得很纠结，觉得还不如一切推倒重来算了。其实，通过每一次迭代、每一个新版本、每一次重组和重新构想，他们都会发现新的东西——一些很棒、更好的东西。

大多数人都会对 90 分心满意足。大多数领导者会心疼自己的团队，然后任其自然。如果能从 90 分提升到 95 分，你就会更接近完美。正确完成旅程的最后一段是到达目的地的唯一途径。

所以你会施加压力，对自己，也对团队。你要让他们发现自己的伟大之处。你要不断施压，直到他们开始行动。在这些时候，你宁可把事情做多一点。要持续推动，直到你弄明白你所要求的到底是一项不可能完成的任务，还只是工作量太多。要去触碰疼痛的地方，这样你才能开始认识到疼痛会在什么时候变成现实。届时你可以退后一步，回到中间立场。

这并不容易，但是所有的关注、关心，对完美的追求，都会提高团队自身的标准以及他们对自我的期望。一段时间后，他们会变得非常努力，这不只是为了让你开心，而是因为他们知道从事世界级的工作会让他们倍感自豪。整个公司的文化也将演变为互相期待、互相成就。

所以你的工作就是关注一切。

因为你就是你的职责、你是金字塔的顶端。你的专注与热情会变成从上往下的涓涓细流。如果你对营销不屑一顾，你的营销也会很糟糕。如果你对设计漠不关心，你的设计师也会什么都不在乎。

不要操心该选择哪个战场，不要费尽心思地决定公司的哪些部分需要你关注，哪些不需要，因为它们都需要。你可以按轻重缓急排序，但没有一件事会从你的列表中消失。无视或忽视公司的任何部分迟早会给你带来困扰。

在 Nest，我每两周和产品团队、营销团队开一次会，每个月和客户支持团队开一次会，每年至少与公司的每个团队开两次会。

即使你只是在为人力资源或运营构建内部软件工具，你也会被叫来展示你的战略。我会看你的演示，然后深入研究——我们有合适的IT后端来做这件事吗？你打算怎么解决这个问题？团队中的其他人如何提供帮助？我能帮上什么忙吗？

虽然这些人在做的是客户永远都看不到的内部工具，但这并不重要。公司需要这些工具，并且应该像对待外部客户一样对待内部客户。

所以我会仔细聆听，保持全神贯注（不要查看你的手机或电脑），并帮助他们解决问题。这就是通常需要我做的事情。

如果你不是内部软件工具、公关、分析、增长或任何需要你发表意见的领域的专家，如果你不确定什么是好的，什么是凑合的，那就提出问题。我喜欢从客户的角度问愚蠢、明显的问题，通常而言，只要三四个"为什么这样"或"为什么那样"之类的问题就能让你触及你所关心问题的根源，然后你就可以进一步研究它。如果这还不够，那就去找专家。在你学到足够知识并可以相信自己的直觉之前，不妨先找到你团队中（或外部）有相关经验的人，让他们帮助你确认某些模糊的想法或帮你指明正确的方向。

你不必成为所有领域的专家，只需要保持关注。

不管你的领导风格如何，不管你是什么样的人，只要你想成为一个伟大的领导者，就必须遵循这条基本原则。

成功领导者还有以下一些清晰可见的共同点。

- 他们要求员工（和他们自己）负起责任并追求结果。
- 他们亲力亲为，但保持一定限度，知道何时退居幕后和放权。
- 他们在密切关注长期愿景的同时仍能深入了解细节。
- 他们在不断学习，对新机会、新技术、新趋势和新人物总是很感兴趣。他们这么做是因为他们很投入、很好奇，而不是因为这些事情最终会让他们赚钱。

- 如果他们搞砸了，他们会承认失败并承认自己的错误。
- 他们不怕做出艰难的决定，即使他们知道别人会不高兴或生气。
- 他们（大部分人）都了解自己。他们对自己的优势和挑战都有清晰的认识。
- 他们能够区分观点驱动型决策和数据驱动型决策，并据此采取行动（见第 6 章）。
- 他们认识到没有什么只应该属于他们自己，即使他们是创始者。一切都属于团队，一切都属于公司。他们知道自己的工作是开心地庆祝别人的成功，确保将功劳归属于他人而不是自己。
- 他们愿意倾听，倾听团队、客户、董事会，以及导师。他们关注周围人的意见和想法，当他们从其信任的来源获得新信息时，他们会调整自己的观点。

伟大的领导者能够识别好的想法，即使这些想法不是源于他们自己。他们知道好想法无处不在，每个人都会有好想法。

有时，人们会忘记这一点。他们坚信，凡是没有想过的，就一定不值得去想。这种利己主义也可以延伸到个人之外——许多 CEO 过于专注自己的公司，以致忽视了竞争。他们觉得只要不是自己发明的，就不可能是什么好东西。

正是这种思维害了很多公司，让诺基亚倒闭，让柯达破产。这可能也是史蒂夫·乔布斯拒绝见安迪·鲁宾时脑子里的想法。

我早就认识安卓的创始人安迪，因为我们曾在通用魔术一起共事。2005 年春，他听说苹果正在开发一款手机，所以打电话给我。他想知道苹果是否有兴趣投资或收购安卓，这是他用于创建开源手机软件栈的一个最新项目。

我直接去找乔布斯。我指出这是一个有能力的团队和一项伟大的技术。我们可以利用他们的技术推动 iPhone 的发展，并通过收购消除一个潜在的强大竞争对手。

乔布斯以典型的自我风格说："去他的！我们自己做，不需要任何帮助。"

乔布斯的反应中，有一部分显然是出于保密的需要，而另一部分则是出于"非我发明综合征"。

我知道安迪和他的项目可能带来的威胁，所以两周后，在苹果高管和 iPhone 开发负责人面前，我再次提起了这个话题。乔布斯不想听。一周后，我给安迪发了邮件，但他没有回复。一个月后，我们看到谷歌宣布收购安卓。

不用说苹果收购安卓，哪怕当时乔布斯能和安迪见上一面并了解对方的战略，我们就很难想象这个世界会发生怎样的变化，苹果会发生怎样的变化。

认为伟大的想法只能来自自己，认为你单独一人就能够守住某种创意，这是一种有毒的思想。这很愚蠢，也非常有破坏力。

CEO 必须识别绝妙的想法，不管它们来自何方。但苹果是乔布斯的孩子，在他眼里，地球上其他的孩子都比他的孩子更丑、更笨。

后来我读到的一项研究说，企业家思考他们自己创业公司的大脑模式与父母思考孩子的大脑模式极为相似。你实际上就是这个企业的家长，你爱它，就像你爱亲生的孩子一样，就像它是你自己的一个组成部分一样。

有时，对孩子的爱蒙蔽了你的双眼，让你看不到孩子的缺点或者其他做事方式和思维方式的闪光点。

其实，这种毫无保留的爱也可以帮你推动公司向前发展。

作为家长，你永远会操心孩子的事情，你为孩子做谋划，督促他们精益求精，好上加好。家长的工作并非一直要和孩子做朋友，而是要把他们培养成独立、有思考能力的人，让他们有一天能在没有父母的情况下茁壮成长。

孩子们经常因此而怨恨家长。当你让他们关掉电视、完成作业或找份工作时，他们哭闹、摔门，甚至痛苦哀号。但是如果你担心你的孩子生你的气，你就不能成为一个好家长。

有时，你的孩子不喜欢你。

有时，你的员工也会不喜欢你，甚至会对你恨之入骨。

我仍记得走进会议室并看见每个人都在翻白眼和叹气的情景。我从这群人的脸上读到了他们的内心独白："他怎么又来了？"他们知道我会一直唠叨那件大家都听烦了的事。那件事已经做到90分，而且要想有所提升，他们就得做大量的工作，甚至可以说是超大量的工作。但我的直觉告诉我，为了客户，我们必须这么做。

有20个人以异样的目光看着你，这可不是一种很好的感觉。那种感觉就像是你很可笑而且不讲理一样，就像是你要的完全不可能实现一样。

这就是我们对史蒂夫·乔布斯的看法。在第一代iPhone上市的五个月前，他告诉我们，iPhone必须用玻璃面板来覆盖显示屏，绝对不能用塑料。前面板是硬件最重要的部分，它是你经常需要触摸的表面。

他认为塑料绝对行不通。如果我们想让它变得完美，它就必须是玻璃的。尽管我们完全不知道该怎么做。尽管他知道为了把这个问题解决好，我们必须不停地投入工作，牺牲陪伴家人的时间，牺牲我们自己的计划和度假。

乔布斯是一位家长型CEO、一位咄咄逼人的家长、一位"虎妈"。他知道，只要我们持续共同努力，就一定能把问题解决，牺牲是值得的。

他是对的，起码那一次是对的，但他并不是每次都对。他冒过很多风险，做过不少错误决定，也推出过很多不成功的产品，例如，初代的苹果 III、和摩托罗拉合作的 ROKR iTunes 手机、Power Mac G4 Cube 电脑等。但如果你没有失败，你就没有足够努力。他从失败中吸取教训并不断改进，而他的好想法和他的成功最终完全抹去了他的失败印记。他孜孜不倦地推动全公司学习和尝试新事物。

这就是他能赢得团队尊重的原因。即使产品突然的变动导致我们每个人都要承担大量的额外工作，我们也知道乔布斯绝对不会让进度延迟一毫秒。这确实让我们很抓狂，但团队尊重他为解决问题所付出的努力。

在这份工作中，得到尊重永远比被人喜欢更重要。

你不可能取悦所有人，而且尝试这么做的后果可能是毁灭性的。CEO 必须做出极其不受欢迎的决定，包括裁员、终止项目、重组团队等。通常你必须采取果断行动，以伤害别人为代价来拯救公司，消除癌症。你不能因为怕惹恼肿瘤医疗组就跳过手术。

延迟艰难的决定，希望问题会自行解决，或者把讨人喜欢却不称职的人留在团队中，这么做确实可能会让你感觉更好。它可能会给你一种美好的错觉。但它会一点一点地侵蚀公司，侵蚀团队对你的尊重。

它会把你变成一个保姆。孩子们一开始可能会喜欢保姆——去公园，看电影，吃比萨，都是不错的事情。在一段时间内他们会觉得很有趣。但最终孩子们想要走得更远，做得更多。他们想去玩滑板，想去探索。所以他们可能开始试探自己的边界，看看他们能摆脱什么。当保姆告诉他们该怎么做时，他们可能会翻白眼，因为保姆不是父母。孩子们需要的是他们尊敬的人，是真正了解他们的人，是能在适当的时候推动他们并帮助他们成长的人。

他们需要的是可以寄托希望和抱负的人。

在过去，在你可以"谷歌"关于所有人的一切之前的那些朦胧岁月里，人们就是以这种方式看待他们的领导的。这是让领导者成功的因素之一。人们可以相信、依赖并追随那些林肯、丘吉尔、爱迪生和卡内基的理想化版本。

当你的团队不仅仅把你作为 CEO，而且作为一个人进行了深入了解之后，他们就会开始剖析你的个人生活，试图理解你的决定、动机，以及思维方式。这不仅是一种分散注意力的时间上的浪费，而且会适得其反。当你试图对做某件事的原因进行解释时，一切只应该关乎客户，而不应该关乎你自己。

因此，独处是明智之举，不要让工作中的任何人靠得太近。即使你希望能像以前一样和团队举杯畅饮。

"高处不胜寒"确实是陈词滥调，但也是千真万确。

大多数人认为担任 CEO 是一项艰巨的工作——紧张，忙碌，压力大。但即便有压力，你也要保持独立。你可以有一个联合创始人，但你不应该有一个联合 CEO。当 CEO 是一个人的工作，你只能一个人站在最高点。

你是负责人，但这不意味着你能控制一切。你为一天的工作做出周密规划，觉得终于有了和员工交谈、了解产品，以及和工程团队开会的时间。然而这样的一天可能突然就没了，因为总有新的危机和人事问题——有人辞职，有人抱怨，有人崩溃。

你永远不知道自己做得对不对。当你是一名个体贡献者时，你通常能够看到自己一周的成绩并为此感到自豪。当你是一名管理者时，你可以看着团队的集体成就并油然生出一种成就感和自豪感。当你是 CEO 时，你会梦想着也许有人会在 10 年后对你的表现给予充分肯定。但你永远无法判断自己在此时此刻的表现，你永远无法做到站在一旁看着别人把工作做完。

如果你这么干，这份工作就会把你榨干。

这也可能是你一生中最具释放性的经历之一。从小我就试图说服人们追随我的疯狂想法。我花了很多时间、精力和情感，拼命地想让他们改变做事的方法。这个想法越疯狂，越违背常理，我就会为之花费越多的时间和努力。

很多时候我得到的答案是否定的："不，现在不行。"早在苹果之前，我就向瑞尔视科技、斯沃琪、奔迈提出了类似于 iPod 的早期MP3 播放器概念，但所有人都予以拒绝："不考虑，不！也许我们下个季度会考虑，也许明年。"

当你成为 CEO 时，你就可以自己说了算。当然，你会受到金钱、资源或董事会的限制，但这是你的想法第一次不受限制。你终于可以试验那些别人说你做不到的事情，有了以实际行动证明自己的机遇。

这种自由令人兴奋，充满力量，但也令人恐惧。世界上最可怕的事情莫过于你最终能得到自己想要的东西，并为此承担责任——无论好坏。形势已开始发生改变，而作为 CEO，你不能对所有事情说"是"，你必须成为那个说"不"的人。可见，自由是一把双刃剑。

它仍然是一把剑，你可以用它来消除各种空谈、迟疑、繁文缛节和司空见惯的东西。你可以用它创造你想要的任何东西——以正确的方式和你自己的方式。

你可以做出改变。

这就是你创建公司的原因，也是你成为 CEO 的原因。

第 29 章　董事会

　　每个人都需要一个对自己负责的老板以及能够帮助他们渡过难关的教练，CEO 也不例外，他们尤其有这方面的需要。这就是为什么企业要有由公司董事组成的董事会。

　　董事会的主要职责是聘用和解雇 CEO。这是他们保护公司的主要方式，也是他们唯一一项重要的工作。他们其他的工作则包括提出优秀的建议，做出负责任、有实际意义的反馈，以期引导 CEO 朝着正确的方向前进。

　　CEO 是公司运营的终极负责人，但 CEO 需要向董事会证明他的成绩，否则就有被解雇的风险。这就是为什么董事会会议如此重要，以及为什么你必须真正理解你的工作并要事先进行充分准备。最好的 CEO 总是在进入董事会之前就知道会议结果。

..

　　无能的 CEO 参加董事会会议，是期望董事会帮助他们做决定。

　　优秀的 CEO 参加董事会会议，则是为了介绍公司的过去、现在，以及本季度和未来几年的发展方向。他会告诉董事会哪些策略正在起作用，但也会开诚布公地就各种无效策略以及改进方式做出说明。他会提出完整的规划，以供董事会质疑、反对或者做出修正。整个过程可能会非常激烈，甚至充满曲折，但在会议结束之时，所有人都会理解并认可 CEO 提出的愿景及其为公司规划的发展路径。

　　还有伟大的 CEO，他们主导的会议顺滑得像一块黄油。

　　观看史蒂夫·乔布斯出席苹果董事会，就像观看指挥大师指挥管弦乐队，不会有混乱，也不会有冲突。董事会成员已经知道他要说的大部分内容，所以他们只能微笑和点头。偶尔有人会提出一个"假如……怎样"的讨论，乔布斯会平静地让这个议题在会议室里发酵几分钟，之后他会说，"我们还是会后再讨论这个问题，现在还有很多事情要做"，于是每个人都会安静下来。然后，他会以高高在上的风格，拿出一些有趣而令人兴奋的东西，并给董事会一个惊喜——可能是一件新的原型机，或者是一个从未被外人见过的演示。当所有人走出会议室时，他们都心情愉悦，并且坚信乔布斯正带领苹果走在正确的道路上。

比尔·坎贝尔则把他自己的方法教给了我。比尔总是说，如果真出现了任何可能令人惊讶或有争议的话题，那么 CEO 在会前就应该和每一位董事进行单独商议。这样他们就可以提出问题，提供不同的观点，然后 CEO 就有时间把这些想法带回团队，改进他们的思考，修订会议报告内容，以及对发展规划做出调整。

在董事会上应该只有惊喜：我们已经超过预期的数字，我们比计划提前了，多酷的演示。其他一切都应该是一个已知数据。最好不要在董事会上展开新的项目讨论，因为没有足够的时间来进行详细研究并达成解决方案。它从来不会有结果。

对于上市公司的董事会来说尤其如此，这主要是因为它们庞大的规模。它们可以有 15 个以上的成员，这导致它们几乎不可能进行任何有意义的讨论，当然这也因为这种公司往往有太多的繁文缛节和法律限制。对于董事会成员和高管等人来说，上市公司董事会承担的职责更多，而且其机制也要比私人公司的董事会更为复杂。在上市公司，每次董事会会议前后可能还会有多达 10 次的委员会会议，因此整个流程可能需要数天时间才能走完。

如果有银行家跟你说上市没什么大不了的，也不会从根本上改变你的时间安排，不要听他的。这还只是冰山一角。

私人公司的董事会时间更短，通常也更安静，更专注于工作和指导。会议一般会持续两到四个小时，有时是五个小时。它不那么具有表演性，也不是很正式。一般来说，你在创业初期并不需要任何委员会，在成长阶段则只需一两个委员会（比如负责监督财务报表的审计委员会）。

私人公司董事会最好的一点就是你可以保持其较小规模。三到五名董事会成员通常是最好的。你可以只拥有一名投资人、一名内部人士和一名具备你真正需要的特定专业知识的外部人士。

你也要记住，即使董事会规模很小，会议规模也小不了。房间里的人数会是你预期的两倍。除了 CEO 和董事会成员，参会者还包括一名律师、持有公司股份的正式观察员，以及像你的管理团队成员这样的非正式参会者。

在你的第一个产品发布之前，通常也就是在获得收入之前，董事会会议是非常简单的：你们先通过任何需要董事会批准的紧迫事项，然后集中讨论在产品构建方面的即时进展。我们的进度如何？我们是否在按预算花钱？这取决于公司内部的事项进展，以及你们是否有望实现目标。

在你的产品发布之后，一般随着收入的增加，你的董事会会议会更多地关注数据和外部发生的事情，比如竞争对手在做什么，客户的要求是什么，我们如何吸引和留住客户，你建立了什么样的合作渠道等。和以往一样，当你展示数字时，如何对叙事进行构思会变得更为重要。你必须讲故事（见第 10 章）。你的董事会不像你一样每天都在工作，除非你给他们讲清楚情境，否则他们无法立即理解其中的细微差别或某些数字的实际含义。

能够帮助董事会准确地了解目前的情况，对 CEO 也有好处。你对某件事解释得越清晰，就越说明你理解它。教学是对自己知识的最好检验。如果你很难解释你正在做什么以及为什么要做它，如果你提交的是一份自己没有真正理解的报告，如果董事会问的都是一些你回答不出来的问题，那说明你还没有真正了解你公司的内部状况。

这时你可能遇到真正的麻烦。

有一种情况并不常见，但有时董事会不得不履行其最重要也最不令人愉快的职责，那就是撤换 CEO。这通常是因为 CEO 犯了错误：他们能力不足，不称职，其推进的议程可能导致公司破产。有时，一个初次创业者可能在各方面做得都还不错，但公司为了能更进一步，就必须引入具有不同专业知识和技能的人才。

有时，问题不在于 CEO，而在于董事会。

托尔斯泰有句名言："幸福的家庭都是相似的，不幸的家庭各有各的不幸。"这句话同样适用于董事会。幸福的、运转正常的、有效的董事会的规模都相对较小，其中的董事会成员往往都是经验丰富的经营者，他们创立过自己的公司，把自己视为导师和教练，而且会实打实地投入工作。他们帮你招聘人才，获得融资；他们帮你扩展专业知识，优化你的业务和产品策略；他们帮你留心各种地雷，会在你要踩到它们的时候直接提醒你。

糟糕的董事会则各式各样，有 100 万种把事情搞砸的不同方法。通常来说，它们分为以下三类。

1. 冷漠型董事会。当大多数董事会成员都抱着事不关己的心态时，就会出现冷漠型董事会。有时，那些兼任一堆不同公司董事的投资人会有一种"有赢必有输"的心态，这其实已经是把你的公司放在亏损栏里。有些董事会成员的动机有问题，他们只是想要拿到奖金，根本不关心公司或其使命。有时，他们会发现 CEO 有明显的问题，但就是不去想办法解决这些问题，因为要解决问题意味着得处理一大堆的事——准备文书，应对情绪波动，寻找 CEO 的继任者，做访谈，处理各种棘手问题，进行内部过渡，之后还要应对媒体，处理文化危机。于是他们会说："情况也没那么糟，对吧？"因为没有人愿意挺身而出，所以大家只能忍受现状。

2. 独裁型董事会。和冷漠型董事会相反，独裁型董事会介入过多，控制过多。他们把缰绳攥得太紧，以致 CEO 没有独立领导的自由。很多时候，这种董事会中会有一个（或者两三个）仍然想要控制公司的创始人。因此，CEO 的行为最终更像是首席运营官——接受命令，满足各种要求。他们负责保持列车运行，但对其前进方向并没有太多发言权。

3. 缺乏经验型董事会。它由一群不了解业务的人组成，他们不知道一个优秀董事会或 CEO 应该是什么样子，无法向 CEO 提出尖锐的问题，更不用说帮着解决这些问题了。这些董事会往往会因为过于怯懦而无法果断开展行动。投资人担心，如果他们挑战 CEO，他们就无法在下一轮融资中获得投资权，或者因为落下了喜欢开除创始人的名声而导致初创公司不愿意与他们合作。

通常情况下，缺乏经验型董事会治下的公司总是会出现资金短缺问题。他们从未实现季度目标，并且总是把责任推给市场，而不是 CEO 或自己。他们不知道如何引入新的人才和新的专业知识，只知道点头同意，并最终会使企业走向崩溃。

其实，即使董事会不够好——要么太过强硬，要么不够强硬，要么会做出错误的决定——它也是任何公司基础设施的必要组成部分，公司需要董事会。

谷歌收购 Nest 过程中最令人痛苦的事情之一就是我们失去了董事会。我们在 Nest 有一个非常优秀的董事会，它结构合理、消息灵通、运转良好且活跃。我们会在董事会就各项明确的战略和计划达成一致："是的，我们会这么做，我会在一周内告知你们下一个步骤。"

Nest 被收购后，我们心爱的董事会被解散，取而代之的是一张空头支票。我们本应该有一个由几位谷歌高管组成的董事会，但我们的会议要么总是被重新安排，要么几乎没有人参加。当我们提出一个新的发展方向时，他们每个人都会说："嗯，好，让我们再考虑考虑。"皮球就被这样踢到下一场没有人出席的会议，而我们什么也做不了，只能在那儿干着急。

有人可能会说："那有什么问题呢？如果董事会不给你指导，那就自己去做呗，你可是 CEO！"

这不是解决办法。即使世界上最了不起的 CEO，也需要一个董事会。他需要的不是那个会议，而是一群有着聪明头脑、真心付出，并且有丰富经验人士的建议。即使是公司内的大项目，也应该有一个由热心高管组成的小型董事会。这个董事会可以为项目负责人提供指导，而当事情进展不顺利时，他们也会积极介入。

我曾经见过一家初创公司，它搞了一个由五人组成的董事会，而且 CEO 控制着其中四个席位。CEO 在所有可能的位置上安插了自己的员工和外部亲信，任何不听命于他的人都会被清除掉。另外的那个董事则完全就是个花瓶。

CEO 可以随心所欲地追随自己的愿景，按照自己想要的方式来开展经营，构建他梦想中的产品，但在这样的情况下，他也可能会贬损自己的团队，对客户大吼大叫，并把公司搞得一团糟。

这会导致数不清的损失，令很多人离他而去，但最痛苦的事情还是对时间和资源的愚蠢浪费，这导致太多不必要的争吵。

即使是最优秀的 CEO，也不能一意孤行，不接纳批评，不接受挑战，不对任何人负责。每个人都需要有自己的汇报对象，即使这个对象只是一个每隔几个月才会开一个小时会的两人董事会。

你总会需要某种减压阀。你总会需要有人持反对意见，并且将其直截了当说出来。

如果你能把事情做对，你就永远不会变成你董事会的受害者。相反，作为 CEO 的你还能塑造它。董事会总是会根据 CEO 的不同而发生变化。史蒂夫·乔布斯领导下的董事会与蒂姆·库克领导下的董事会就很不一样。董事会能进一步增进 CEO 的优势，而且没有哪两位 CEO 是完全相同的。

因此，当选择董事会成员时，你应该考虑以下几种类型的人。

1. 晶种。就像你需要晶种来培养你的团队一样，你也希望董事会中有一个认识所有人、以前做过这件事、能够向董事会或公司推荐其他优秀人才的人（见第 16 章）。晶种会指出你的董事会缺谁，告诉你该给谁打电话，或者直接替你打电话。Nest 董事会的晶种是兰迪·科米萨，他是第一个建议引入比尔·坎贝尔的人。如果我们想要招募或确定一位完美候选人，他就是我们能想到的可以帮助我们的人。

2. 主席。这种类型并非必需，但有它会非常有帮助。主席负责设定议程，主持会议，维持秩序。有时，CEO 会担任主席角色。有时，另一位董事会成员会担任主席。有时，则根本没有正式主席。按我的观察，这三种情况都行得通。但对 Nest 董事会来说，最有效的办法还是让兰迪·科米萨担任我们的非正式主席。兰迪会替代我和每位董事进行一对一交流，预先协商，并提出小组意见。他还负责面试 Nest 的高管，并帮助拟定高管名单。主席是 CEO 在董事会中最亲密的战友，是他的导师和合作伙伴。他们帮助 CEO 解决与其他董事会成员之间的问题，或者在业务变得棘手、团队感到害怕时介入。他们会参加员工会议，传达董事会对公司的看法。他们会说："CEO 哪儿也不会去，他做得很好。"或者会说："董事会并不担心最近的销售情况，你也不应该担心。我们迫不及待地想再次投资。"有时也会说："是的，这个人已经走了，但公司会没事的。这是董事会支持的计划。"

3. 合适的投资人。当你选择投资人时，你也要选择其中的一两位加入你的董事会。所以你肯定不希望投资人只考虑数字和美元符号，却不了解创造的艰难困苦（见第 17 章）。去找到那些在你所从事的领域有相关经验，并且深刻理解创业艰辛的投资人。找到一个你愿意与其共进晚餐的人。如果你有一家足够有吸引力的公司，你可以提前和你的投资人谈谈，以确定他们会把哪个合伙人纳入你的董事会。有时，为了确保能得到一个更好的董事会成员，CEO 甚至会拒绝数额最高的投资报价。

4. 运营者。这些人以前也当过 CEO，知道公司经营犹如坐过山车。当投资委员会成员抨击你没有达到预期目标时，运营委员会成员可以介入并对现实情况做出解释。他们可以对为什么所有事情都没能按计划进行做出说明。他们还可以运用新技术和新工具帮你制定新规划。

5. 专业人士。有时，你需要一些对非常专业的事情有深刻理解的人，比如专利、B2B 销售、铝制造等。但是因为他们太有经验了，或者太专注于自己当下的项目，因此没能够成为你公司的一员。所以得到这种人才的唯一方法就是让他们加入董事会。当苹果公司第一次考虑进军零售市场时，史蒂夫·乔布斯和董事会的其他人都不知道该怎么做。于是他们请来了盖璞 CEO 米基·德雷克斯勒。米基告诉他们去弄一个飞机库，搭建几个不同设计的完整商店原型，然后像一个真正顾客一样亲自参观，最后再决定把哪个展示给公众（见第 9 章）。

最好的董事会成员首先是导师。他们能够在你产品周期或你人生的关键时刻提供合理、有用的建议。他们给予的和索取的一样多，他们也非常享受加入董事会的过程，因为他们也会从中学到一些知识。

你只需要确保他们不会利用这些知识来对付你。

当某人加入董事会，维护所服务公司的最佳利益就成了他们的法律义务。这叫作注意义务和忠诚义务。通常人们会认真对待这一承诺，但也并非总是如此。

有时，人们会利用自己地位的优势。有时，他们需要被请走。有时，还会出现一些很戏剧化的走向。

这都是罕见现象。重组董事会一般都会很棘手，非常让人难受，但也并非完全能避免。如果你现在成了一家公司的新任 CEO 并继承了原来的董事会，或者你想在不增加董事席位的情况下引进一个新的专业人员，你就可能会看到重组这种事情的发生。关键在于分阶段推进，并设定时间限制。首先，要让一名董事会成员担任几个季度的观察员角色，然后把他请走并让新人加入。我们需要时间和耐心才能把这件事情做好。

就像往常一样，即便有压力，有各种令人忙乱的会议，有一对一谈话和规划，你也不能忘记你的团队。对于整个企业来说，董事会会议总是一个给人带来巨大压力的时刻，每个人都急切地想知道发生了什么，并会对结果感到紧张。

所以不要让大家在那里焦急等待，让流言四起。在 Nest，高管团队中大多数人都清楚公司正在发生什么事情，因为他们和我一起参加董事会会议，我们总是在会议结束后尽快向整个公司公示经修订的董事会报告，清楚地告诉大家哪些是我们讨论过的议题，哪些是我关心的事项，哪些是董事会提出的问题，以及我们将采取哪些行动。

这会让大家步调一致，并阻止流言蜚语。如果事情发生变化，大家就能够立即着手应对这些变化。

当你有一个你所尊重的优秀董事会时，会议就成了一个伟大且几乎完全外部的心跳，它能让整个公司集中精力，促使你规划自己的想法、时间线还有故事（见第 13 章图 17）。

董事会真的非常重要，但它确实会增加工作量，对所有人来说都是这样。

这就是为什么杰夫·贝佐斯告诉我，永远不要加入其他人的董事会。"这是浪费时间，"他说，"我只会成为自己公司和慈善机构的董事会成员，就是这样！"

每次我拒绝加入别家公司的董事会时，我都会想起他。

我也不是完全拒绝。我的第一反应是"不"，但偶尔，在极少数情况下，这种强烈的拒绝也会软化，变成"不，除非……"。

如果你正打算填补席位空缺和创建最好的董事会，请记住，这是一条双向车道。大多数董事会成员经验丰富、工作繁忙且备受追捧，所以你必须给他们提供足够的激励，他们才会考虑加入。我指的不仅仅是股票。在一家新兴公司的董事会任职的好处之一是，你可以提前了解消费者行为、新趋势或颠覆性产品。例如，在 21 世纪初，苹果董事会的所有成员都曾预览过 iPhone，因此他们可以提前就如何将自家业务同这款产品相关联展开规划。

对于潜在的董事会成员而言，这些机会都是非常令人兴奋的，这也是人们一直渴望进入苹果董事会的主要原因。另一个原因是他们喜欢苹果，真心希望能帮助公司取得成功。他们愿意投入时间和精力，因为苹果对他们很重要。

要记住，上市公司董事会和私人公司董事会是非常不同的。加入上市公司的董事会意味着要承担更大的风险和职责，所以为了吸引到你所需要的那些董事会成员，你需要设置更高的激励举措。尤其是当你上市的时候，你早期董事会中的大多数成员都可能辞职。上市公司董事会的成员可能会被股东起诉。他们必须参加不计其数的委员会会议，讨论审计、薪酬或治理问题。如果事情出了岔子，他们还可能受到媒体的抨击。

因此，获得公司上市的董事会席位和在早期私人公司担任董事，这两者的门槛截然不同。

不过话说回来，任何董事会席位都带有某种程度的声望。这能满足自我的虚荣心，对钱包也有好处，但你绝对不要让这些东西成为吸引你的主要元素。要避开那些明星董事会成员，避开在十几家甚至更多公司里挂名的董事，避开那些只是为了完善简历才加入董事会的人。这些人很容易变成冷漠型董事。他们会变得无所事事，事不关己，高高挂起，甚至会把自己的利益置于公司利益之上。

你所需要的董事会成员，应该是那种对你的事业倍感兴奋的人，是那种迫不及待地想听你汇报各项进展的人。他们不只是参加会议，而是会和你朝夕相处，辅助你，并为你寻找成功的机会。你需要的是一个热爱你公司的董事会。反过来，你的公司也会爱这样的董事会。

第 30 章　收购与被收购

两家完全成形的公司若要合并，它们的文化就需要兼容。这就像任何情感关系一样，一切最终取决于双方相处得如何，它们有何目标，什么是它们的优先事项，以及它们最在意的是什么事情。50%~85% 的合并失败都源于文化的不匹配。

如果一家大公司收购的是一个十几个人或人数更少的小团队，文化不匹配就不是什么大问题。即便如此，小团队也应该仔细评估它们将如何被大公司消化，并一定要花时间认真了解它们即将加入的公司的文化。

...

我从不后悔把 Nest 卖给谷歌，我们的管理团队也是如此。当我们的老团队见面时，我们总是会复盘这个问题。我们唯一的遗憾就是没能完成我们开启的使命。但出售公司是我们的共同决定，直至今天我们仍坚持这一立场。

基于我们当时所掌握的数据，我们只能把公司卖掉。

尤其是结果证明了我们的正确性。正如我们预测的那样，在 Nest 将互联家庭的理念变为现实后，苹果、亚马逊和三星等巨头都开始觊觎这个市场。它们组建团队与谷歌和 Nest 展开竞争，并开发出各自的家庭产品、平台和生态系统。我们躲过了一劫。

谷歌过去是，现在仍然是一家了不起的公司。它在各个水平上都遍布才华横溢之人。它一次又一次地改变世界。谷歌的文化对他们非常适用，这也是很多人从未离开母舰的原因。

这种文化的根基在于谷歌的搜索和广告业务几乎就是一台印钞机，就连谷歌自己人都称它为"摇钱树"。它把谷歌变成一个水草丰茂之地，在那里几乎任何人都可以随心所欲，有时甚至可以什么都不做。长期以来，它利润丰厚，几乎在商业上没有遇到任何生存威胁，所以从来不需要缩减或瘦身，从来不需要斗志昂扬。几十年了，它几乎无须为任何事情战斗。它太幸运了！

但在 Nest，我们是战士。我们的文化脱胎于苹果，而后者在 40 多年的生存过程中经历了多次生死存亡的考验。我们随时准备为我们的使命和生存而战，为我们的文化和做事方式而战。

所以，在谷歌收购 Nest 后的几个小时内，我们就必须为留住我们的客户而战斗。当听说谷歌要收购 Nest 时，我们的客户惊慌失措，因为他们害怕自家的恒温器上也会出现广告。媒体高呼谷歌对数据有永无止境的贪婪，因此以后 Nest 也会追踪你的家庭、宠物、日程安排。针对这个问题，谷歌和 Nest 立即发表了一份联合声明："Nest 的运营独立于谷歌的其他部门，拥有独立的管理团队、品牌和文化。例如，Nest 基于付费的商业模式，而谷歌一般基于广告支持的商业模式。我们并不反对广告，毕竟 Nest 也做了很多广告，我们只是认为广告不适合 Nest 的用户体验。"

从留住客户的角度说，我们做了一件正确的事情。但对于我们和谷歌的关系而言，这完全是一个错误。

在合并后的第一天，我们就以一条推特长短（且还是完全公开发表）的声明，疏远了我们刚刚加入的这家公司。我们真是太无知、太天真了。很多谷歌人把我们视作一群冲向他们的战士，我们武装到了牙齿，做好了战斗准备，甚至我们已经宣布独立，已经拒绝谷歌的核心业务模式。他们在想："哈，这群人是什么情况？一点儿也'不谷歌'。"

我们本打算与之整合并共同进行技术和产品开发的团队不愿意与我们合作。他们不断地向高管询问更多细节，他们想知道是不是非得牺牲自己的项目去帮助我们。为什么？为什么？为什么我们要帮助一个"不谷歌"的团队？在之后的几个月里，每当我们不得不向客户澄清 Nest 和谷歌是各自分开运营时，我们的内部声誉就会遭受新一轮打击。

我本应牢记我在苹果开发 iPod 时最初几个月的遭遇，可惜我并没有。我以为 Nest 比我的 iPod 团队规模更大也更加成熟，所以肯定是另外一番景象。实际上，它们完全一样。当年苹果高管中的反对派看我们占用了他们的时间并抢走了他们的资源，便总想着给我们使绊子，并对我们的各种请求无动于衷。

那时，幸亏有史蒂夫·乔布斯为我们提供空中掩护。他对那些拖后腿的团队进行了狂轰滥炸，强行推进各种问题的解决。为了让我们得到各种所需的资源，他有时甚至会大喊大叫。一个愿意为我们而战的史蒂夫·乔布斯最终让我们获得了成功。

谷歌没有史蒂夫·乔布斯，它有的是拉里·佩奇和谢尔盖·布林。这两位创始人都是聪明精干的企业家，但他们缺乏乔布斯的那种战斗精神，那种只有多次濒临事业死亡边缘的人才会萌生的战斗精神。

有一段时间，我们的整合计划完全陷入僵局。谷歌的员工完全不出席我们的会议，也不回复我们的电子邮件。桑达尔·皮查伊告诉我，我们打算与之合作的所有团队都非常忙。他们没有额外的时间专门帮助 Nest。在谷歌，没有人可以简单地命令员工如何完成任务，团队在如何支配自己的时间方面拥有最终决定权。

我瞪着他，眼睛睁得很大。我满眼冒金星，就好像我出了车祸一样。时间一下子慢了下来，我能想到的只有"啊啊啊啊啊啊啊，该死"。

我知道谷歌不是苹果，而且这种规模的合并注定会很坎坷。我知道我们有不同的文化、哲学、领导风格。但在这一刻，我忽然意识到我们双方连语言都不通。

拉里在收购期间告诉我，谷歌会引导团队并让他们的优先事项与我们的保持一致。他说的是百分之百的真话。但在谷歌，这就像是为团队确定了一个规划的框架，剩下的内容则需要各团队在工作进程中进行补充。他们还会经常开会询问整个规划的进展。

我是通过苹果的视角解读他的话的。如果史蒂夫·乔布斯说他会引领团队，那就意味着他会每周甚至是每天都要介入团队的每一步运行。他会召集所有人，给他们指明方向，并确保他们步调一致。他还会用绝对的意志力把任何掉队的人拉回来。

在谷歌，即便我们得到全面闪电战的承诺，也没有人投下任何炸弹，他们甚至不知道这个词是什么意思。

在我意识到这一点的那一刻，我明白了我们从一开始就不合拍。我们没有为此做好准备。我们没有预料到会得不到管理层的任何空中掩护。我们没有预料到会出现器官排斥反应。

尽管我们近乎为其他一切做出了精心筹划。在大多数收购中，起草一份包含必要条款的文件并达成协议只需要2~8周的时间。

但 Nest 当时花了 4 个月。

我们甚至在 10 周后才讨论收购价。

谷歌风投是我们的一个投资者。他们知道我们的财务状况，一直非常支持我们，所以我并不担心他们的报价。我担心的是我们会与哪些团队合作，我们要分享哪些技术，我们要开发哪些产品。Nest 加入谷歌不是为了钱，而是为了加速实现我们的使命，所以永远是使命第一，金钱第二。

我们和谷歌一起审查了公司的所有职能，包括市场营销、公关、人力资源、销售，以及公司的每一个部分。我们确认了哪些地方可以产生协同效应，哪些地方不能；我们确定了哪些管理者将被分配给我们，我们将如何招聘，员工将获得哪些津贴福利，他们可以得到什么水平的薪水，哪些团队将会紧密合作，以及这些关系将如何建立等。

这很耗费时间。事实上，我们挨了很多白眼。"真的吗，托尼？你现在就想具体地展开说说吗？"是的，是的，我非常想，因为这很重要。

它至关重要，也常常被忽视。

大多数收购都在银行家的推动和监督下进行，只有交易成功，银行家才能真正赚到钱，所以为了早点拿到报酬，他们有动力展开快速行动。他们不会关心发生在员工身上的每一个细节。他们并不真正关心文化契合度，起码他们关心得不够深入。

交易双方通常都会聘请银行家来处理所有交易细节，帮助每个人理解交易价格或类似交易的合理性。他们会审查市场、客户和运营协同效应。

你没办法通过合并协议来确定企业文化。你不能把它写下来，然后让每个人都在虚线上签名。它太模糊、太敏感，皆是不可言喻的人际关系。银行家最关心的是交易，而不是关系。

所以大多数银行家不希望两家公司能慢慢地相互感受、相互了解，先来几次约会，之后再考虑结婚问题。他们希望双方第一次见面就可以把婚事敲定。他们希望双方能马上找个小教堂牵手宣誓，而且婚礼上最好全是那种喝得醉醺醺的宾客，绝对不会多嘴地提出任何问题。他们不想给双方任何深思熟虑的机会，而是希望能在 36 小时内完成交易，这样他们就可以在互相吹嘘一番后扬长而去，只留下你穿着一件蓝色褶边燕尾服，不知所措地站在原地。无论从长远来看这是不是一笔成功的交易，但起码他们完成了属于自己的工作。

这也是我们没有让银行家参与谷歌收购 Nest 交易的原因之一。我知道银行家不会像我们的团队那样行事。与我们的团队和投资者多年来付出的心血、汗水和泪水相比，他们仅需很少的工作就能获得极为丰厚的收益。

即便如此，在宣布收购消息的第二天早上，一个银行家就出现在 Nest 的大厅里。

"在你昨天宣布的交易中，我没有看到你们的银行代表。"

"是的，这是我们有意为之。"我说。

"你们的股东可能会因此起诉你。"他说。

我告诉他交易已经完成，我们不需要银行家。

"好吧，既然你没有银行家参与这笔交易，你能把我们的名字写上去吗？"

我挑了一下眉毛，面无表情地看了他一眼，转身走开了。

银行家很生气，不敢相信我竟然不帮他这个忙。

大多数投资并购银行家都不是你的朋友。我见过很多小型初创公司（特别是在欧洲）聘请银行家帮助它们筹集资金或出售公司。银行家们表面信誓旦旦，实际却很少兑现。

出于各种原因，你可能仍然需要银行家，当然也有一些不错的银行家，但你不能让他们控制你的交易，也不能让他们设定你的节奏。

无论你是收购，还是被收购，你的工作都是要弄清楚两家公司的目标是否一致，你们的使命是否相互契合，你们的文化是否合拍。你必须考虑公司的规模。一方是否会很容易被另一方吸纳？这是一个刚刚起步的小团队，还是一家已拥有销售、营销和人力资源以及根深蒂固工作方式的成熟公司？如果是后者，你就必须了解合并后的团队会发生什么变化，员工会发生什么变化，你的项目和流程会发生什么变化。这都不能着急。

在 Nest 时，尽管时间不是我们的问题，但我们确实犯了一些重大错误。

1. 我们向客户发布声明时，没有考虑到这将会如何影响我们的内部关系。

2. 我以为我们的交易规模很大（总计 70 亿美元），所以会有一种谨慎的标准和受托责任来确保交易的成功。

3. 我听信了拉里和比尔关于改变谷歌文化的说辞，却没有告知员工这种文化的根深蒂固性，也没有听取他们对谷歌化有何期待。

4. 我没有和谷歌之前收购的其他公司交流。

5. 我们对在各项目之间频繁横跳的谷歌员工敞开了怀抱，却忽视了他们其实对我们的使命毫无兴趣，也没有和我们在困难时期同舟共济的打算。这些抱怨我们"不谷歌"的人立刻开始稀释我们的文化，给我们引发了无尽烦恼（见第 21 章）。

如果我和公司的其他副总裁和董事提前做过交流，我就会知道，在从收购后的第一拨谷歌员工中挑选人才时，我本应该更为谨慎、更为挑剔。直到 6 个月后，当谷歌的朋友告诉了我一条不成文的规则时，我才知道自己大意了：如果你想把优秀的人才从他们的团队中挖走，你就必须奋力争取。那些随随便便加入你组织的人只不过是想来尝尝鲜，赶赶时髦。而且，由于谷歌不愿解雇员工，许多表现不佳的员工会不停地从一个团队跳到另一个团队。

如果我能多花些时间和之前被收购的公司，比如摩托罗拉移动和 Waze 的负责人聊聊，我就会对谷歌如何消化其收购的企业有更为清晰的了解。除了 YouTube，谷歌的多数大型收购都不太成功。我很快就发现，谷歌会经常性地从一个时髦对象转向另一个时髦对象，至于花多少钱，哪怕是像 Nest 这样需要耗费数十亿美元，则根本不重要。

等它把我们消耗掉，它又饿了，开始转向下一顿餐食。它顾不上确定我们是否已在自己的肚子里安顿妥当，它也没有兴趣跟我们交涉这些。我们只是一顿昨夜的晚餐。

如果我能与我们想要整合的团队的普通员工提前聊聊，我就会发现他们的优先事项是什么，以及他们是否有兴趣与我们合作。我就会更好地理解"很谷歌"到底意味着什么，我们是否有机会就此取得突破，以及我们是否能改变"很谷歌"的真正含义。

文化具有令人难以置信的黏性。我本不该把这个忘掉。在比尔·坎贝尔的推动下，拉里希望 Nest 的加入能够改变谷歌的整体思维方式，能给它施加一股重拾初创企业精神的魔法。但这并不是文化的运作方式，你不能仅仅因为重新粉刷一个旧工厂或给工人们看一段培训视频，就认为你已经做出任何改变。你得把整个房子拆了，然后全面重建。

大多数人和公司在真正做出改变之前都需要经历一次濒死体验。

你不能假定收购就一定意味着文化适应。这就是为什么苹果不会收购拥有大型团队的公司。它通常只收购处于生命周期早期，也就是尚未实现收入的特定团队或技术。这样的团队就很容易被吸收，苹果也不用担心文化问题。它还可以跳过现有团队之间不可避免的职能重叠，如财务、法律和销售等，也可以避开将一个大型团队整合到另一个大型团队的痛苦过程。除了收购 Beats 这个引人注目的例外，苹果一直专注于填补其不断发展的产品中的小型专业技术空白，而不是收购全新的业务线。

所有的收购都可归结为一件事：你收购一家公司的目的是什么？你是想买一个团队？还是技术？专利？产品？客户群？业务（收入）？品牌？或者其他一些战略资产？

同样的问题也适用于出售公司。你在寻找什么？一些人希望利用大公司的资源来加速实现其愿景，其他人则在寻求经济利益。还有一些公司遇到了问题，试图将业务出售给看好它的人。

比尔·坎贝尔喜欢说："伟大的公司是买出来的，而不是卖出来的。"如果你的企业正在被洽购，你希望的是买家抢着购买，而不是你在抢着卖。如果你正在考虑收购，你就要提防那些主动投怀送抱、推销太过积极的人。

这里并没有一份如何才能实现一笔好收购的说明书。需要注意的事情千千万万，它们都不固定，会随着公司和交易的变化而变化。不要仅仅因为困难，就忽视困难。不要因为没人知道如何谈论文化，就忘记谈论文化。

不幸的是，除非你真正融入其中，否则就不可能真正了解一种文化。这就像约会一样。当两个人对彼此感兴趣时，他们会表现出最好的一面，保持各自良好的形象。当他们搬到一起并结婚后，双方就会展现出更为真实的自己。这时，你才会知道你的妻子会把盘子放在水槽里泡好几天也不洗，你才会知道你的丈夫总会忘记修剪趾甲。

因此，任何潜在收购的约会阶段都至关重要。你必须检查水槽是否有脏盘子。你必须发现留在餐桌上的趾甲。审查对方的汇报结构以及其招聘和解雇员工的方式。深入了解每个人都能获得什么样的福利津贴。和对方讨论管理理念。为收购后可能发生的事情制订具体规划。你打算进行文化整合，还是继续保持其独立？你如何处理职能的重叠？这个团队将走向何方？谁将负责研发这款产品？

你要记住，你无法预测未来。事情总是在变化，有时会朝着有利于你的方向，有时则朝着不利于你的方向。所以最后还是要先把事情做起来，在合约上签字，要相信它一定会取得成功。

我的建议是始终保持谨慎乐观，要信任，也要进行核实。

要相信人们都怀有良好的意愿，但也要确保他们能坚持到底。要敢于承担风险，大胆向前，无论是买，还是卖，都要该出手时就出手。拒绝也要果断，跟随自己的直觉，不要害怕（或者更确切地说，即便害怕，也要敢于做决定）。

如果我们没有卖掉 Nest，谁知道会发生什么事情？Nest 可能会凭借自身实力取得成功，也可能随着大型竞争者不可避免地进入这个市场而走向毁灭。又或者其他主要玩家不会着手研究它们自己的互联产品，或者整个生态系统已经走向崩溃。谁知道呢？我们又不能再做一次试验。

Nest 并没有死，恰恰相反，它活得非常好。它现在叫作谷歌Nest，就如我们之前规划的那样，它现在已经完全和谷歌实现整合。它仍在制造新产品，创造新体验，以它的方式实现我们的愿景。这样的结果并不完全符合我们的预期，但这是一次非常重要的学习经历，而且令人惋惜的是，100 里的路我们其实已经走了 70 里。Nest 仍在不断向前，仍在创造新的东西，我对此除了感到无比开心之外，再无任何杂念。

几年前，我在一个聚会上偶然遇到 Alphabet 和谷歌的现任 CEO桑达尔·皮查伊。他说："托尼，我想让你知道，我们肯定会保留Nest 的品牌和名称。Nest 肯定会成为我们未来战略的一部分。"我开心地笑了，并对他表示了感谢，我为他能特意告诉我这一点而感动。桑达尔是一流的领导者，有他监督团队，我内心充满了感激之情。

我有很多要感激的人和事情。

我很感激谢尔盖·布林推动谷歌在很早的时候就投资了 Nest，也很感激拉里和谢尔盖共同推动谷歌收购我们。我很感激其他行业巨头开始关注智能家居技术，也感激有成百家的小型初创企业在跃跃欲试。尽管不能一蹴而就，但这终将会让某个人在未来实现我们的愿景。

而且，我知道收购之后发生的一切都不是针对我的，起码不是有意针对我。这只是生意，倒霉的事情总免不了会发生。我没有怨恨，生命太短暂，不值得去恨。

我只想衷心地祝福他们。

第 31 章　必要和非必要的公司福利

谨防过多的额外福利。照顾好员工百分之百是你的职责，但这不包括溺爱和让他们分心。初创公司和现代大型科技企业之间不断升级的额外福利冷战已经让很多公司觉得，为了招徕员工，它们需要提供免费理发和一日三餐美食。它们并不需要这么做，也不应该这么做。

要记住，硬性福利和额外福利是有区别的。

硬性福利是指 401（k）、医疗保险、牙科保险、员工储蓄计划、产假和陪产假这类东西。这些都非常重要，会对员工的生活产生实质性影响。

额外福利是指一些让人感到特别的、新奇的、令人兴奋的偶然惊喜。比如免费的衣服、食物、派对、礼物。额外福利或完全免费，或来自公司补贴。

恰当的硬性福利对你的团队及其家人至关重要。你肯定也愿意为和你并肩作战的人提供支持，让他们的生活更美好。福利能让你的团队和他们的家人保持健康和快乐，并实现他们的财务目标。这才是你应该花钱的地方。

额外福利则完全是另外一回事。它本身不是一件坏事，能给你的团队带来惊喜是一件好事，也很有必要。但如果总是有免费的额外福利，而且被视为理所当然的硬性福利，你的企业就要遭殃了。过多的额外福利会损害公司的利润，而且与普遍的看法相反，它还会影响员工的士气。有些人可能会痴迷于他们能得到什么，而不是他们能做什么。他们会把额外福利当成一种权利，而不是一种特殊优待。因此当公司遇到困难时，或者当额外福利没有增加时，他们会因为自己的"权利"被剥夺而愤怒。

　　如果你吸引人才的主要方式是通过这些额外福利，那么你未来的日子绝对不会好过。

‥

　　一个朋友曾经骄傲地告诉我："我每周都给我妻子送花。"

　　他可能是想让我对他产生仰慕之情："好浪漫！好慷慨！"可我却说："什么？我可绝对不会这么做。"

　　我偶尔也会给我的妻子送花，但永远是以一种制造惊喜的方式。

　　如果你总是给某个人送花，那过不了几周，对方就习以为常了。几个月后，对方就几乎完全不在意了，会慢慢失去兴趣。

　　直到你停止送花的那一刻。

　　你绝对应该为你的员工做些好事。你当然应该对他们的辛勤工作加以奖励，但你必须记住人类大脑是如何工作的。这是一种权利心理。

　　如果你想给员工额外福利，请记住以下两件事。

　　1. 人们会特别珍视自己付费购买的东西。如果某样东西是免费的，那它实际上毫无价值。因此，如果员工总是得到额外福利，那么它应该是补贴性的，而不应当是免费的。

　　2. 极少发生的事情才会让人觉得特别。如果这种情况经常发生，那么它就没有独特性了。所以，如果额外福利只是偶尔出现，它当然可以是免费的。但你应该清楚地告知大家这不会是经常之举，而且你也要经常地改变额外福利的形式，以便让它总能带给大家惊喜。

　　一直提供免费餐点，偶尔提供免费餐点，以及提供补贴性餐点①，

---

① 补贴性餐点可能有很多种形式，比如公司可以开设食堂，并以低于市场价提供餐食。——译者注

这几者之间有很大区别。苹果只提供补贴性餐点而不是免费餐点是有原因的。苹果员工可以用折扣价购买自家产品，而不会免费得到这些产品，这也是有原因的。史蒂夫·乔布斯几乎从不把苹果产品作为礼物免费赠予他人。他不希望员工贬低自己工作的价值。他认为，如果这些产品物有所值、非常有意义，那么它们就应该得到与价值相称的待遇。

在谷歌，所有员工每年都会获发一件免费的谷歌产品作为节日礼物，比如一部手机、一台笔记本电脑或一个 Chromecast 电视棒，反正都是一些实实在在的东西。也正是因此，员工们每年都会抱怨，他们会说"这个不是我想要的""那个感觉太便宜""去年发的礼物更好"等。若是有一年没有收到礼物，他们就会非常愤怒。"他们怎么敢不送我们礼物！我们应该永远都有礼物！"

免费总是会毁了你。期望划算地得到某件东西和期望免费得到某件东西是两种截然不同的心态。

从企业财务的角度看，补贴性额外福利也要好于免费额外福利。那些用大量免费的额外福利来吸引员工的公司通常目光短浅，它们缺乏能维持这些福利的长期战略，或者它们的核心业务天生就有问题，而这些所谓的福利只不过是个幌子。众所周知，脸书公司以非常关心员工而著称，但它的钱全部来自向广告商出售客户数据。如果脸书改变其商业模式，它的盈利能力将受到巨大打击，所有这些额外福利都将消失。

在办公室为员工提供他们可能想要或需要的一切，这一风尚最早始于雅虎和谷歌。这个想法出自一种善良、高贵而且值得尊敬的理念，即一种想照顾他人的欲望，一种可以让公司变得更受欢迎和有趣的冲动。它们把办公室设计成大学的样子，甚至比大学还好。它们想把公司变成一个能让人安然处之的温柔乡。而且由于谷歌长期以来一直在赚钱（当然是通过将客户卖给广告商），世界其他地方也就认定，这种文化必然是它成功的部分原因所在。于是，这种文化便被发扬光大。现在硅谷的绝大多数初创公司都提供美食、无限量续杯的饮料、瑜伽课程和免费按摩。

除非你有谷歌的利润率和收入增长，否则你不应该如谷歌那样向员工发放额外福利。

其实谷歌也不应该这么做。

这些年来它一直在努力削减成本，为了鼓励员工少吃和减少浪费，它甚至把餐厅里的盘子换成了更小的。但是一旦开了先例，改变了人们的期望，就几乎不可能再走回头路了。

在 Nest 成立之初，我们会在厨房里准备一些零食和饮料，其中大多都是水果。我们不提供包装垃圾食品。为什么要毒害你好不容易请来的优秀人才呢？我们会按每周一两次的频率给团队购买玉米卷、三明治或一些更高级的食品当午餐。偶尔有人会在屋后搞烧烤，这样员工就会留下来吃晚饭。

被谷歌收购后，谷歌的食品也随之而来。我们建造了一个又大又漂亮的餐厅，每天提供免费的早餐、午餐和晚餐。五六个不同的摊位提供不同的美食和菜单，每天早上都有新鲜出炉的甜点。到处都是饼干和蛋糕。所有人都认为这真的很棒，但这也真的非常贵。

在 Alphabet 的成本飞涨之后，我们试图减少餐厅里的部分食品供应。这里仍然有很多美味食物，但我们取消了越南河粉的摊位，迷你松饼也被取消了。这马上就引起了抗议，大家都在喊："搞什么鬼？你们不能取消我们的小松饼！"

这种糟糕的情况之前我们也见识过。当初我们发现很多人其实根本不会加班到很晚，但他们会一直磨蹭到晚餐时间，然后把够一家人吃的饭都装到打包盒里带回家，于是我们便禁止员工自带打包盒到公司来。

提供晚餐的全部意义在于奖励那些努力付出的员工，但因为它是免费的，所以很多人就把它当成一种理所当然。"食品免费！是给我们的！所以我才带回家，这有什么大不了的？"

在此之前的那几年，周二的墨西哥玉米卷是一种享受。当水果盒送到时，大家也都很开心，但现在却有了一种新的先例。

以及一种新的权利意识。

我曾经亲眼看到有人在谷歌每周一次的 TGIF 会上跳出来抱怨说，他们喜欢的酸奶从迷你餐厅里消失了。那可是有数万人参加的全员大会。谷歌设置了很多零食中心，为的是确保员工可以在 200 英尺以内找到食物。在这些人眼里，当着所有谷歌员工的面直接向 CEO 抱怨是他们的一种权利，甚至是一种责任。这仅仅是为了酸奶，还是免费酸奶。"为什么我喜欢的那个牌子的酸奶没有了？什么时候能重新上架？"

就像任何善良和奉献的人都可能被利用、被妄用一样，一家公司的良好意愿也可能如此。有些人只是一味索取，并相信这是他们的权利。一段时间后，接受甚至鼓励这种行为也就变成公司文化的一部分。

这就是为什么我说："去他的按摩。"

谷歌收购 Nest 后，我很不情愿地批准了"全时"的免费餐点和公共交通。但这些额外福利都是在谷歌工作的一部分，每个人都对此早有期待，而且这些东西确实能让我们的员工受益。我知道这将意味着一种文化的转变，但我只是希望所有人都不要忘记我们的奋斗基因。当我们告知团队我们将被谷歌收购时，我只是用一张幻灯片简单地写了一句——"不要改变"。让我们走到今天的也正是我们需要继承和发扬的东西。仅仅公司投资者的改变并不意味着我们也应该进行文化改变，更不意味着我们要丢弃那些使我们成功的因素。

收购后谷歌给了我们崭新、华丽并且高端的办公空间，我为此向拉里·佩奇表示了感谢："它很漂亮。"我也告诉他和我们的团队："我们不配有这么好的办公环境。"

这么好的办公环境让人感觉很不自在，这还不是我们应得的东西。那栋大楼应该给一家已经证明自己可以盈利的公司。在这种环境下办公的，应该都是那种已经完全心态放松，可以把时间花在争抢靠窗户座位和最佳办公视野上的人。这些还不是 Nest 该干的事情。我们还是要专注于使命，继续加班熬夜，解决问题，努力工作，克服前进路上的每一道障碍。

我希望每个人关注的是我们正在做的事情和要实现的愿景，而不是各种额外福利、环境装饰，或者其他什么附加的东西。

所以我们绝对不会花公司的钱给大家提供免费按摩。

我们需要把这笔钱用于业务，用于实现净利润率，用于研发更好的产品，用于确保我们有强韧而良好的基本面，以保证可以继续聘用所有这些人。我们需要把钱用于帮助员工，使他们在工作之外可以过上自己想要的生活。我们不想把钱花在奢华到让员工不想走的办公室上，而是更想把它用在为员工及其家人提供有意义的福利上，例如，更好的医疗、试管授精等能真正改变他们生活的东西。

我希望我们的额外福利也具有同样的目的性。所以我们不会老想着把员工圈在公司里，而是通过支付与家人外出就餐或周末外出的费用来奖励员工。我们很乐意把钱花在能真正改善人们体验的东西上，我们乐于把他们聚在一起，让他们接触新的想法和文化，把同事变成朋友。在 Nest，任何人都可以加入俱乐部并申请资金举办各种趣味活动，比如他们可以举行全员烧烤，也可以举办把半个停车场都涂上颜色的胡里节，以及变得越来越复杂的纸飞机战斗。

随着越来越多的谷歌员工加入我们的行列，Nest 的员工开始了解谷歌的典型额外福利包括什么，而关于员工得到了什么以及没得到什么，我们的内部出现了一场巨大争论。为什么谷歌员工有按摩服务？为什么他们有更多的班车，这样他们就可以晚点来，午饭后还能离开？为什么他们得到了 20% 的时间（谷歌对员工的著名承诺，即他们可以将 20% 的时间用于日常工作之外的其他谷歌项目），而我们却需要多付出 20% 的时间？

我说没有这回事。我们所有人都需要付出 120% 的努力。我们需要每个人 120% 的付出。我们仍在努力构建自己的平台，并力争成为一项有利可图的业务。一旦我们取得成功，我们就可以考虑如何用 Nest 的钱来做谷歌项目，届时我们也会有免费按摩，并可以在下午 2:30 结束一天的工作。你可以想象，我的这些主张并不受新员工待见。

当还有那么多事情要做的时候，我不可能让权利心理在内部蔓延。我不会因为谷歌员工已经习惯，就向他们提供更多的额外福利。

谷歌员工的这种待遇很难说得上正常。它不是现实，就连谷歌总部 Googleplex 的设计师克莱夫·威尔金森都意识到了这一点。他现在称自己那最为人知的作品"从根上就不健康"。"在工作园区里度过一生并不能让你实现工作和生活的平衡。这种生活是不真实的。它不像大多数人那样真正融入世界。"他说。

这和那些极度富有的人所面临的问题是一样的。他们逐渐向上飘移，却越来越远离普通人的常见问题。除非你能脚踏实地，除非你能自己乘坐公共交通工具，自己买食物，自己走在街上，建立自己的 IT 系统，自己了解一美元在纽约、威斯康星或印度尼西亚的价值[1]，否则你就会逐渐忘记人们的日常痛苦所在，更不知道该如何给他们创

---

[1] 访问 www.gapminder.org/dollar-street，看看世界各地的人一个月能赚多少钱以及他们生活的样子。这是一项了不起的资源，能让我们了解这个世界可以有多么不同或相似。

造止痛药（见第 15 章）。

你因此而丧失的不仅仅是对客户的专注。随着额外福利的增加，人们工作的理由也开始变得模糊。我见过一些人，他们热爱自己的工作并从创造中找到了意义和乐趣，他们虽努力工作，但从不觉得自己是在浪费时间，但一旦这些人进入谷歌、脸书以及其他巨头企业，他们就会完全丧失自我。他们看到别人得到的免费东西越多，他们想要的就越多。获得这些福利只会让人获得短暂满足，随着时间的推移，它们会逐渐失去价值，所以他们想要得到更多。这成为他们最关注的事情。他们忘记了设计产品，忘记了关心手头工作，不再创造有意义的东西，不再真正热爱自己的工作。

这一切都始于按摩。

需要说清楚的是，我完全支持按摩。我喜欢按摩也经常做按摩，每个人都应该有机会做按摩。无论如何，你都不能让"按摩是你应得的"这种想法塑造你的公司文化。无论如何，你都不应该向员工承诺他们能永远得到按摩。无论如何，你都不应该让额外福利定义你的公司，更不能让它成为业务的拖累。

额外福利是会结霜的。它就是高果糖玉米糖浆。没有人会舍不得给你点糖吃，毕竟所有人都会时不时地想来点食品，但从早到晚吃得满嘴都是并不是幸福的秘诀。就像甜品不应该在晚餐前出现一样，额外福利也不应该先于你想要实现的使命。让使命成为你公司的真正推动力，额外福利不过是最上面的那层糖霜。

第 32 章　卸任离场

CEO 不是国王或王后。这不是一个终身职务。总有一天，你得卸任。当出现以下情况时，你就知道是时候卸任了。

1. 公司或市场已经发生很大变化。一些初创公司的创始人本来就不适合成为大公司的 CEO。一些 CEO 只能应对某些类型的挑战，但缺乏应对其他类型挑战的技能。如果已经出现你无法掌控的变化，而需要你采取的措施又完全超出你的能力范围，那么你也许是时候离开了。

2. 你变成一位保姆型 CEO。你已经进入维护模式，失去了不断挑战和发展公司的能力。

3. 你被迫成为一位保姆型 CEO。你的董事会要求你停止任何冒险举动，只允许你维持公司按部就班运行。

4. 你有清晰的继任计划并且公司处于上升期。如果业务进展顺利，并且你认为团队中的一两名高管已经具备接班的能力，那么可能是时候为他们腾出一些空间了。永远要以积极的心态面对离职，并把公司交给值得信任的人。

5. 你讨厌它。这份工作并不适合所有人，如果你不能忍受，那并不意味着你不再胜任。这只是意味着你发现了一些自己更喜欢的事，现在你可以利用这一发现去做你热爱的事了。

··

有一次，我们不得不给一位 CEO 的妈妈打电话。

我的投资公司 Build Fund 投了他的公司。那家公司有一个了不起的愿景，并且潜力巨大。但其 CEO 是一个首次创业者，对这份工作完全没有做好准备。即便得到了我们的建议，他还是会出问题。他经常说下不为例，但实际上总是在一遍又一遍地犯错。他从未认真听我们的话，也从未认真总结经验教训。我们花了超过 18 个月的时间对他进行个人和专业方面的培训，但情况却变得越发不可收拾。他开会时贬低员工，在走廊上与人争吵，甚至与客户争论。大家都受够了，所以董事会解雇了这位 CEO。

他却不愿意走。

我们软硬皆施。他还是不肯让步，并且不讲道理。他把枪指向了我们的脑袋——他聘请了律师并开始准备起诉董事会、公司和他的投资者。于是我们给他妈妈打了电话。我们觉得这可能是他唯一会听从的人。我们告诉了他妈妈我们被起诉的后果：董事会会激烈反诉，CEO 对投资者的谎言会被公开，他可能再也没办法融资创办新公司，甚至可能连新的工作都找不到。

谁能想到，在一年的漫长而激烈的鏖战之后，最终让他缴械投降的是他妈妈。

我们不得不禁止他接近办公大楼，并确保他不再与公司有进一步的瓜葛。这非常痛苦，但对于一个前途无量的伟大团队来说，这是拯救他们的唯一方法。

在另一家公司，同样的对话却只用了两分钟。我们告诉 CEO 他不再适合担任这个角色。他叹了口气，然后笑了。"谢谢你，"他说，"终于解脱了！"

由于一部分创始人型 CEO 声名显赫且富甲一方，因此社会上流行着一种关于他们的迷思：一个创始人型 CEO 不仅能创办公司，也能应对企业各个阶段的经营。他们认为这是一种再自然不过的事情，也是一件必然的事情。如果你创建了一家初创公司，你当然会坚持下去，直至其发展成为一家真正的公司，最后成为一家大型企业。整个过程不就是这样的吗？

其实，拥有 5 位聪明朋友的初创公司与拥有 100 名员工的公司是完全不同的，更不用说 1000 人了。早期创始人和后期 CEO 的工作与责任是截然相反的。

并不是每个创始人都适合在公司的每个阶段担任 CEO。

有时，他们不知道中型公司是如何运作的，更不用说大公司了。他们可能找不到合适的导师，也不知道如何建立团队或吸引客户。当这一切落到他们头上时，他们通常会重操作为个体贡献者时的专长，放弃 CEO 的真正职责。他们无视董事会的警告，陷入挣扎，并最终走向崩溃。这是艰难却宝贵的一课，让许多企业家从中吸取了教训。他们会重新出发，并通常会取得更大的成功。我就是这样的一个例子。

这种经历是可以避免的。当你急速俯冲时也要保持警惕。你应该环顾四周，用心感受风向。你也可以有所作为，比如承认现实并退位让贤。

大多数走到失败边缘的 CEO 只会闭上眼睛在那里等待崩溃。他们常常把作为 CEO 的这份虚荣看得太重，并在这方面投射了过多自我意识、时间以及精力。为了千方百计维系自己的领导位置，他们不惜耗尽自己的整个生命。他们把它当成自我价值和自我身份的中心。让他们放手，不带走一片云彩，反倒让他们备感恐惧。

这千真万确，无论你是在第一次创业，还是当你已经领导公司几十年。自我意识简直就像毒品一样。

这就是为什么一些 CEO，甚至创始人，会变成难缠鬼。我不知道见过多少这种长期担任 CEO 的家伙，即使对这份工作早已失去热情，他们也绝对不会松手。当他们从家长型 CEO 慢慢转变为一名保姆，他们唯一关心的就是如何守护住自己所创立的一切，维持自己的地位和现状（见第 28 章）。

这些 CEO 自欺欺人地认为，即便他们再也感受不到往日的工作强度，也没有关系，因为他们在开始时付出了很多，现在可以坐下来安享其成了。

事实并非如此。

作为 CEO，你的工作就是不断推动公司向前发展，提出新的想法和项目，让公司保持活力。然后你要努力完成这些新项目，而且对它们要像你对待最初的问题一样充满激情。与此同时，你团队中的其他人则应专注于公司的核心业务，对已经实现的部分进行优化。

如果你不能对此感到兴奋，如果你不能想出新的点子或支持团队进行大胆设想，那么这足以说明你已经成为一名保姆。这时，你该走了。

当一名保姆型 CEO 既没有什么挑战，也没有任何快乐。更糟糕的是，这对团队和公司都不利。

尽管如此，这并非显而易见的事实。有时，董事会会迫使 CEO 表现得更像是首席运营官。他们说，只要保持一切稳定就好。"一切正常，何必非要冒险？不要吓到股东。我们最清楚状况，你只需要服从命令。"

这就是我在谷歌的遭遇，也是我离开的原因。

这不仅是因为谷歌试图出售 Nest，或者他们希望我不要再像家长式 CEO 那样行事，也是在对我的团队发出警告。我收到了禁言令，所以我不能告诉任何人我们出现了严重的错误。我可以给他们看看我们的错误。

他们说"船长应该随船一起沉没"，我说这是扯淡。如果船明显下沉，乘客可能会产生警觉，在这个时刻，船长的工作就是留在船上，直到每个人都安全地登上救生艇。如果你是 CEO 或高级管理人员，你能先于其他人看到船内水位上升，那么你就有责任向你的团队发出明确信号，使其意识到危险的存在。表明事情不对劲的最好方式，就是你直接走出这扇门。

有时，你唯一可以挥舞的警告旗就是你的辞职信。

有时，还会出现更严重的情况，出现大过你甚至大过团队以及公司的问题。有时，整个市场会发生变化。有时，整个世界的重心也会发生变化。在这些时候，由一位 CEO 所掌管的公司可能会突然失去其在这个世界上存在的意义。如今，石油和天然气公司的 CEO 正在审视他们面临的挑战。汽车制造商也是如此，是时候推出新车型了。

而且我们需要新鲜血液。

聪明的 CEO 迟早会看到变化的到来，无论是对他们个人、对公司，还是对整个世界。他们会制订继任计划。

你永远不知道什么时候你会失去一切。也许你的整个行业会发生变化，或者你会对你的工作感到无聊，或者你会被公共汽车撞倒。这就是你立遗嘱的原因。这也是为什么你聘请其他高管，甚至可能聘请一位首席运营官，并最终放心地把公司交出去。

即使在紧急情况下，你也希望和新任 CEO 的交接能够尽可能顺畅无忧。

把你赶下台的不应该是紧急情况。你不应该居功自傲，倚老卖老。不要举目四望，一边看着你亲手打造的了不起的团队和你培育起来的公司一边想："没错，这就是我的一切，这都是我的成就，我绝对不会离开这里。"

事情也不该是这个样子。

你所打造的那个了不起的团队也需要上升空间，而你现在正挡在他们前面。如果他们在职业生涯中看不到任何晋升潜力，他们会离开，寻找其他机会。

美好的时光不会永远持续下去，上行不可避免地会变成下行。你应该在一切进展顺利的时候选择离去，这样你就可以气定神闲地把公司交给下一任 CEO。你不能等到董事会要解雇你的时候再慌慌张张地交出权力。

就在我写作本书的时候，TikTok 的创始人、字节跳动的创始人兼 CEO 张一鸣宣布辞职。TikTok 的受欢迎程度达到前所未有的地步。张一鸣正站在极少数 CEO 才能企及的高峰。他看到了变化的到来，对于他来说，这种变化来自内部。他只是不想继续干这份工作，这份工作已经不适合他。"事实是，我缺乏成为一名理想管理者所需的一些技能，"他说道，"我更喜欢研究组织和市场原理。"

这种自我认知和理性造就了一个伟大的领导者。他看上去做出了正确选择，而这种选择显然出于直觉，而不受自我意识驱动。

现在他有了选择。他可以彻底离开字节跳动，或许还会开一家新公司。他也可以加入董事会，继续对公司的发展施加重大影响。

或者他也可以留在公司，只是换一个不同的职位。根据创始人型 CEO 的那个迷思，一旦你成为 CEO，你就没有办法再走回头路。人一旦得到了某种权力，就不愿意把它交出去。实际上，人是能屈能伸的。

如果创始人虽辞去 CEO 职位，但留在公司，事情可能会变得很麻烦。如果创始人不够谨慎，他们可能会给新任 CEO 和高管们制造各种问题。同样的道理也适用于联合创始人。他们必须意识到，仅仅是发表意见就可能在公司里引发冲突。创始人必须察言观色，谨言慎行，他们要清楚自己该参加什么样的会议，该使用什么样的语气，以及该提出什么样的建议（并且要明确这是建议，而不是指示）。他们必须非常清楚自己的角色。否则，他们可能会在不知不觉中或有意地在公司中制造派系。有些人会追随创始人，有些人会追随 CEO，而这会让每个人都陷入不安、困惑乃至愤怒。

我在一家公司目睹了这种情况的出现。创始人辞职并帮助挑选出一位继任者，随后这位创始人留在了公司，他在办公室里到处转悠，随机地给员工提出各种意见。没有人确切地知道这是他发出的指令，或仅仅是一个建议。大家也不知道是应该马上执行，还是真的只把它当作一种友好的提示。"CEO随时可以被替换，但创始人永远是创始人，所以我想还是应该听创始人的？"

CEO很沮丧，团队也完全陷入混乱。于是他们设定了一条新规则：由CEO负责管理公司，创始人则必须退居幕后，且只能通过CEO就各种问题进行沟通。这个方案的效果不错，每个人都松了一口气，公司运营也开始有所好转。

就这样平安无事地过了两个星期。

后来创始人又开始走进团队会议室，这让所有人的脸都沉了下来："啊，他怎么又来了？"他们彻底泄了气。在过去的那伟大的14天里，他们好不容易搞清楚了该做什么、该向谁汇报、该执行哪些规划。现在，未来又完全成了未知数。有员工开始因此离职。没有人敢对创始人说一句："出去，别进来。我们尊重你和你的想法，但你在这里只会让一切变得更加混乱。"

创始人需要意识到，他们会很容易破坏CEO和核心团队的工作。即使创始人选择只成为董事会成员，也要保持谨慎，因为他不再是团队的领导者了。他现在的身份是教练、导师、顾问，只是众多发声者中的一员。

这总是很难，但如果你走到不得不切断所有关系的地步，情况只会更糟。当你的孩子被扔进狼群时，你无能为力，唯一能做的就是离开。这非常痛苦。

当我离开Nest的时候，我召集了公司的全体员工开会。所有这些了不起的人，数以百计充满激情、才华横溢的人，是他们和我一起创建了这家公司。我们一起从无到有，从一张草图，从一个有松鼠问题的破车库走到今天。现在他们则坐在那里，满怀期待地看着我。我看着他们，泪水夺眶而出。我告诉他们，我要离开了。

然后我不得不让谷歌做它接下来要做的任何事情。

离开之时才是真正的最痛苦时刻，在有争议时离开尤其如此。新的掌权者通常会把你主持的项目全部打乱，这么做只是为了留下他们的标识，并清理掉你所有的残存印记。他们甚至会把创始人和早期团队的照片从墙上取下来。你知道这一切终将到来，但你仍会选择离开。

你只能为此哀悼。

作为一名创始人，离开自己的公司感觉就像是死了一样。

你把那么多的时间、精力都投入这项事业，但这些东西突然说没就没了。这就像是自己的肢体被人砍掉。这就像是一位你深爱并且从小一起长大的老友永远离开了你。

你的新生活似乎异常空虚和安静。你的时光似乎早已被之前的事业消耗殆尽，现在什么都没有剩下。

你会觉得很恐怖、很糟糕，但是不要仅仅为了分散自己的注意力就马上投入一份新工作。不要担心你不工作，你的市场价值就会每天下降。这种感觉通常源于自我怀疑，而不是就业市场的现实。这个世界不会因为你休息了一段时间就对你做出负面评价。在当下世界里，人才真的很匮乏，尤其是那种能担当 CEO 重任的聪明且敬业的人才。所以如果你想东山再起，千万不要觉得自己做不到。

你必须经过时间的洗礼和必要的心理训练来消化这段经历，恢复元气，并且要总结其中的经验教训。

万物皆有半衰期。

根据我的经验，大多数人需要一年半的时间才能开始思考新事物。

在某些文化中，人们在人死后 12 个月都穿黑色衣服是有原因的。这就是接受类似损失所需要的时间。

在最初的三到六个月中，你会慢慢走出最初的震惊、自我否定，以及潜在的愤怒心境。你不会再记恨他们对你亲生宝贝的所作所为，也不会因此而咬牙切齿，撕扯自己的头发。你也需要利用这么长的一段时间处理那些自己一直想做却因为工作而忽略了的各种杂事。只有你把这些事情都处理完，你才会忘记过去，开始感到无聊。无聊是一个必经的步骤。在你找到新的灵感源泉之前，你绝对需要先过一段无聊的日子。

重新融入世界也需要花费六个月左右的时间。你不再纠结之前犯过的错误，开始学习新事物，找回你对这个世界的好奇心。

然后在接下来的六个月里，你会用崭新的眼光看待你的生活。你会被其他事情吸引。你会感到兴奋，开始思考下一步该做什么。你不需要回到你一年前离开的那条赛道。你以前做过 CEO 并不意味着你需要再度成为 CEO。你永远能够为自己找到或创造新的机会。你永远能够学习、成长和改变。

抓住时机，成为你想成为的那个人。就像你在事业之初所做的那样，就像你在人生路上的每一个岔路口所做的那样。

最后还有两件很重要的事情：产品和人。

你构建什么，以及你和谁一起构建。

你做的事情、你追逐的想法，以及那些萦绕着你的想法，将最终定义你的职业生涯，和你一起追逐的人则可能定义你的人生。

和团队一起进行创造，这本身就是一件非常特别的事情。你们从零起步，从混乱起步，从某人头脑中的火花起步，直至制造出一款产品，发展出一项业务，并打造出一种文化。

如果一切顺利，如果时机合适，如果你们足够幸运，你们最终会经过努力，打造出一款体现你们价值观的产品。这款产品是你和团队努力的结晶，它会畅销，会广为人知。它不仅能解决客户的痛点，还能赋予他们超能力。如果你创造了真正具有颠覆性和影响力的东西，那么它们便会拥有自己的生命。它们将创造新的经济、互动方式和生活方式。

即使你的产品没能改变整个世界，即使它适用的范围不大且用户较少，它也可以改变一个行业。做不同的事情，转变客户的期望，设定更高的标准，这会使市场和整个生态系统变得更好。

你的产品，也就是你和团队共同创造的那件东西，会让你当初最为狂野的预期也变得黯然失色。

当然，这一切也可能不会发生。

也许它会失败。

也许你的公司只是另外一家通用魔术。你有一个了不起的愿景和一个美丽的想法，但最终却倒在了糟糕的时机、不成熟的技术以及对客户的误判之中。

又或许你的产品做得很不错，但你的业务经营却一团糟。为了创办自己的公司，你得不停地工作，你要把人生的全部精力用于解决各种人员问题，开展组织设计，以及参加一个又一个会议。然后你会把这颗闪闪发光的宝石交给那些承诺爱它，愿意打磨它并确保它能继续发光的人，结果他们却让这颗宝石从自己的指间溜走，掉进泥坑。

这种事时有发生。

谁也无法保证成功，无论你的团队多么出色，你的意图多好，你的产品多棒。有时，它就是会以分崩离析收场。

即使你的产品或你的公司最后都死掉了，你所做的事情也很重要，它仍然有意义。因为在这个过程中你可能还是创造了一些让自己骄傲的东西。你进行了尝试，你从中收获了很多，并因此成长。你会带着你的想法和它尚未实现的潜力继续前行，你会去寻找新的机会——可以让你再试一次的机会。

而且你会结识很多的人。

时至今日，我的同事中仍然有很多是我在通用魔术、飞利浦、苹果以及 Nest 工作时认识的朋友。

产品会变，公司会变，但关系不变。

如今人际关系已经变成我的全部，现在我的产品是人。

在 Nest 之后，我创办了一家叫作 Build Fund 的投资公司。我们称自己为"带钱营业的导师"。我们将自己的钱投资于我们认为会显著改善社会、环境或人类健康的公司。我们给它们的创始人带去的，是所有风投都会承诺却很少兑现的东西——个性化的关怀。我们会在它们真正需要时，有时甚至在它们意识到自己需要帮助之前提供真正的帮助。

当然，那些我指导的人所教给我的，比我能教给他们的要多得多。我了解了很多不同的行业和企业，了解了农业、水产养殖和材料科学，了解了蘑菇皮革、自行车和微塑料。我指导的每一个团队或创始人都会为我开启一个崭新的世界。

这份工作和我做过的任何事情、我制造过的任何产品一样有意义。这些都是了不起的人，而了不起的人正是所有创新的核心。他们将改变这个世界，修正这个世界。帮助他们，投资他们，以及指导他们，则可能是我做过的最重要的工作之一。

当我回首往事时，我意识到这也是我一直以来的工作核心。

作为苹果高管或 Nest CEO 的最大好处，就是有机会帮助别人。那永远是最令人欣慰的一段经历：我可以帮助团队照顾他们的家人。如果他们生病了，或者他们的孩子或父母生病了，我可以帮助他们。我们创建了一个社区，创建了一种重视品质、意志和创新的文化，这样的环境让许多人的才华得以施展，那些优秀的人才可以在这里一起创造、失败、学习、成长。

他们来 Nest 通常只是为了做好一件事，但当离开时，他们知道自己能做好 100 件事。

他们只是需要有人推他们一把。

对于大多数人而言，阻碍他们前进的只是他们自己。他们认为自己知道自己能做什么，自己应该成为什么样的人，他们不愿超越界限。

直到有人出现并给他们施加压力。无论是出于自愿还是非自愿，无论是喜欢还是不喜欢，他们都开始做更多的事情，认识到自己原来也同样富有创造力和意志力，并且才华横溢。

这很像推出产品的第一个版本。你会把每一分钟、每一个脑细胞都奉献给 V1 的创建，精疲力竭的你勉强撑到了终点。然而即使你付出了所有努力，V1 也永远不够好。你也可以看到它的巨大潜力，看到它的无尽可能性。所以你不会在终点停下，你会继续努力，直至达到产品的 V2、V3、V4……V18。你不断地寻找可以让产品变得更好的新方式。

人类也是如此，但是我们中的很多人都被困在了 V1。一旦我们适应自己，我们就无法看到自己的潜力。就像产品永远不会有最终完成时，人也同样如此。我们会不断变化，不断进步。

你要以领导者、CEO 或导师的身份不断给他们推动力。你要做这件事，即使人们会因此而怨恨你，即使你担心自己可能有些用力过度。

事情的另一面是，所有的付出都会有回报。

把事情做好是值得的，为伟大而努力更是值得的。帮助你的团队，帮助别人也是一件值得的事。

迟早有一天，你会收到来自两三年前甚至十年之前同事发来的邮件。他们会感谢你，感谢你对他们的助推，感谢你帮他们认识到自己的潜力。他们会说当年他们都恨你，每分钟都在怨恨你，他们不敢相信自己当年工作是多么努力，不敢相信你怎么总是让他们从零开始，永远不肯放弃。

最终他们意识到那一刻是一个转折点，也是一个起点。这改变了他们整个职业生涯的轨迹，你们一起建造的东西改变了他们的人生。

你也因此知道，自己确实做过一些有意义的事。

你做过一些值得去做的事情。

写这本书比我想象中要容易，但它却又非常艰难。

这比研发 iPod、iPhone 或者 Nest 恒温器都难。

写什么是最容易确定的部分。几乎每天都会有创业者向我提出问题，比如，如何讲故事，如何应对断点，如何发展团队或者管理董事会等。我们会一起讨论他们的问题，我会给他们一些建议，然后我把这些都写进了书里。

很多话题都比较简单，感觉就像常识，所以我怀疑到底有没有必要写这本书，但第二天就会有人问我同样的问题。一周之后，又是这些问题。这样的事情发生了一次又一次。坦率地说，我已经厌倦日复一日、月复一月地听自己一遍又一遍地讲同样的故事。

所以我写这本书的原因也就变得非常清晰。常识固然显而易见，但它并非平均分布。如果你从来没有组建过团队，你就不可能采用众所周知的方法组建团队。如果你一辈子都是工程师，你也无法直观地理解营销。如果你正在做一些新的事情，如果你正在进行第一次尝试，那么你只能靠自己获取常识。你只有经历反复试错，经历尝试和失败，或者起码要经过有经验人士的指点（如果你足够幸运），才能领悟这一难得的智慧。在很多时候，你所需要的只不过是别人对你直觉的肯定，以让自己能够树立追随直觉的信心。

这就是我写这本书的原因。

这就是比尔·坎贝尔从来不写书的原因。

作为教练和导师，比尔比我优秀。人们总是追在他后面，让他记录下自己的各种经验，但他从来不答应。

我觉得原因在于，做导师和教练，归根结底要看两人之间的信任关系。要想给出好的建议，比尔必须了解你，包括你的生活、家庭、公司、恐惧和抱负。他专注于在一个人最需要帮助的时候帮助他们，并根据他们生活中正在发生的事情提供量身定制的建议。

这可不是一本书能做到的事情。

这也是我写作这本书时感到最为纠结的一件事情。我不了解我的读者，我不知道每位读者都有怎样的经历。要谈论的东西实在太多了。这本书的初稿有 700 页。即便如此，它也显得非常肤浅。我永远都写不出来自己想要的那种深度。我可以列举一些一般的经验法则，并讲述一些让我受益匪浅的故事，但这些东西并不适用于所有人，而且有时候它们甚至完全是错误的。

我还是决定把我知道的东西写出来。我回顾了我在过去 30 多年里所做的一切、所学到的一切，还揭露了内幕，和盘托出很多不为外人所知的事。这不是一个容易的决定，但于我而言，它确实也是一种宣泄。它帮助我想通了很多职业生涯中发生的事情。

我承认我有时也会犯错，也会惹恼别人。但如果你没有惹恼过别人，你就没有做过任何值得做的事。如果你不犯错，就不会有收获。

实践，失败，学习。

我希望在我酝酿写作这本书的十年中，我已经失败得足够多，收获也足够多，因为只有这样，我才能知道哪些事情是值得说的。

也只有这样，我才能知道我应该对谁表达感激之情。

首先，我要真诚地感谢所有的浑蛋——愚蠢的老板、糟糕的队友、蹩脚的公司文化、讨厌的 CEO、不称职的董事会成员，以及数不清的校园恶霸（我是认真的）。如果没有你们，我永远不会知道自己最不想变成什么样子。无论这些教训有多痛苦，我都真的感谢你们。

是你们激励了我，让我变成一个可以有更好表现的人、一个能写出这本书的人。当然，如果没有以下这些人了不起的努力和信任，我就不可能写出这本书。

感谢我的妻子和孩子们。谢谢你们一直陪在我身边，你们是我的灵感源泉，是我的强大支援，是我的良师益友（也感谢你们忍受了我平时的大嗓门儿）。

感谢我最好的写作搭档迪娜·洛文斯基。将这些积极和不那么积极的情绪与生活事件交织在一起，这种感觉就像坐过山车一样。如果它不那么可怕，也就不那么好玩了，对吧？

感谢以下人员为本书写作所提供的帮助：阿尔弗雷多·博蒂、劳伦·艾略特、马克·福捷、伊莉斯·霍伦、乔·卡尔切夫斯基、杰森·凯利、维姬·路、乔纳森·莱昂斯、安东·奥宁、迈克·奎利南、安娜·索尔基娜、布里吉特·文顿、马泰奥·维亚内洛、亨利·瓦因斯和企鹅出版团队。谢谢你们孜孜不倦地付出，谢谢你们忍受了我太多无休止的空洞要求和问题。

感谢我的编辑霍利斯·海姆布赫和她在哈珀·柯林斯的团队。在我们试图达到某种（天真的）完美的同时，他们也不得忍受我这样疯狂的初次写作者和无数次的稿件延期。

感谢我的代理商马克斯·布罗克曼及其团队，尤其是约翰·布罗克曼（因为他十多年来一直缠着我，让我写书）。

感谢来自以下朋友和读者的鼓励、支持以及绝妙想法：卡梅隆·亚当斯、大卫·阿德杰、克里斯蒂亚诺·阿蒙、弗雷德里克·阿尔诺、雨果·巴拉、朱丽叶·德·鲍比尼、伊夫·贝哈尔、斯科特·贝尔斯基、特雷西·贝尔斯、凯特·布林克斯、威尔逊·奎卡、马塞洛·克劳尔、本·克莱默、托尼·康拉德、斯科特·库克、丹尼尔·埃克、杰克·福里斯特、凯斯·法德尔、帕斯卡·戈捷、马尔科姆·格拉德威尔、亚当·格兰特、赫尔曼·豪泽、托马斯·海瑟维克、乔安娜·霍洛维茨、菲尔·哈钦、沃尔特·艾萨克森、安德烈·卡贝尔、苏珊·卡雷（著名的"行走柠檬"设计师，她还有其他大量作品）、斯科特·基奥、兰迪·科米萨、斯瓦米·科塔吉里、托比·克劳斯、汉内克·克雷克斯、让·德·拉·罗什布罗查、吉姆·兰佐、索菲·勒冈、珍妮·李、约翰·利维、诺姆·洛文斯基、奇普·卢顿、米奇·马尔卡、约翰·马尔科夫、亚历山大·马尔斯、玛丽·米克、泽维尔·尼尔、本·帕克、卡尔·佩、伊恩·罗杰斯、艾薇·罗斯、史蒂夫·萨拉西诺、纳伦·沙姆、库纳尔·沙阿、维内特·沙哈尼、西蒙·西内克、大卫·斯洛、阿莱娜·斯洛、惠特尼·斯蒂尔、莉赛特·斯沃特、陈炳耀、陈民亮、塞巴斯蒂安·特伦、马里尔·范·塔滕霍夫、史蒂夫·瓦萨洛、马克西姆·贝隆、加布·威利、尼克拉斯·曾斯特罗姆、安德鲁·祖克曼。你们坦率的评论和建议对本书的最终完成起到了莫大的帮助，是你们给了我信心，让我能够挺过写作本书最艰难的那几周。

感谢通用魔术团队，苹果的 iPod 和 iPhone 团队，Nest 团队，以及我们的 Build Fund 创业者大家庭团队。没有你们，就不可能有这本书的诞生。我从你们身上学到了很多东西，是你们帮助我保住了那份真诚的初心。

也感谢我们在这一路上失去的朋友和队友：苏·阿特金森、扎克·德拉加尼奇、菲尔·高曼、艾伦·豪海、布莱克·克里科里安、利兰·卢、乔布斯、坎贝尔。我经常想起你们，我多么希望能和你们多相处一段时间。

最后要谢谢你们——我的读者朋友。感谢你们对我的信任，并购买此书。这不仅是因为我在这本书上倾注了很多心血，也是因为这本书支持了一个更为重要的理念。我们在印刷中践行绿色理念，以求将我们对世界环境的影响减少到最小，同时我们正在利用这本书产生的收益做一件更为有影响力的事：我从这本书中赚到的所有钱都将投资于由我的投资咨询公司 Build Fund 管理的一只气候基金。

你可以登录 tonyfadell.com 了解更多信息。

再次向大家表示感谢。我希望这本书能给你们带来些许收获。

一路向前，托尼！ ①

---

① 我不确定未来的自己还能否有这样的经历，并且再写一本书。如果你觉得我应该继续做深入研究，或者想对我提出建议，又或者想告诉我一些新鲜事，我都愿洗耳恭听，请发邮件至 build@tonyfadell.com。

以下所列，乃是一些曾令我、我的朋友以及导师受益的图书和文章，排名不分先后。①

《沃顿商学院最受欢迎的思维课》，亚当·格兰特

《阴翳礼赞》，谷崎润一郎

《僧侣与谜语》，兰迪·科米萨

《我们为什么要睡觉》，马修·沃克

《混乱的中间过程：在大胆冒险的最困难和最关键中寻路》（*The Messy Middle: Finding Your Way Through the Hardest and Most Crucial Part of Any Bold Venture*），斯科特·贝尔斯基

《完美之物：iPod 如何玩转商业、文化和酷品》，史蒂文·利维

《创造力自信》（*Creative Confidence: Unleashing the Creative Potential Within Us All*），戴维·凯利，汤姆·凯利

《成就》，埃里克·施密特，乔纳森·罗森伯格，艾伦·伊格尔

《创业维艰》，本·霍洛维茨

《超级创始人》，阿里·塔马塞布

---

① 为方便读者查阅，以上图书，凡已出版中文版的，皆采纳其中文书名；未出版中文版的，直译书名，并附上英文书名。文献性质的资料，未翻译。——译者注

《思考，快与慢》，丹尼尔·卡尼曼

《噪声》，丹尼尔·卡尼曼，奥利维耶·西博尼，卡斯·R. 桑斯坦

《学以自用》，汤姆·范德比尔特

《成长的边界》，大卫·爱泼斯坦

《如何做决策：用简单工具做出更好选择》（ *How to Decide: Simple Tools for Making Better Choices* ），安妮·杜克

《论浑人》，罗伯特·萨顿

《好奇心：更大生活的秘密》（ *A Curious Mind: The Secret to a Bigger Life* ），布莱恩·格拉泽

《20 岁，光阴不再来》，梅格·杰伊

《工作的意义》，詹姆斯·苏兹曼

《危机故事：商业、政治和生活中应对危机的五条规则》（ *Crisis Tales: Five Rules for Coping with Crises in Business, Politics, and Life* ），兰尼·J. 戴维斯

《跨越鸿沟》，杰弗里·摩尔

《纠缠的生命：真菌如何创造我们的世界，改变我们的思想，塑造我们的未来》（ *Entangled Life: How Fungi Make Our Worlds, Change Our Minds & Shape Our Futures* ），梅林·谢尔德雷克

《简易破坏现场手册》（ *Simple Sabotage Field Manual* ），美国中央情报局，美国战略服务局，1944 年（ https://www.gutenberg.org/ebooks/26184 ）

《读脸：维系良好事业、人际关系和健康的关键》（ *Read the Face: Face Reading for Success in Your Career, Relationships, and Health* ），埃里克·施坦多普

"Architect behind Googleplex now says it's 'dangerous' to work at such a posh office," Bobby Allyn, NPR, https://www.npr.org/2022/01/

22/1073 975824/architect-behind-googleplex-now-says-its-dangerous-to-work-at-such-a-posh-office

"Why and how do founding entrepreneurs bond with their ventures? Neural correlates of entrepreneurial and parental bonding," Tom Lahti, Marja-Liisa Halko, Necmi Karagozoglu, and Joakim Wincent. *Journal of Business Venturing* 34, no. 2 (2019): 368–88

　　我们竭尽所能地以环保方式出版此书。这对于我、地球，以及下一代人来说都至关重要。我的目标是出版一本完全可降解的书，这本书应百分之百由可回收材料制成，不含任何化学物质，无论是使用的材料，还是印刷过程，都要做到零碳足迹，并尽可能减少对自然资源的损耗。可惜的是，我们现在离这个宏伟的目标还有很远的距离。

环保说明
分量 1 本书（420 页）

封面用纸	**FSC标准，可回收，可降解**
封面印刷	**环保大豆油墨，中国环境标志产品认证**
内文印刷	**环保大豆油墨，中国环境标志产品认证**
内文用纸	**FSC标准，中国环境标志产品认证**
装订用胶水	**可回收**
印刷企业	**全国绿色印刷企业认证资质**

出版社一直在和我共同寻找行业中创新、清洁的工艺和材料，但是我们往往找不到足够环保的选项，有时甚至不知道到底应运用什么工艺。图书印制的许多环节仍旧不透明，需要被颠覆。这个行业要实现百分之百的绿色环保，还有很长的路要走，就像世界上所有其他行业一样。

因此，如果你在纤维管理、印刷、装订或回收方面有任何创新的想法或技术，我都愿洗耳恭听，并且做好了投资准备。请通过tonyfadell.com 联系我。